現代アジア経済論

「アジアの世紀」を学ぶ

遠藤　環・伊藤 亜聖
大泉啓一郎・後藤 健太 編

有斐閣ブックス

◆ アジア地図 ◆

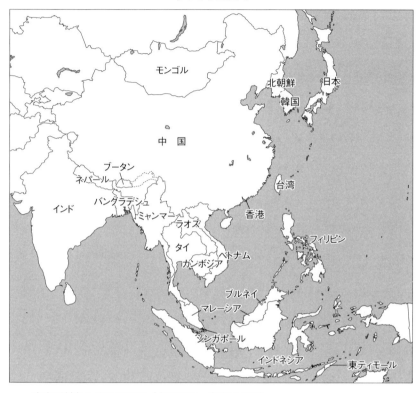

本書が対象とするアジア（東アジア，東南アジア）
　・東アジア：日本，韓国，台湾，香港，中国，モンゴル，北朝鮮
　・東南アジア：シンガポール，マレーシア，タイ，インドネシア，フィリピン，
　　ベトナム，カンボジア，ラオス，ミャンマー，東ティモール，ブルネイ

部	章	テーマ
	序章 「アジアの世紀」のアジア経済論	アジア経済の現状と概観
第Ⅰ部 アジア経済の新局面	第1章 変貌するアジア	レビュー
	第2章 アジア化するアジア	相互浸透
	第3章 中国が変えるアジア	中国 （大国の参入）
第Ⅱ部 越境するアジア	第4章 生産するアジア	グローバル・バリューチェーン （モノ，付加価値）
	第5章 資本がめぐるアジア	国際資本移動 （カネ）
	第6章 移動するアジア	労働移動 （ヒト）
第Ⅲ部 躍動するジア	第7章 革新するアジア	イノベーション
	第8章 都市化するアジア	都市化 （空間）
	第9章 インフォーマル化するアジア	インフォーマル経済
第Ⅳ部 岐路に立つアジア	第10章 老いていくアジア	人口動態
	第11章 不平等化するアジア	格差 （分配）
	第12章 環境問題と向きあうアジア	環境問題 （外部不経済）
	第13章 分かちあうアジア	開発協力
	終章 競争するアジア，共生するアジア	今後のアジア

（注）MDGs=ミレニアム開発目標（Millennium Development Goals），SDGs=持続可能な開発目標
　　 FTA＝自由貿易協定（Free Trade Agreement）。
（出所）筆者作成。

従来の教科書の主要範囲

本書の主要範囲

①戦後独立，経済復興から開発の時代（1945～70年代）	②キャッチアップ型工業化の時代（1980年代～90年代）	③ポスト・キャッチアップの時代（2000年代以降）
－	－	アジアのプレゼンスの高まり，域内相互依存，圧縮した変化
戦後の独立，貧困と停滞からの脱却，復興から開発へ，NIEs論，開発独裁	キャッチアップ型工業化論，『東アジアの奇跡』，冷戦崩壊と新古典派の時代。アジア金融危機，MDGs	中所得国化，ポスト・キャッチアップの時代。イシューの多様化，包摂的成長／SDGs
雁行型経済発展	直接投資，GVC，アジア内分業，デファクトの統合	メガFTA，制度面の統合
アジアが中国を変えた時代。計画経済から改革開放へ	アジアと中国が共存した時代。「世界の工場＝中国」によるハブ化	中国がアジアを変える時代。「経済大国中国」以降の時代。生産地，ハイテク，投資・援助国，消費者としての中国
産業間分業に基づいた国際貿易	工業化と相互分業，フラグメンテーションと製品アーキテクチャ	情報化・工業化の深まりとポスト工業化時代の付加価値生産
公的資金からオイルマネー。累積債務問題	構造調整から直接投資流入の全面化へ	資本輸出国化に伴う資本フローの域内化・相互化
農村から都市へ	都市への集中，そして国境を越える時代へ（先進国への国際移民）	国際移民の二極化（高度人材，未熟練労働者），新興国への移民
先進国主導	キャッチアップによる技術導入	中所得国の罠，キャッチアップからイノベーション，研究開発への転換
過剰都市論。都市農村間の人口移動	都市への一極集中，メガ都市の形成	メガリージョン化。グローバル化，情報化に伴う集積の経済性へ
「インフォーマルセクター」の発見，貧困と雇用	「インフォーマルセクター」と生産性	インフォーマル経済／インフォーマリティの再定義。フォーマル経済のインフォーマル化
貧困と人口抑制	人口ボーナスと経済成長	少子高齢化と人口オーナス
貧困問題	経済成長と格差	グローバル化，高齢化などによる格差の拡大
資源の開発と利用，経済成長優先	環境破壊や汚染の深刻化・社会問題化	環境破壊や汚染の複合化と越境化・グローバル化。環境保全の重要アクターとしての新興国
国際機関・先進国・日本からアジアへ，富の分配が課題	日本の「援助大国化」と市民社会からの批判，リスクの分配に課題が拡張	中国を中心とする新興国のドナー化と日本の影響力の後退
冷戦構造と東西分断下のアジア	冷戦崩壊とデファクトの統合	競争と共生が生む多様なダイナミズムの時代へ

（Susutainable Development Goals），GVC＝グローバル・バリューチェーン（Global Value Chain），

執筆者紹介

執筆順

遠 藤　　環（えんどう　たまき）　　編者　序章，第 1, 8, 9, 11 章，終章

1975 年生まれ。京都大学大学院経済学研究科博士後期課程単位取得満期退学，博士（経済学）。現在，早稲田大学大学院アジア太平洋研究科教授。
主要著作：『都市を生きる人々』京都大学学術出版会，2011 年（第 28 回大平正芳記念賞）；*Living with Risk*, NUS Press in association with Kyoto University Press, 2014.

伊 藤　　亜 聖（いとう　あせい）　　編者　序章，第 1, 3, 7 章，終章

1984 年生まれ。慶應義塾大学大学院経済学研究科博士課程単位取得退学，博士（経済学）。現在，東京大学社会科学研究所准教授。
主要著作：『現代中国の産業集積』名古屋大学出版会，2015 年（2016 年度日本ベンチャー学会清成忠男賞，第 33 回大平正芳記念賞）；『デジタル化する新興国』中央公論新社，2020 年

大泉　　啓一郎（おおいずみ　けいいちろう）　　編者　序章，第 1, 2, 8, 10 章，終章

1963 年生まれ。京都大学農学研究科修士課程修了，博士（地域研究）。現在，亜細亜大学アジア研究所教授。
主要著作：『老いてゆくアジア』中央公論新社，2007 年（第 29 回発展途上国研究奨励賞）；『新貿易立国論』文春新書，2018 年（第 35 回大平正芳記念賞特別賞）

後 藤　　健 太（ごとう　けんた）　　編者　序章，第 1, 2, 4, 9 章，終章

1969 年生まれ。京都大学大学院アジア・アフリカ地域研究研究科修了，博士（地域研究）。現在，関西大学経済学部教授。
主要著作：『アジア経済とは何か』中央公論新社，2019 年（第 32 回アジア・太平洋賞特別賞）；*The Asian Economy*（共編著）Routledge, 2020

川 上　桃 子（かわかみ　ももこ）　　第 4 章，Column ❻

1968 年生まれ。東京大学大学院経済学研究科博士課程単位取得退学，博士（経済学）。現在，神奈川大学経済学部教授。
主要著作：『圧縮された産業発展』名古屋大学出版会，2012 年（第 29 回大平正芳記念賞）；「テレビ産業：アーキテクチャの転換とアジア企業間の事業モデル競争」橘川武郎・久保文克・佐々木聡・平井岳哉編『アジアの企業間競争』文眞堂，2015 年

三重野　　文晴（みえの　ふみはる）　　第 5 章

1969 年生まれ。一橋大学経済学研究科博士課程修了，博士（経済学）。現在，京都大学東南アジア地域研究研究所教授。
主要著作：『金融システム改革と東南アジア』勁草書房，2015 年（第 32 回大平正芳記念賞）；『現代東アジア経済論』（共編著）ミネルヴァ書房，2017 年

町北 朋洋（まちきた　ともひろ）　第6章

1976 年生まれ。京都大学大学院経済学研究科博士後期課程学修認定修了退学，博士（経済学）。現在，京都大学東南アジア地域研究研究所准教授。

主要著作：『日本の外国人労働力』（共著）日本経済新聞出版社，2009 年（第 52 回日経・経済図書文化賞）;「日本の外国人労働力の実態把握」『日本労働研究雑誌』2015 年 9 月号，5〜26 頁

浦川 邦夫（うらかわ　くにお）　第11章

1977 年生まれ。京都大学大学院経済学研究科博士後期課程修了，博士（経済学）。現在，九州大学大学院経済学研究院教授。

主要著作：『日本の貧困研究』（共著）東京大学出版会，2006 年;『日本の地域間格差』（共著）日本評論社，2012 年

生方 史数（うぶかた　ふみかず）　第12章

1973 年生まれ。京都大学大学院農学研究科博士後期課程修了，博士（農学）。現在，岡山大学学術研究院環境生命自然科学学域教授。

主要著作：『熱帯アジアの人々と森林管理制度』（共編著）人文書院，2010 年;「開発フロンティアにおける RSPO パーム油認証」大元鈴子・佐藤哲・内藤大輔編『国際資源管理認証』東京大学出版会，2016 年，所収

佐藤 仁（さとう　じん）　第13章

1968 年生まれ。東京大学大学院総合文化研究科博士課程修了，博士（学術）。現在，東京大学東洋文化研究所教授。

主要著作：『開発協力のつくられ方』東京大学出版会，2021 年;『争わない社会』NHKブックス，2023 年

◆ Column

西村 雄志（にしむら　たけし）　Column ❶

1972 年生まれ。現在，関西大学経済学部教授。

日下 渉（くさか　わたる）　Column ⓫

1977 年生まれ。現在，東京外国語大学大学院総合国際学研究院教授。

目　次

第3章　中国が変えるアジア————————————————51
——改革開放と経済大国・中国の登場

第Ⅱ部　越境するアジア

第Ⅳ部　岐路に立つアジア

序 「アジアの世紀」の アジア経済論

　本書は21世紀のアジア経済に焦点を当てた教科書である。

　アジアの経済と人々の暮らしは急激に変化してきた。私たちの住むアジアの変化の特徴とその背景を理解することは，私たちの今と将来を考えるうえで，ことのほか重要である。

　第二次世界大戦後，貧困と停滞の地として語られていたアジアは，1970年代以降，地域として工業化と対外開放を進め，「東アジアの奇跡」と呼ばれた急速な経済成長を遂げた。日本を筆頭に始まった成長の波は，その後，アジアNIEsと呼ばれる新興工業経済（韓国，台湾，香港，シンガポール），ASEAN4（マレーシア，タイ，インドネシア，フィリピン），中国やベトナム，そしてカンボジア，ミャンマー，ラオスへと広がってきた。1990年代までのアジアの経済発展は所得格差の拡大を伴わなかったとして国際的にも注目された。それを支えてきたのは開発主義的な国家によるキャッチアップ型工業化戦略であった。

　ところが，21世紀に入り，グローバル化と情報通信技術（IT）の発展，そして中国経済の成長を背景に，アジア経済は量的にも質的にも大きな変化を見せはじめた。まず，アジアが「世界の工場」と呼ばれるような，世界の財の一大生産拠点となったことは，すでによく知られた事実である。また，アジアはヨーロッパを上回るほどの市場規模を持つようになり，世界からヒトやモノ，カネを集めるようにもなった。そして，今やアジア発のイノベーションも増えてきている。21世紀に入り，アジアはまさに世界の経済成長の牽引役となったのであり，今後もその役割はさらに大きくなると予想されている。アジア開発銀行は，21世紀が「アジアの世紀」となる可能性を指摘した。ただし，ア

ジアが順調に成長していくためには，アジアの新興国の多くが高所得国への移行過程で経済成長率が鈍化するという「中所得国の罠」を回避する努力が必要であると警鐘を鳴らしている（Kohli, Sharma and Sood eds. ［2011］）。

1　アジア経済の特徴

　21世紀のアジア経済の新展開を考えるうえでは，以下の4つの特徴をふまえておくことが重要である。

　第1の特徴は，アジアのプレゼンスが世界経済のなかで日増しに高まっていることである。各国の経済規模を示す名目国内総生産（GDP）をまとめた表序–1を見ると，世界経済に占める東アジア・東南アジアのシェアは1980年の16.0％から2000年には23.1％，さらに16年には27.9％と急速に伸びていることがわかる。今や東アジア・東南アジアの経済規模は，アメリカ，欧州連合（EU）のそれを上回るようになった。さらに同表からは，アジア経済の牽引役が移り変わっていることが読みとれる。たとえば，1980年にはアジアのGDPの6割強を占めていた日本のGDPは，2016年には2割まで落ち込んだ。アジアにおける日本のプレゼンスの低下と，その他のアジアの国々，とりわけ中国の台頭が著しいことが理解できる。

　表序–2は，1人当たりGDPと各国の人口規模をまとめたものである。所得レベルにおいてシンガポールや香港などが日本を抜き，世界でも屈指の高所得国の仲間入りをする一方で，依然として多くの国が中所得国で，なかには低所得国の水準をようやく脱したばかりの国もあり，アジア内の多様性，格差の大きさがうかがい知れる。あわせて実質GDP成長率を確認すると（表序–3），第二次世界大戦後のアジアの成長率は世界平均よりも高かったこと，また，最も高い経済成長を成し遂げている時期は，各国・地域によって異なっていることがわかる。

　第2の特徴は，アジアの経済成長は，個別の国で独立して生じたわけではなく，アジア域内での貿易と投資の相互依存関係を強めることで，地域として実現してきたことである。この背景には，アジアの国々が市場メカニズムを導入

表序 - 1　東アジア・東南アジアの名目 GDP（ドル建て）

（単位：10億ドル，%）

年	世界	東・東南アジア					アメリカ	EU
			日本	NIEs	中国	ASEAN5		
1980	11,137	1,778(16.0)	1,100 (9.9)	148(1.3)	305 (2.7)	223(2.0)	2,862(25.7)	3,799(34.1)
1990	23,472	4,436(18.9)	3,141(13.4)	562(2.4)	399 (1.7)	329(1.4)	5,980(25.5)	7,381(31.4)
2000	33,820	7,804(23.1)	4,887(14.5)	1,161(3.4)	1,215 (3.6)	519(1.5)	10,285(30.4)	8,914(26.4)
2010	65,900	15,517(23.5)	5,700 (8.6)	2,006(3.0)	6,066 (9.2)	1,664(2.5)	14,964(22.7)	17,002(25.8)
2016	75,278	20,967(27.9)	4,939 (6.6)	2,557(3.4)	11,218(14.9)	2,142(2.8)	18,569(24.7)	16,408(21.8)

（注）NIEs（新興工業経済）＝韓国，台湾，香港，シンガポール。ASEAN5 ＝タイ，マレーシア，
　　　インドネシア，フィリピン，ベトナム。
（出所）IMF, World Economic Outlook Database, April 2017 より作成。

表序 - 2　各国の 1 人当たり GDP（名目 GDP）

（単位：ドル，人口：100万人）

	1980	1990	2000	2010	2016	人口 (2016)
日　本	9,418	25,443	38,534	44,674	38,917	126.9
韓　国	1,711	6,513	11,947	22,087	27,539	51.2
台　湾	2,367	8,178	14,877	19,262	22,453	23.5
香　港	5,664	13,281	25,578	32,421	43,528	7.4
シンガポール	5,004	12,766	23,793	46,569	52,961	5.6
タ　イ	719	1,571	2,028	5,065	5,899	69.0
マレーシア	1,900	2,550	4,287	8,920	9,360	31.7
インドネシア	673	771	870	3,178	3,604	258.7
フィリピン	753	806	1,055	2,155	2,924	104.2
中　国	309	349	959	4,524	8,113	1,382.7
ベトナム	514	98	402	1,297	2,173	92.6
カンボジア	－	100	300	782	1,230	15.8
ラオス	310	216	292	1,070	1,925	7.2
ミャンマー	－	－	221	997	1,269	52.3
ブルネイ	－	15,423	20,511	35,437	26,424	0.4

（出所）IMF, World Economic Outlook Database, April 2017 より作成。

表序 - 3　実質 GDP 成長率（現地通貨建て）

（単位：%）

	1980～89	90～99	2000～09	10～16	(参考)	1980～89	90～99	2000～09	10～16
日　本	4.4	1.6	0.5	1.4	インド	5.5	5.7	6.9	7.3
韓　国	8.7	7.0	4.7	3.5	アメリカ	3.1	3.2	1.8	2.1
台　湾	6.7	6.6	3.8	3.5	Ｅ　Ｕ	2.2	2.1	1.7	1.4
香　港	7.4	3.6	4.2	3.3	世　界	3.2	3.1	3.9	3.8
シンガポール	7.7	7.2	5.2	5.3					
タ　イ	7.2	5.2	4.3	3.6					
マレーシア	5.9	7.1	4.7	5.5					
インドネシア	6.5	4.6	5.3	5.6					
フィリピン	1.9	2.7	4.4	6.3					
中　国	9.7	9.9	10.3	8.1					
ベトナム	5.0	7.4	6.9	6.0					
カンボジア	1.3	6.2	8.5	6.7					
ラオス	5.9	6.1	7.0	7.8					
ミャンマー	0.0	1.6	11.1	6.9					
ブルネイ	-0.1	2.1	1.4	-0.2					

（出所）IMF, World Economic Outlook Database, April 2017 より作成。

し，対外開放を進めたという共通性の高い政策があり，これに多国籍企業が反応し，国境を越えた生産・流通ネットワークを構築してきたことが強く影響している。こうした形の経済統合を推し進めることができたのは，貿易自由化や物流コストの低減，そして IT の発展が底流としてあったことも見逃せない。

第3の特徴は，急激な成長や経済・社会構造の変化，すなわち「圧縮した発展」の結果，これまで先進国と発展途上国（以下，途上国）それぞれに固有と思われたさまざまな現象が，経済発展段階の違いや序列を超えて，共通して見られるという重層的な状況が生まれていることにある。たとえば，途上国では，公的な社会保障制度の枠外にあるインフォーマル経済での就業がよく観察されるが，先進国でも経済のインフォーマル化が進展している場面が見られるようになってきた。また逆に，先進国で生じるとされてきた少子高齢化が，いくつかの途上国でもすでに始まっている。このように，あらゆる経済・社会的な現象やその変化が，以前に比べると非常に速いスピードで進み，それに伴う課題も発展段階に沿って時系列に生じるのではなく，ときとして序列を飛び越え，共通化した課題として表出する現象がアジアのあらゆる局面で見られるようになった。

第4の特徴は，上記の変化のなかで日本経済や日本企業のアジアにおける立ち位置も変化してきたことである。20 世紀は，日本経済と日本企業がアジア経済を牽引する重要な存在であった。しかし，そうした「ものづくり」を牽引する主導的役割を担った存在として，日本企業のみが活躍するような時代は終わりつつある。むしろ，日本企業は各国の企業との取引関係を結びながらも，他方では，熾烈な競争にさらされている。これまで貿易と投資関係の深化によって事実先行の経済統合が進んできたアジアだが，近年は後追い的に自由貿易協定（FTA）を代表とする制度的な統合により持続的な成長を模索するようになっている。日本がどのようにアジアの今後の課題を認識し，どのような将来のビジョンを描きながら地域にコミットしていくのかが問われる時代となった。

4

2　本書の特色

　本書が対象とするアジアは，東アジア，および東南アジアである。これは現状では上記の国際分業と経済統合の範囲が東アジアと東南アジアまでに収まっているためで，異なる経済構造を持つ南アジア諸国は，本書では正面からは取り上げない。

　前述のアジア経済のダイナミクスと特徴をふまえて編成した本書の特色は，次の3点にある。

　第1に，21世紀以降のアジア経済を理解することを主要な目的としている。そのため，第二次世界大戦後から現在までのアジア経済を以下の3つの段階に区分した。すなわち，①1945年から70年代までの戦後独立，経済復興から開発の時代，②1980年代から90年代のキャッチアップ型工業化の時代，③そして2000年代以降（21世紀以降）のポスト・キャッチアップの時代である（巻頭ⅱ，ⅲページの表も参照のこと）。このうちで，本書はキャッチアップの時代からポスト・キャッチアップの時代への変化におもな焦点を当てて，この時期から現在にかけて起こっている，アジア全体に関わる構造的な変化と，それがそれぞれの地域にもたらすさまざまな可能性や課題を浮き彫りにすることに主眼を置いている。各章のタイトルが「変貌する」（第1章）や「アジア化する」（第2章）など動詞から始まっているのは，こうした21世紀に入ってからのアジア経済で起こっている大きな変化を強調し，このアジアに端を発する変化のうねりが，20世紀までの世界の経済秩序を，まさに現在進行形で大きく変容させていることを強く認識することが重要だと考えたからである。

　こうしたダイナミズムを前面に押し出しながら21世紀のアジア経済の実態に迫るために，各章の分析では開発経済学や国際経済学などの研究成果を積極的に活用しつつも，アジアの各地で起きている経済・社会的側面における新たな変化の観察から出発することも重視した。

　第2に，本書は，21世紀に入ってからの経済成長が著しく，その経済規模と影響力が大きい中国を除いて，国別の章編成をとっていない。今世紀以降，

大きく変容しはじめたアジア経済を理解するためには，これまでの「国家」単位の視点ではとらえきれない事象がたくさん出てきたからである。その第1のポイントは，あらゆる経済活動が国境を越えて，アジア域内の多くの国々にまたがって行われている実態にある。たとえば，企業が一国内でものづくりを完結させ，それを他国に輸出することが主流だった時代から，現代ではその企業が他国でモノを作ったり，他国の企業と国境を越えた分業体制を築いたりすることが一般的になっている。その結果，アジアはあたかも大きな1つの工場のように，有機的なつながりを深めているのである。こうした，国際的な生産体制を正しく理解するためには，「国家」という視点にもまして，「企業」という単位が重要となる。第2のポイントは，これまで特定の国で起こっていた現象や問題が，一国やその発展段階を越えてアジアの多くの地域で共通して見られるようになった点にある。たとえば，アジアは世界のなかでも都市化が非常に速いスピードで進展しており，今では世界でも有数の大都市圏・メガリージョンを抱える地域でもある。こうした「都市」で起こる，経済や人口構造の変化とそこから生ずるいくつかの課題は，国ごとの独自性を超えて，アジアでは地域横断的に見られるものも多い。この点を理解するためには，国境で区切られた「国家」単位の分析のみならず，国境を越えて生じている共通の課題をとらえる視点も必要になる。

　第3に，経済的な変化がもたらしつつある，社会的な変化についても目を向ける。現在では社会構造・人口構造の変化は家族構造を変化させており，同時に所得の上昇は中間層の台頭をもたらし，新しい価値志向も生まれている。アジア経済を考えるうえでも，こうした人々の暮らしぶりの変化は無視できない重要性を持つようになっている。社会が成熟してくると，人々は経済成長の質を問うようになるからである。格差の拡大，環境破壊から少子高齢化まで，諸課題に対する対応策についても，人々はさまざまに異なる意見を持つようになる。

3 本書の構成

　本書は4部編成となっている。第Ⅰ部「アジア経済の新局面」では過去を振り返ると同時に，現在生じている重要な変化を取り上げた。

　まず第1章「変貌するアジア」では，アジア経済がどう論じられてきたかを，理論的変遷と実態の変化を念頭に描き出す。各時代の理論的支柱は，実態の変化のみならず，各時代の学術的，もしくは政策的関心と連動して変化してきている。貧困解決が主要命題であった時期には，アジア経済は長らく開発経済学の分析対象であった。しかし，アジアが世界経済を牽引する成長の中心へと転換してきた今，国際経済学，経済地理学，金融論，ものづくり経営学などによるアジア経済の研究ももはや一般化した。これは世界経済の潮流の1つの最前線がアジアで観察できるからであり，アジアの経済発展とそれに付随して生じる諸課題はつねに新たな学術的挑戦を突きつけてきた。

　生産・貿易における域内の相互依存の深化は，事実上の経済統合を促してきた。第2章「アジア化するアジア」では，事実上の統合がいかに進んできたか，また，後追い的に進んでいる制度的な経済統合の実態を確認する。第3章「中国が変えるアジア」では，閉鎖的経済から対外開放政策を経て，「世界の工場」として台頭し，今や世界的な経済大国となった中国経済を取り上げ，アジア経済に与える影響を学ぶ。

　第Ⅱ部は，「越境するアジア」である。グローバル化の本質はモノ，ヒト，カネ，情報が越境するだけでなく，さまざまなレベルで結びつくことにある。第4章「生産するアジア」では，アジアにおけるグローバルな生産・流通ネットワークの展開や，企業，各国，地域内から見た分業と統合の実態を，グローバル・バリューチェーン（GVC）分析を用いて説明する。また新興国の工業化が国際的な資本移動によって支えられてきたのもアジアの特徴である。第5章「資本がめぐるアジア」では，資本・金融のグローバル化が経済発展に持つ意義を理解するのと同時に，危機を引き起こす原因ともなっていることを，そのメカニズムと実態に即して理解する。第6章「移動するアジア」は，労働移動

について取り上げる。アジア域内での相互依存の深化，および各国が直面する経済・社会構造の変化に伴って，ヒトの移動もさまざまなレベルで活発化している。送り出し国と受け入れ国の両方がアジア域内に存在するその実態と課題を理解しよう。

第Ⅲ部は「躍動するアジア」である。「中所得国の罠」や先進国企業の停滞の回避の1つの鍵は「イノベーション」にある。第7章「革新するアジア」では，イノベーションの源泉や，アジアのイノベーション政策の現状を理解する。近年ではアジアの新興国の企業が設計開発する製品も増えており，新しい成長の原動力を生み出している。第8章は「都市化するアジア」である。急速で圧縮された発展を牽引してきたのは都市であり，都市はイノベーションが起こる中心でもある。都市が外延的に広がり形成されたメガリージョンは，生産の拠点であると同時に，GVCの結節点ともなっている。第9章「インフォーマル化するアジア」では，大企業主導の経済発展のみでは語れない，アジア経済のもう1つのダイナミズムを取り上げる。初期の開発経済学は，国が発展すれば，インフォーマル経済は縮小・消滅すると想定していた。しかし，中所得国では今もなお，さまざまなインフォーマル経済の活動が活発に展開されている。

第Ⅳ部は，「岐路に立つアジア」である。急速な経済・社会構造の変化と，人々のニーズや価値観の多様化は，少子高齢化，格差，環境問題といった，それぞれに重大な課題を突きつけている。これらの諸課題をいかに乗り越えていくかが，今後のアジアの未来を規定するともいえる。第10章は「老いていくアジア」である。かつての先進国とは異なり，アジアの多くの国では，発展途上で，また圧縮した形で高齢化が始まっている。続いて第11章では，「不平等化するアジア」と題して所得格差の拡大とその要因を取り上げる。かつて，格差を縮小しながら成長してきたと評されたアジアにおいて，格差の拡大が顕著になりつつある。とくに，社会保障制度の整備が不十分ななかで格差拡大が進む中所得国では，その対応策が政治的な争点となりつつある。第12章「環境問題と向きあうアジア」では，経済発展に伴って，さまざまな環境問題が生じていることを理解する。自然環境も発展段階も多様なアジアにおいては，唯一の処方箋というものは存在しないため，問題の解決は容易ではない。第13章「分かちあうアジア」では，開発協力の展開と，援助を介した相互依存関係の

実態を学ぶ。多くの国がドナー（支援国）化するなかで，アジアは何を分かちあうのか。富の分配だけでなく，リスクの分配にも注目して理解する。

　本書の終章は「競争するアジア，共生するアジア」である。経済的な統合が進む一方で，政治，文化も多様なアジアは，一国内，また地域レベルでもさまざまなリスクを抱えている。本書で取り上げたような諸課題をいかに乗り越え，持続可能で豊かなアジアを築けるのか。競争と共生の2つの軸の間で揺れるアジアの今後の展望を一緒に考えてみよう。また，日本や日本企業はそのような激動のアジアでどのような役割を担っていくのか。日本が経済発展やさまざまな諸課題を先取りし，域内唯一の先進国であった時代はすでに過ぎ去った。ポスト「課題先進国」とも呼べる時代を迎え，日本，日本企業，そして個々人の選択やビジョンが真摯に問われる時代に入っている。

　本書は，大学でアジア経済論を学ぶ学部学生や大学院修士課程の大学院生をおもな読者対象としている。ただし，企業や開発機関，NGO で働く社会人・実務者にとっても，現代のアジア経済の理解に役に立つであろう。

　各章には，章の冒頭に Learning Goals（学習目標）を，章末には課題の例を提示している。本文中の**ゴシック体**は，キーワードである。また，巻末には引用・参考文献だけでなく，さらに学びたい人のための文献案内も掲載した。より専門的に，もしくは各論を深めたい人は，トピック別・各国別の研究をぜひ読み進んでいってほしい。

【用語説明】

・本書が対象とするアジア（東アジア，東南アジア）

　　東アジア：日本，韓国，台湾，香港，中国，モンゴル，北朝鮮

　　東南アジア：シンガポール，マレーシア，タイ，インドネシア，フィリピン，ベトナム，カンボジア，ラオス，ミャンマー，東ティモール，ブルネイ

・低所得国，中所得国，高所得国，新興国

　　世界銀行が発行する『世界開発報告』では，1人当たり国民所得（GNI）の水準によって各国を「低所得国」「中所得国」「高所得国」に分類している。たとえば，2016 年（7月）では，「低所得国」は 2015 年の 1人当たり GNI が 1025 ドル以下の国・地域である。「下位中所得国」は 1026 ドルから 4035 ドル，「上位中所得国」は 4036 ドルから 1万 2475 ドルの国・地域である。「高所得国」は同基準で 1万 2476

ドル以上の国・地域を指す。なお，この水準は毎年更新される。

　なお，「新興国」の厳密な定義はない。低所得国・中所得国を新興国とする場合もあれば，とくに経済成長が著しい国・地域に注目する際に使用されることもある。

（遠藤環・伊藤亜聖・大泉啓一郎・後藤健太）

第Ⅰ部
アジア経済の新局面

1 変貌するアジア
アジア経済はどう論じられてきたか

上海・浦東新区（左：1995 年，右：2016 年。時事通信フォト）

> ## Learning Goals
> ①戦後のアジア経済研究の基本的視点の移り変わりを学ぶ
> ②戦後のアジア経済の実態の変化を概観する
> ③それぞれの時代に語られてきた論点が，今にどう生きているのか理解する

はじめに

本章では，第二次世界大戦後のアジア経済（1950 年代から現在まで）を回顧し，そのなかでアジア経済を見る目がどのように変化してきたかを振り返る。

第二次世界大戦直後から 2000 年代までのアジアを振り返ると，貧困と停滞が覆っていた地域から，世界経済を牽引する成長の中心へと劇的な転換を遂げてきた。1950 年代のアジアは，1 人当たり GDP で見ても，明らかな低開発地

域といえ，経済停滞の原因を解明し，いかに貧困を解消していくかが課題となっていた。しかし，韓国，台湾をはじめとする新興工業国の成功のみならず，その後，東南アジア地域，そして中国にまでグローバリゼーションと経済成長の波は到達した。97 年のアジア金融危機や，2008 年の世界金融危機の影響をこうむりつつも，現在では「停滞」ではなく「新興」がアジアを表現するキーワードとなっている。地域全体が中所得国化した時代を迎えて，より多くの人々の生活をさらに豊かにするための包括的経済成長が求められる段階にある。

1 停滞するアジアから成長するアジアへ

1.1 戦後日本の復興とアジア

　はじめに日本経済の戦後の状況を振り返っておこう。第二次世界大戦終戦の 5 年後，1950 年の日本経済の状況を吉川洋は次のように描写している（吉川[2012]）。「この年の日本の就業者の 48 パーセントは，農業・林業・漁業など『一次産業』に従事していた。つまり働いている日本人のほぼ 2 人に 1 人は『農民』であったわけだ。高校に進学する女子は 3 人に 1 人，男子も 2 人に 1 人は中学を出ると働きはじめた。当時の為替レート 1 ドル = 360 円の下で，1 人当たりの国民所得は 124 ドル，アメリカの 14 分の 1 に過ぎなかった」。敗戦直後の日本は，戦前に展開した大東亜共栄圏構想からの反動として，一時，アジアを含む国外への関心を急速に失っていたが，この背景には国内経済の困窮があった。

　しかし 1950 年に勃発した朝鮮戦争によって生じた特需がその後の高度経済成長始動の 1 つの契機となった。素材産業における投資，そして農村から都市への労働移動による生産性の向上，およびそれに伴う耐久消費財に対する需要の発生によって，日本経済は成長軌道に乗ることになる。日本の経済復興の始動と前後して，55 年にインドネシアで開催されたバンドン会議以降，日本はアジア諸国との外交関係を再構築しはじめる。64 年の東京オリンピック開催にあわせたインフラ建設もあり，日本経済の先進国化が進んだ。

　日本以外のアジア諸国に目を向けてみると，当時のアジア諸国の最大の課題

は政治的独立と国家の安定にあった。西側自由主義陣営の代表たるアメリカと，東側社会主義陣営の代表であるソビエト連邦（ソ連）との間での勢力争いが顕在化し，アジアは冷戦構造のなかに組み込まれつつ，徐々に植民地体制からの独立を実現していった。1960年代以降には，とりわけ西側自由主義陣営に属するアジア諸国の重要課題は政治的独立から経済開発へと転換していくこととなった（岩崎［2009］，宮城編［2014］）。

　この結果，1960年代以降，日本の先進国化とアジア外交への回帰と，アジア諸国の経済開発への方向転換という，2つの条件が組み合わさることとなった。当時の日本のアジア諸国への眼差しは「低開発と貧困のアジア」であり，関与のあり方は「開発支援」であった。当時の代表的なアジア経済研究者であった原覚天は，本書と同一のタイトルの『現代アジア経済論』を67年に刊行しており，その冒頭でこう述べる。「アジアは，いうまでもなく経済的にも社会的にも低開発地域の範疇に属する」（原［1967］）。事実，70年時点でも，アジア諸国の1人当たりGDPは著しく低く，日本は2040ドル（同年のアメリカの40%），シンガポールは925ドル（同18%），韓国でも286ドル（同5.6%）にとどまっていた。[*1]

　冷戦体制のもとで，アメリカも日本がアジアの政治経済に関与を深めることを推奨していた。経済発展段階論で著名なウォルト・ロストウは，アジアが国際貿易と工業化によって農村経済の近代化を実現できると述べ，「この戦略を実行していくうえで，日本は大きな使命を持っている。そしてわれわれアメリカ国民は，各種の資源，技術援助，善意，さらには自由で近代的な新アジアが出現するという信念をもって，皆さんと相携えて努力する用意がある」と力説していた（ロストウ著，国際親善日本委員会編［1965］62～63頁）。先進国としての日本によるアジアの経済開発への関与は，1964年の経済協力開発機構（OECD）への加盟，そして66年のアジア開発銀行（ADB）の設立という形に結実する（大来［1966］）。

1.2　低開発と停滞のアジア──過剰人口論，輸出ペシミズム論

　上記のような先進国と途上国の間の圧倒的な経済格差，いわゆる南北問題を背景として，当時の開発経済学者はアジアの停滞や貧困の要因を検討するうえ

で，先進国と途上国の経済構造が異質であるとみなす**構造主義**の立場から次のような議論を展開した（絵所 [1997]）。

　第 1 に，国際貿易関係のなかで途上国が不利な条件にあることを問題視した。その代表格である従属論は，ラウル・プレビッシュに代表される論者が提起し，世界経済のなかで低開発地域の近代化が先進国に従属した形で進むと主張していた。その主因として挙げられたのは交易条件の悪化である。交易条件とは，1 単位の輸出品で何単位の輸入品と交換可能かを意味し，途上国の輸出商品構成が天然資源や農産物などの一次産品に偏り，またこれらの輸出品の価格が低迷することで，途上国にとって不利な取引条件が生まれると主張した。この背景にはアジア諸国が植民地として開発されるなかで，特定の一次産品の生産地としての位置づけを強化されてきた歴史がある。モノカルチャー経済とも呼ばれた初期条件のもとで，輸出による成長を悲観視した見方は**輸出ペシミズム論**と呼ばれた。このため，一次産品への依存からの脱却と工業化を図るためには，高めの為替レートを維持し輸入品への関税を高めて，工業製品の国産化を図る，いわゆる**輸入代替工業化**が推奨されることとなった。

　第 2 に論点となったのは，人口と貯蓄（投資）の関係である。人口増加率が高く，これに対して将来の所得を生み出すうえで必要となる貯蓄と投資が少ない経済を考えてみよう。人口増加率が所得増加率よりも高くなる結果，1 人当たりに分配される所得が減少するという，「低位均衡の罠」(low-level equilibrium trap) が発生しうる（速水 [1995] 第 5 章）。また，アジアを含む途上国全般では，農村に過剰な人口が滞留している点も問題視された。過剰人口とは労働の限界生産性がゼロの農業従事者を意味しており，仮に従業者数を減少させても農業部門の生産高を維持できることを想定していた。インドネシア農村を研究したクリフォード・ギアツは，単位農地面積に対して人口が増大する環境のもとで，1 人ひとりの経済的パイをより小さく分割する形での「貧困の共有」が進んでいたと説明した（原 [1985]）。グンナー・ミュルダールは『アジアのドラマ──諸国民の貧困の一研究』と題した書籍で，南アジアの事例から農業部門の生産性を向上させようとするメカニズムが地主制度にも，そして社会的な規範にも内在していないことを問題視していた（Myrdal [1968]）。農村部での人口増加率の高止まりと，1 人当たり GDP の低水準での均衡が生じるメカ

ニズムに焦点が当てられていたのである。

　このように 1960 年代のアジア経済の研究は，なぜアジアがかくも貧しいのかを検討することが主要な課題となっていた。

1.3 「成長するアジア」の登場——NIEs と輸出志向型工業化

　世界的に見て，アジア経済が注目を浴びるきっかけとなったのは，1970 年代以降，日本以外にもアジアから高度成長を遂げる経済が続出したためである。

　まず 1970 年代に，アジア，ヨーロッパ，そしてラテンアメリカでも，途上国の工業化が始動し，これらは新興工業国（Newly Industrialized Countries: NICs）と呼ばれた。なかでも OECD のレポート『新興工業国の挑戦』は，アジアの NICs 諸国の経済成長のパターンを「外向きの成長政策」（outward-looking growth policy）と呼び，国際分業に積極的に参加し，労働集約的な製品の輸出をすることによって工業化した点に注目した（OECD［1979］）。

　新興工業国のなかでも韓国，台湾，香港，シンガポールはオイルショック以後も成長を持続した。中国からイギリスに租借されていた香港は国家ではないこと，そして中国と台湾との間における国際連合（国連）代表権問題の存在を反映して，これらの地域はその後，**アジア新興工業経済**（Asian Newly Industrialized Economies: アジア NIEs）や，俗説的には「アジア四小龍」（Asian Four Tigers）と呼ばれるようになった。南北問題を念頭に置くと，このことは，いわゆる「南」とされた地域から，工業化による高度経済成長を実現する地域が登場したことを意味した。構造主義が想定した保護主義的な輸入代替工業化とは大きく異なり，むしろ国際分業のなかで成長を実現したことが画期的であった。

　アジア NIEs が工業化した要因をめぐっては，その後，1990 年代まで議論が続くこととなったが，70 年代から，韓国や台湾の事例に注目した研究が登場している。なかでも当時から指摘されていた重要な論点は，**後発性の利益**，工業化の社会的能力，そして市場メカニズムと国家の役割の関係，この 3 点である（渡辺［1979］）。

　後発性の利益とは，経済史家アレクサンダー・ガーシェンクロンが提起した視座で，一国の工業化開始前の経済構造が後進的であればあるほど，先進国からの技術や整備の導入や，後発国の金融セクターも動員されることで，工業化

は加速するというものである。しかしながら，後発国のすべてが後発性の利益を活用して工業化できるのではなく，民間の企業経営者の存在，工場の現場での技術導入とそれを習得する技術者の存在，そしてさらに保護主義的な政策を転換するうえでの政策当局の行政能力までもが問われることとなった。これが工業化の社会的能力と呼ばれる要因である。すでに明らかなように，アジアNIEsの工業化パターンは，国際分業への参入という意味では市場メカニズムを導入することを意味したが，もう一方では既存政策の転換やさらなる工業化の進展のための重化学工業の支援など，政府の役割も内在していた。この意味で，第3の市場メカニズムと国家の役割との間の緊張関係は，「成長するアジア」の登場とともに論点となっていった。

　上記のようなアジアNIEsの成長は，既存のアジア経済論の枠組みに再検討を求めることとなった。1960年代までに問題視された農業の低生産性と過剰人口問題は，工業化と対外開放が進むことで，「安価な労働力」として外資企業に認識され，国際分業のなかでむしろ工業化を推進する成長要因へと転換した。ただ，もう一方で，従属論的な見解も残っていたことも事実である。エリック・ヘライナーは韓国・台湾を事例として，途上国から先進国への工業製品の輸出も，実際には先進国企業の現地工場からの輸出，すなわち企業内分業にとどまると指摘し，途上国企業の発展につながっていないという評価を加えていた（ヘライナー［1982］）。途上国の輸出額のうち，どこまでが現地企業によって作り出された価値であるかは，今日でもグローバル・バリューチェーン（Global Value Chain: GVC）論において議論される重要な論点であり，アジアの輸出志向型工業化が始まった時代から続く課題の1つともいえる（第4章参照）。

　以上の時期に議論された論点は，現在のアジアを見るうえでも重要な視点を提起している。第1に，第二次世界大戦後の「停滞のアジア」から，新たに経済成長を実現しつつある「成長のアジア」を発見したことである。現在では発展途上国という言葉と同時に，新興国という言葉も頻繁に使われており，南北問題という言葉を耳にする機会は減っている。非先進国地域における経済成長の始動という，世界経済の重要な構造変化の兆候をとらえたものが，NIEs論であったと評価することができる。そして第2に重要な点は，アジアNIEsで採用された輸出志向型工業化という外向きの経済成長戦略は，グローバリゼー

ションに積極的に参画し，貿易と投資の面で対外開放することによって経済成長を実現するという成功体験を世界に示した。すでに述べたように，それ以前の時代に見られた輸出ペシミズム論が最終的に提案したのは輸入関税を高める閉鎖経済路線であった。したがって，アジア NIEs 論が提案するグローバリゼーションへの参画によって成長したという事実は，その後のアジアの経済統合の起点になったという意味においても，画期的な意味を持つものであった。

2 「東アジアの奇跡」からアジア金融危機へ
——1993〜2000 年

2.1 アジアの成功体験を語る時代

日本，韓国，台湾といった国々の成長パターンへの研究が進むにしたがい，一国や一経済として分析するのではなく，「地域としてのアジア」へと関心は広がっていった（第 2 章参照）。そして 1990 年代以降，すでに述べたアジア NIEs に加えて，中国の対外開放政策も本格的に始動し，地域の外向き経済成長路線，すなわちグローバリゼーションに乗る戦略はさらにアジアで広がりを見せた（第 3 章参照）。

アジア NIEs の工業化パターンを分析する視角として，国家・政府の役割を重視する国家主義的アプローチ，市場メカニズムの役割を重視する新古典派的アプローチ，そして官僚機構や企業経営を支える制度・組織に注目する企業・生産システム論アプローチ，以上の 3 つを挙げることができる（末廣 [2000] 第 1 章）。

第 1 の国家主義的アプローチとは，アジアにおいて，工業化の始動をもたらした時期の政治体制が，戦後の独立運動を推進した独裁体制によって担われていたことに注目した。軍事クーデターによって大統領の座に就いた韓国の朴正熙のみならず，台湾の蒋介石政権やタイのサリット政権は選挙を経ずに政権を掌握し，経済開発政策に着手した。このような現象は政治体制としては開発独裁，発展思想としては開発主義と呼ばれた。開発独裁とは，経済開発を国家にとっての至上命題として設定し，その成果を得るために政治的な独裁体制を正当化して工業化を進める体制を指す。そしてこれらの特徴に注目した論者

は，特定の政策立案部門，たとえば韓国の「経済企画院」の発足と政策立案を担った官僚の役割に注目し，国家の主導のもとでいかに経済開発が進展したかを強調した。

第2の新古典派的アプローチには，ベラ・バラッサに代表されるような市場メカニズムの役割を強調した研究者がいたが，影響力が大きかったのは世界銀行のレポート『東アジアの奇跡』である（世界銀行編 [1994]，英語版は1993年に出版）。同レポートは，国内所得格差を縮小させつつ経済成長した東アジア（本書での東南アジアを一部含む）に注目し，ラテンアメリカとの対比において，東アジアを高く評価した。同書は，東アジア経済の成功要因として，初等教育環境の整備を通じた人的資本への投資，民間企業の競争を促進する制度の整備，経済の対外開放，そして安定的なマクロ経済運営と高い貯蓄率・投資率に注目し，一連の政策パッケージを「市場メカニズムに親和的なアプローチ」と呼んだ。上記の開発主義体制における，強権的な工業化政策の実施という説とは異なる，新古典派経済学が強調する市場メカニズムの役割を強調した。

第3の企業・生産システム論アプローチには，企業システムや生産の現場における組織能力の形成に注目したものや（青木・金・奥野（藤原）編 [1997]），国家や官僚組織以外の経済組織，たとえば業界団体や官民協議組織，そしてNGOの役割に分析の視野を広げるものがあった。末廣昭は，アジアで広く観察された後発性の利益を活用しつつ，製造現場での技術者の育成を内包する工業化のパターンを，**キャッチアップ型工業化**と呼んで（末廣 [2000]），国家と市場メカニズムの役割に加えて，財閥企業を含む民間企業や生産現場での技能・技術蓄積にまで視野を広げて検討を加えており，企業・生産システム論アプローチの1つと位置づけられる。特定の政権の役割や市場メカニズムの役割だけでなく，経済成長を支えた具体的な企業や担い手に着目したアプローチといえる。

ここで追加的に指摘できる視点は，アジアにおける工業化と経済成長は，単独の国のみで生じたのではなく，連続的，波及的に生じたことである。この現象を，域内の先進国から後発国に向けた労働集約的産業への直接投資と，後発国での工業化の始動というメカニズムでとらえようとしたものが雁行型経済発展論（flying geese model）である。このメカニズムについては第2章で詳述さ

れるが，当初のモデルは一国内で，特定産業が輸入超過状態から，輸入代替生産による国産化を経て，やがて輸出産業化する姿を描いていた。しかしその後，アジア域内で，域内先進国における賃金の高騰と産業の資本集約化に伴って，労働集約的なアパレル産業や雑貨産業が後発諸国へと移転するパターンを描写するモデルへと，発展的に解釈されることになった。後発国においても，徐々に現地での工業化と技能形成をもたらし，地域全体の産業構造が高度化するダイナミックな姿を描写していた（小島［2003］）。先進国がより高度な資本集約的産業に特化し，後発国が労働集約的産業に特化するという，アジア域内での**産業間国際分業**をもとに，最終製品は域外のアメリカとヨーロッパへと輸出される構造を示していた。

2.2 アジア金融危機と新古典派経済学の時代へ

上記の3つのアプローチはそれぞれ，輸出志向型工業化の成功要因を探るものであったが，1997年7月のタイ・バーツの暴落を契機として**アジア金融危機**が発生した。アジア金融危機は，まずアジア諸国の通貨レートの暴落により，ドル建て対外債務の不履行が生じ，域内諸国に波及した。98年にはタイの経済成長率は−10％，インドネシアでは−13.7％を記録するという，文字どおり危機的状況が生じた。短期的には歴史的にもたびたび観察されてきた金融パニックの一種としての性格も見られたが，より構造的には，伝統的に途上国が直面してきた財の輸出入に基づく経常収支の危機ではなく，国際的な資本投資に基づく資本収支の危機であったこともあり，対応には新たな分析視角が求められた。それまでのアジア経済の「奇跡」を分析する時代から，アジア経済の「危機」を分析する時代へと大きく転換することとなった（吉冨［2003］）。

アジア金融危機の原因をめぐっては，金融要因，実体経済要因，そして制度要因などが指摘されてきた。金融要因とは，アジア諸国が1990年代に金融市場を対外開放するなかで，固定為替レートのもとで短期性の資金が大量に流入し，なおかつ国内の金融システムが銀行借入れに依存した構造であったために，国際資金が一転して引き上げたことによって国内資金が瞬く間に枯渇した点を問題視するものである。実体経済要因は，輸出志向型工業化戦略に内在していた構造問題を重視した。アジア諸国が採用した輸出志向型工業化は，重要部品

を国外からの輸入に依存したため，輸入誘発的な輸出構造となっていた。このため貿易収支の面での赤字をもたらし，また生産性の向上が限定的であったことが指摘された。そして制度要因は，地場企業の企業統治体制（コーポレート・ガバナンス）がグローバルな基準に合致していないことを問題視した（末廣[2000]，吉冨[2003]。第5章も参照のこと）。

　アジア金融危機の発生によって，アジア経済の分析の視角も大きく変化した。金融セクターが新たに焦点となり，国際的な資金循環，そして金融グローバリゼーションのなかでアジア経済が語られることとなった。1960年代にも，アジアや途上国を国際経済のなかに位置づけて議論がなされてきたことはすでに紹介したが，当時は貿易の際の交易条件を主要な論点としていたのに対して，アジア金融危機によって，国際金融市場のなかにアジアを位置づけることが必要となった。また，ポール・クルーグマンの論考に代表されるように，アジアの経済成長のパターンが投入依存となっており，生産性の向上による貢献が限定的であることも問題視された（クルーグマン[1995]）。「奇跡」と呼ばれたアジア経済で生じた「危機」は，結果的に金融分野を新たに重要な論点としただけでなく，アジア経済を特別視するのではなく，先進国と同様のフレームワークで分析することの重要性を広く認識させることになった。

　以上のように，1990年代までに観察された「奇跡」と「危機」は，いずれも世界的な注目を集めた結果，広範な視点からアジア経済研究が蓄積された。現時点から回顧して重要な論点として指摘できるのは，グローバリゼーションによる恩恵とリスクである。NIEsの工業化を支えたのは輸出志向の対外開放政策であり，グローバリゼーションと国際分業に参画することで成長を実現したが，このことはもう一方では国際資本移動によって影響を受けるリスクも内包していた（第5章参照）。国境を越えた資金の移動がもたらす為替と金融リスクをコントロールするため，2000年5月のASEAN＋3（日中韓）の会合でチェンマイ・イニシアティブの枠組みでの金融協力が合意された。これにより域内国の対外支払いに困難が生じた場合には，他の域内国が外貨の融通を保証する仕組みが整備された。この取り組みはその後のASEAN＋1またはASEAN＋3の経済協力の基盤ともなった（平川[2016]）。「危機」は多大な損害をもたらしたと同時に，その後の地域協力の萌芽にもつながったと評価でき

る。

3 中国の台頭と新興アジア経済へ
——2001 年以降

3.1 中国の参入と生産ネットワーク，そして経済統合

　重要なことは，金融危機は大変深刻なものであったにもかかわらず，アジア経済の成長トレンドに大きな変化は見られなかった事実である。その背景には，第 1 に短期的な金融危機の原因であった資本収支が安定化し，第 2 に輸出が回復し，そしてより根本的には，第 3 にアジア諸国における労働投入や資本投入，そして生産性の向上による潜在的な成長力が依然として高かったことが指摘できる（詳細は第 5 章参照）。2000 年代にアジア諸国は金融危機から回復を遂げ，さらに新たな構造変化の時代を迎えることとなった。

　第 1 の変化は，中国のアジアと世界経済への編入による影響である。中国は2001 年に 10 年にも及ぶ交渉のすえに世界貿易機関（WTO）に加盟し，これを契機として中国沿海部への外国からの直接投資が急増した。第 3 章で詳述するが，この時期の対中投資は製造業分野に集中し，珠江デルタ地域と長江デルタ地域には「世界の工場＝中国」とも呼ばれる一大製造業の集積地が形成された（黒田 [2001]）。このような中国経済のさらなる対外開放と国際分業への本格的な参画は，金融危機の影響からようやく脱却しつつあった ASEAN 諸国からは警戒感を持って受け止められた（木村・丸屋・石川編 [2002]）。国際協力銀行（JBIC）による日本企業へのアンケート調査結果を見ると，中期的（3 年程度）な有望地域として，中国は 1990 年代から一貫して最有力の地域であったが，2000 年代前半には回答企業の 8 割以上が有望だと認識していた。[*2]このような中国への関心の高まりを背景として，ASEAN 諸国では競争相手として中国への警戒感が生まれると同時に，中国への製品輸出が伸びる可能性も議論され，「中国脅威論」と「中国共栄論」の両方が観察された。

　この時期に生じた第 2 の重要な変化は，中国も含めて，アジアにおける域内貿易の比率の高まりが観察され，アジア生産ネットワークと呼ばれる現象が顕在化したことである。生産ネットワークについては第 2 章と第 4 章で再度取り

上げるが，製造プロセスの各段階が国境を越えて分業される現象，いわゆる工程間分業（フラグメンテーション）が進展した。これは，前節で紹介した雁行型経済発展論が想定していた国々がそれぞれ異なる産業を担うという産業間分業の時代から，**産業内分業**へと大きく構造転換することを意味した。

こうした新たな分業体制の進展の背景には，取引・通信コストの低下，物流コストの低下を挙げることができ，アジア諸国間での部品などの中間財の取引の活発化は，必然的に貿易ルールの整備と精緻化を求める機運につながった。アジア諸国では企業による貿易と投資が活発化することによる「事実上の経済統合」（de-facto economic integration）が進展してきたが，この時期にはアジア経済の「制度的経済統合」（de-jure economic integration）が求められることになったのである（浦田・三浦 [2012]）。ここでも生産ネットワークの拡張は，もう一方ではリスクの共有も意味していることに注意が必要である，2011 年におけるタイの大洪水や日本の東日本大震災に代表される供給側ショックに加えて，08 年に発生した世界金融危機に代表される需要ショックもアジア諸国に多大な影響を与えた。アジアの一部で生じた危機が，あるいは太平洋の向こう側で生じたショックが，生産ネットワークを通じてアジアに波及する時代を迎えたのである。

3.2　中所得国化するアジアのリスク

もう 1 つの構造的な変化は，アジア諸国の経済成長の進展，そして消費社会の拡大によって，アジア経済全体が「中所得国化」し，イノベーションの必要性が議論され，また経済社会の各面で新たな側面や課題が観察されはじめたことである（ユスフ [2005]，Gill and Kharas [2007]，Kohli, Sharma and Sood eds. [2011]，末廣 [2014]）。

最大の変化は，成長に伴う賃金上昇によって，これまで強みとしてきた低コストを優位性とした輸出志向型工業化の限界が指摘されはじめていることである。この背景には一因として人口構成のうちで労働に適した年齢層（生産年齢人口）のピークを超えつつあることがあり，人口の高齢化は社会保障制度の整備といった新たな課題をアジア諸国に突きつけている（第 10 章参照）。また過去 50 年にわたり，途上国経済を回顧した際に，低所得国から中所得国へと成

長を遂げた国々は少なくないが，さらに中所得国から高所得国へとステップアップを遂げた国々は限られている。この事実は**中所得国の罠**とも呼ばれており，高等教育の普及と整備や企業における研究開発を軸とするイノベーションが重要な課題となっている（第7章参照）。さらに近年ではアジア域内でのモバイルネットワークの普及を背景として，デジタル経済とも呼ばれる新たな成長産業が観察され，各国で新時代の産業政策が模索されている。

　同時にアジア経済の持続的成長は，中間層の台頭をもたらしており，とくに大都市圏での大衆消費社会の出現は**新興アジア**（emerging asia）とも呼ばれる一大経済圏の出現を意味している（第8章参照）。安価な賃金という輸出志向型工業化にとってのアドバンテージは失われたが，これはむしろ自国内の市場拡大を意味しており，サービス産業の成長もあいまって，「工場から市場へ」と成長の原動力はシフトしつつある。アジアの新興市場は日本企業を含む外資企業にとっても重要なマーケットとなっており，「消費するアジア」の活力を企業がいかに活用するかが問われている（大泉［2011］）。

　こうした経済の成熟化に伴い，単なる経済成長だけでなく，環境問題も視野に入れた持続可能性（sustainability）や，所得の格差や公平性，そして社会保障やインフォーマル経済も視野に入れた包摂的（inclusive）な経済成長モデルが模索されている。グローバルなレベルでは，国連が2015年までに貧困撲滅をめざして「ミレニアム開発目標」（Millennium Development Goals: MDGs）を実施し，2016年以降には「持続可能な開発目標」（Sustainable Development Goals: SDGs）へと引き継がれている。前述したアジア諸国の課題の変遷はこうしたグローバルな課題の変化を先取りしたものであったと評価できるだろう。

　アジアが低開発地域として認識された1960年代までは，すでに第1節で述べたような古典的な開発経済学のフィールドとなってきたが，もはや現在では，経済学や経営学のさまざまな応用分野として，アジアがフィールドとなっている。

　また，日本経済にとってもアジアの位置づけは大きく変化してきた。アジアNIEsの工業化段階では，日本は先進工業国として，そして直接投資国として地域での役割を担ってきたが，「中所得国化」したアジアでは，日本は環境問題や高齢化といった，高度経済成長以後に社会が直面するさまざまな問題を先

取りしてきた「課題先進国」[*3]としての側面を強めた。アジア域内が市場として魅力を高めつつある現在では，アジアの中間層の消費をいかに取り込むかは，アジア諸国に進出した日系企業にとってのみならず，インバウンド消費に見られるように日本の地域経済にとっても重要な課題となりつつある。「アジアに投資する，アジアで生産する」といった一方的な関係ではなく，「アジアとともに日本も成長する」という発想が求められている（末廣［2014］）。

おわりに——停滞，奇跡，危機，そして新興アジアを超えて

　以上のように，アジア経済は，その実態の変化に伴って，分析の視点を大きく転換させてきた。その背景には，アジア経済が圧縮した変化を遂げてきたことがあり，低開発と停滞の時代から，成長と危機を経て，現在では相互依存の時代を迎えつつある。めまぐるしく時代のキーワードは変化してきたが，大きな構造転換のなかでも，時代を通じて論点となってきた視点もある。

　第1に，従属論，NIEs論，アジア金融危機といった論点はいずれも世界経済とアジア経済の関係から生まれた論点である。従属論が先進国と途上国というフレームを提示してきたのに対して，NIEs論は後進的とされた地域から高度成長を実現する経済が登場したことに注目していた。またアジア金融危機は，世界経済の資金循環のなかにアジア諸国が組み込まれることによるリスクを提示していた。第2に，雁行形態や昨今，論点となっている地域経済統合に典型的に見られるように，アジア域内の諸国間の経済関係も一貫して重要な論点であった。第3の論点は国家の役割である。近年ではアジアにおいて市場メカニズムの役割を否定する経済システムはほぼ皆無であり，以前に比べて国家の役割について議論されることは減ったが，単一政権のもとでの経済運営が続く中国やシンガポール，そしてタイにおける軍事クーデターの勃発に見られるように，国家の介入も引き続き重要な論点といえるだろう。

　ここで強調しておくべきことは，上記のような大きな構造転換にもかかわらず，アジア経済の各時代に生じた重要な現象は，それ以前の過去に生じたことと，その時代に新たに起こった変化が複合することによって構成されていることである。1960年代には農業の低生産性，過剰人口問題が問題視されたが，これは70年代以降には輸出志向型工業化戦略のもとで，むしろ工業化を支え

る労働力の提供につながり，経済成長の原動力の1つとなった。また，アジアNIEs の輸出志向型工業化は，急激な経済成長をもたらしつつも，輸入誘発的な輸出構造と国際資金循環への統合は，97年のアジア金融危機につながるリスクも含むものだった。さらに雁行型経済発展論が示したメカニズムに従って，アジア域内でグローバリゼーションが拡大することによって，中国経済までもが国際分業に参画し，域内での生産ネットワークの広がりは「事実上の経済統合」をもたらした。国境を越えた貿易や投資が増加し，近年ではこうした取引をルール化しようとする「制度的統合」をめざす動きが見られているのである。

　アジア経済の未来は，過去と現在から作り出される。だからこそ，まず過去に生じてきたことを理解し，また同時に現在生じつつある新たな変化にも真剣に目を向けなければならない。本書の以下の各章では，個別の論点を取り上げて，過去に生じてきた重要な現象とその背景にあるメカニズムを解説し，さらに近年生じつつある新たな変化を解説する。これによって次の時代のアジア経済の見取り図が得られるだろう。

〈注〉
＊1　国連貿易開発会議（UNCTAD）データベースより当年価格ドル表示を引用。
＊2　国際協力銀行（JBIC）「わが国製造業企業の海外事業展開に関する調査報告」各年版を参照。
＊3　「課題先進国」は，小宮山［2007］において用いられた用語である。

Column ❶　経済史における「アジア」の変遷

　かつて，アジアをヨーロッパより劣位にとらえる見解が国際経済史の学会において主流だった。アジアはヨーロッパに植民地支配あるいは収奪されるなかで歪められた経済構造になることを強制され，第二次世界大戦後に独立したのちも経済的には欧米に従属する形でなければ国家を維持できなかった，という見方である。このような見解は，これまで支配的であった近代歴史学が，ヨーロッパにおいて育まれ，ヨーロッパこそが世界で優位に立っていた時代に醸成された歴史認識のパラダイムとして世界に広がったものであり，近年ではおおむね批判的にとらえられている。1990年代からロンドン大学を中心に始まったグローバル・ヒストリー研究も，こうしたヨーロッパ中心史観を批判して，それに代わる新たな歴史像を提示することが主眼の1つであった。非ヨーロッパ世界の歴史，とくに東アジアの歴史を重視することでヨーロッパ中心史観と決別し，それに代わる歴史像を提示しようとする志向

性がグローバル・ヒストリー研究には色濃く見いだされており，長期の世界史の枠組みのなかにおけるヨーロッパの相対化が試みられている。

　ケネス・ポメランツは，2000年に刊行した『大分岐』（The Great Divergence，日本語版は2015年刊行）において，19世紀中葉の段階ではヨーロッパが世界の他の地域より抜きん出て発展していたことを事実としつつも，19世紀より以前の段階においても世界のなかでヨーロッパに経済的優位性が存在していたとする見解を否定する。アンガス・マディソンによると，1820年の世界GDPのうち，中国が占める割合は32.9%，インドが占める割合は16.0%に対して，イギリスは5.2%であったことも，ポメランツの主張を支える根拠となっている。この論点をポメランツは，おもに長江下流域とイングランドの比較を通じて，さまざまな指標から検討しており，その結果として1人当たりの所得や生活水準が同程度であったと指摘した。そのうえで，そうした状況からヨーロッパが優位へと「大分岐」した要因について，ポメランツは石炭（化石燃料）へのアクセスが比較的容易であったこと，南北アメリカとの間の環大西洋貿易が発展したことを挙げている。こうしたポメランツの主張に対して，私的所有権の概念や国家や法体系といった制度の役割をどのように考えるのかといった批判が向けられており，活発な論争が繰り広げられている。

　また杉原薫は1996年刊行の『アジア間貿易の形成と構造』において，ヨーロッパをはじめとする「西洋からの衝撃」がアジアに本格的に浸透しはじめた19世紀後半に，アジアでは日本やインドで工業化が勃興し，域内では独自の国際分業体制が発展して地域内部の貿易（アジア間貿易）が成長したことを明らかにしており，その成長率は当時の世界全体の成長率よりも高く，貿易に限って見ればアジアは経済的に停滞していたととらえることは一面的であると主張した。この観点から杉原は，アジアの相対的な自立性と発展に着目することにより，ヨーロッパ中心史観を相対化することで，新しい形の近現代をとらえる歴史的視座を構築することの重要性を指摘した。

　杉原はまた，第二次世界大戦後の「東アジアの奇跡」の歴史的背景を探ることに取り組み，「産業革命」を経て欧米で成し遂げられた工業化と第二次世界大戦後に東アジアが達成した工業化は，異なる発展経路をたどったと指摘した。東アジアの場合，資本や土地に比べて労働力が豊富に存在していたことから，それらを効率的に活用する経済社会が醸成され，その経済社会の制度を基盤として始まった日本やインドでの工業化の歩みは，両世界大戦間期には朝鮮半島や台湾，中国大陸にまで拡大していった。杉原はこうした東アジアの工業化を労働集約型工業化と呼び，欧米のたどった資本集約型工業化とは異なる発展経路であったと強調した。そして第二次世界大戦後，冷戦構造のもとで東アジアの労働集約型工業化と欧米の資本集約

型工業化はアジア太平洋という場で融合し，そこで成立した新たな工業化の形はアメリカが主導する自由貿易と安定した基軸通貨ドルのもとで驚異的な発展を遂げることに成功したと杉原は指摘する。

　このようにグローバル・ヒストリーの研究は，近年多様な形で進化している。杉原を中心とした京都大学の研究グループの場合，「地球圏」や「生命圏」との関係のなかにおいて，人間が生存基盤をどのように構築して「人間圏」を発展させてきたのかを考察しており，持続的な生存基盤を確保することと経済社会の成立の関係性について，これまでよりさらに長い時間軸を設定して検討を加えることで新たな問題提起を行っている。この研究は，いまだ始まったばかりであり，これから研究が進化していくと思われるが，これまで以上にアジアが主たる分析対象になることは確かである。このように，これまでの欧米を中心とする従来の歴史像は大きな修正が迫られており，「アジア」は新たな歴史学の枠組みのなかで書き換えられつつある。

(西村雄志)

課題 ◆

☐ 1　アジア NIEs とは，日本語では何と訳され，どの国を指し，どのようなパターンによって経済成長をしたのか，説明しよう。

☐ 2　時代ごとに，アジア経済への視点がどのように変化してきたか，説明しよう。

☐ 3　日本はこれまで先進国，先進工業国としてアジア諸国との経済関係を構築してきた。新興アジアと呼ばれ，経済成長が続くアジアと，今後どのような関係を持つべきか検討してみよう。

(伊藤亜聖・遠藤環・大泉啓一郎・後藤健太)

アジア化するアジア
2 域内貿易と経済統合の進展

バンコク港（2015年，時事通信フォト）

> **Learning Goals**
> ①アジアの工業化と貿易の関係を理解する
> ②アジアの域内貿易と分業体制の変化を確認し，その地域統合における民間部門と制度的枠組みの役割を理解する
> ③アジアが世界の工場から市場，さらにグローバル経済の統括者へと変容している状況と課題を理解する

はじめに——アジア化とは何か

　本章のタイトルである「アジア化するアジア」は，1997年に勃発した金融危機直後に，その後のアジアの経済統合を見据えて渡辺利夫がつくった用語である（渡辺［1999]）。第二次世界大戦後のアジア各国の経済成長は，日本を含めてアメリカ向けの輸出に強く依存してきた。日本経済も高度経済成長期には「アメリカがくしゃみをすれば日本は風邪を引く」といわれていたこともある。

日本を筆頭に奇跡的な経済成長を遂げてきたアジア諸国だが，その高い経済パフォーマンスについてはとくに90年代初頭に多くの関心を集め，他の地域からは羨望のまなざしを向けられるようにもなった。ところが97年に，タイを発端にアジア金融危機が起こり，それがアジア域内で広範にわたって深刻な影響を及ぼすと，それまでのアジアの「奇跡的な」経済発展に対する世界の評価は一転した。こうした事態はアジア経済の脆弱性が露呈した結果ととらえられ，構造改革や生産性の向上を図るべきとの指摘がなされるようになったのである。そこで，アジア諸国のめざすべき今後のあり方として欧米，とくにアメリカ型の産業構造や企業統治システムといったものが1つの理想形として掲げられた。

　こうした従来の「アジア観」に対して，渡辺は，欧米への輸出依存だけでは語れないアジアが出現しつつある状況，より具体的にはアジアが自らの工業製品を自らが消費するという，自立の道を歩みはじめているという新しい展開を「アジア化するアジア」というキーワードに込めて主張したのである。

　21世紀に入ると今度は欧米各国の経済成長の陰りが明確になっていくなかで，アジア経済は域内貿易の拡大を通じて息を吹き返した。たとえば，2008年のアメリカのサブプライム・ローン問題に端を発するリーマン・ショックはアメリカ経済を大不況に陥れ，その影響も世界中に伝播した。またヨーロッパでは，10年代に入るとギリシャなどいくつかの国が債務不履行に陥りそうになるなど，いわゆるユーロ危機が大きく表面化する。これら世界的な経済危機は多くの先進国の景気低迷を長期化させる要因となったが，この状況下においても，日本を除くアジア経済は危機からいち早く回復したのである。

　こうした背景のなか，今ではアジアのアジア化はこの地域の経済統合の象徴として語られるようになった。ただし，アジア地域の経済統合のダイナミズムのあり方は，欧州連合（EU）の**制度面（de jure，デジュール）の統合**に対して**事実上（de facto，デファクト）の統合**が先行したものとしてとらえられている。デジュールの統合とは，貿易協定などといった制度的枠組みの整備による経済統合を意味する。これに対してデファクトの統合とは，企業の戦略的な投資や国際取引などによって，制度的枠組みの有無にかかわらず事実上展開される経済統合を指す。これはアジア地域の経済的・政治的・文化的多様性を反映した結果でもあり，アジアの経済統合を理解するうえで重要な視点である。

アジアにおいても制度的な統合は進んでいる。アジア各国はおおかた20世紀まではGATT・WTOを中心としたマルチラテラル（多国間）なシステムに沿った自由貿易化を通商政策の柱としてきたが，21世紀に入ると2国間や特定地域内の**自由貿易協定（FTA）**を数多く締結，発効するようになっている。なかでも**東南アジア諸国連合（ASEAN）**は，2010年に域内の関税撤廃をほぼ実現し，15年には経済共同体を含むASEAN共同体を発足するなど，アジアの経済統合を牽引している。日本，韓国，中国もまた域内外におけるFTAの締結と発効に高い関心を向けるようになり，アジア域内を広くカバーする東アジア地域包括的経済連携（RCEP）も議論されるようになった。しかしながら，アジアの経済統合が「デファクト」型であったというのは，EUの統合プロセスが制度的枠組みが先行するタイプであったのに対し，アジアのそれはむしろ民間企業が主導することで形作られてきた側面が強いという特徴を指す。つまりアジアでは制度的な整備を待たずに，日本企業を筆頭とした民間部門が経済統合を実態として先行してきたという面が強く，これに補完性を持ちながら諸制度がさらなる経済統合を後押ししてきたのである。もちろんこの指摘は，アジアにおける2国間・地域ベースの制度的枠組みが，この地域の経済統合に何も貢献をしなかったというわけではない。要は，北米自由貿易地域協定（NAFTA）やEUの経済統合のダイナミズムと比較した場合，その統合の牽引役としての民間部門の主体性がアジアではとくに強かった，ということがポイントである。今日のアジアの経済統合プロセスにおける多国籍企業の重要性を理解することは，「アジア化するアジア」という文脈におけるアジア経済の課題や可能性を理解するためには不可欠である（後藤［2014］）。

1 従属経済からの脱却

1.1 アジア貿易のプレゼンスの変化

世界貿易におけるアジアのプレゼンスは，時代とともに高まっている。この点を貿易動向から確認しておこう（貿易データの種類と特徴についてはColumn ❷を参照）。表2-1は1950年から2015年までのアジアの輸出入額の推移を見た

ものである。アジアの輸出は1950年の58億ドルから2015年には5兆3938億ドルに増加した。輸入は同期間に51億ドルから4兆6642億ドルに増加した。これに伴い世界貿易に占めるシェアは輸出が9.4%から32.7%へ，輸入は8.0%から28.0%へ上昇した。またアジア地域の貿易収支は，1980年代半ばから一貫して黒字にあり，2015年の黒字幅は7296億ドルに達している。

第二次世界大戦終戦直後のアジア諸国（日本を除く）の貿易は，域内取引はきわめて少なく，先進国向けに農水産物や天然資源などの一次産品を輸出し，工業製品を輸入するという**垂直貿易**の状況下にあった。1965年の日本を除くアジアの輸出の世界に占める割合は1%にも満たず，またその輸出に占める工業製品の割合も35.2%と低かった。

一方天然資源の乏しい日本は，他のアジア諸国から一次産品を輸入し，それを国内で工業製品に加工して輸出することで経済成長を実現してきた。このような**加工貿易**を軸とした日本の工業化パターンは，そのため当初から世界との関わりのなかで発展をめざす輸出志向型となった。昭和24年（1949年）版の『通商白書』でも「今やわが国の経済は輸出の画期的な振興を待つ外，その活力を見出し難い実情にある」と，輸出とリンクさせた工業化を進める姿勢を示している。アジアNIEsも同様に輸出拡大を意図した工業化をめざすことになるが，これがアジア域内に連鎖的な工業化が始まる契機となった。

1.2 アジアNIEsの台頭とアジアの時代の兆候

もっとも戦後しばらくは，日本やアジアNIEsは**輸入代替工業化**をめざしていた。これは高関税率や数量制限，為替政策を通じて外国製品の流入を抑制し，国内市場を対象として地場企業を保護することで工業化を図るものである。しかし，小規模な国内市場，競争力を持たない地場企業では，輸入を抑制しただけでは工業化は自動的には実現できない。日本の輸入代替工業化政策が一定の成功を収めた理由は，当時日本よりも競争力のあった欧米などの企業の製品との直接競争から自国企業を保護しただけではなく，将来的に国際競争に勝てるような企業を育成するために，国内で競争的な環境を維持した点にある。ラテンアメリカなど，多くの国々で輸入代替工業化政策が行き詰まるようになったのは，こうした国内の健全な競争環境が創出されなかったことが大きい。ただ

表2−1 アジアの輸出入

(単位：100万ドル，%)

年	輸　出		輸　入		収支 金額
	金　額	シェア	金　額	シェア	
1950	5,821	9.4	5,141	8.0	680
1960	12,083	9.3	13,160	9.6	▲ 1,077
1970	32,752	10.3	35,383	10.7	▲ 2,631
1980	279,435	13.6	293,665	14.0	▲ 14,230
1990	710,987	20.3	664,264	18.4	46,724
2000	1,686,253	26.1	1,502,640	22.6	183,613
2001	1,525,391	24.6	1,393,169	21.7	132,222
2010	4,544,709	29.7	4,168,291	27.0	376,418
2015	5,393,776	32.7	4,664,200	28.0	729,576

（出所）UNCTAD, UNCTAD STAT より作成。

しアジア NIEs にとってより問題だったのは，一定の市場規模を持った日本とは異なり，その国内市場の小ささが**規模の経済**を通じた競争力強化を妨げた点にあった。またおりしもベビーブーム世代が労働市場に参入し，失業率が高まり，結果として社会不安を高めるなど，輸入代替による工業化政策の限界が早い時期から明らかとなったのである。

　こうした背景から，1960 年代後半からアジア NIEs は**輸出志向型工業化へ**と舵を切った。アジア NIEs の輸出志向型工業化の特徴としては，輸出を目的とする外資を誘致するため，インフラを事前に整備した輸出加工区（あるいは工業団地）の設置を用意するなどの政策メニューが挙げられる。一貫して輸入代替工業化を継続したラテンアメリカが債務危機へと向かうなかで，輸出志向型工業化に転換したアジア NIEs が国際市場にコミットしながら高成長を実現したことは，第 1 章で見たように途上国の開発政策に「外向き」という戦略が定着する機会となった。

　アジア NIEs の成長には，経済発展レベルで一歩先を進んでいた日本の産業構造の変化が影響していたことを見逃してはならない。たとえば，1970 年代初頭の日本は，アメリカとの間で繊維製品をめぐって熾烈な貿易摩擦（日米繊維摩擦）の真っ只中にあった。これは，50 年代後半から日本の繊維製品の輸入が急増したアメリカが，自国の繊維産業への悪影響を回避すべく日本に対して繊維製品の輸入規制を実施したり，日本政府による日本製繊維製品の「自主的

な」輸出規制の実施を迫ったりしたことに端を発している。日本はこのような
アメリカの保護主義的な要求に対し，初期の段階においては一定程度応じてき
た。しかし60年代後半になると，その要求が特定製品から繊維製品全般を含
む，包括的な日本による自主規制要求へと変わったことから，次第に反発をす
るようになった。この日米繊維摩擦は，戦後の日米関係を最も悪化させた出来
事として，当時大きな関心を呼んだ。しかし，実際には日本の繊維産業，とり
わけ労働集約的な縫製産業は70年代初頭にはすでに国際競争力を失いはじめ
ていた。こうしたアメリカとの貿易摩擦という状況に，韓国や台湾などアジア
NIEsからの積極的な外資誘致政策が重なり，日本企業は労働集約的な縫製工
程・機能をアジアNIEsに移転するようになる。

アジアNIEsの成長が軽工業製品の輸出により始まったことは，1960年代
から70年代の韓国や香港の衣類などの縫製品関連の輸出が輸出全体の約4割
を占めていたことからも明らかである。しかし一方で，労働集約的な縫製部門
は日本からアジアNIEsに移転したが，より資本集約的な技術を用いる化学合
成繊維部門など，川上の繊維産業の多くはまだ日本に立地していた。そのため，
日本から生地をアジアNIEsに輸出し，それをアジアNIEsで縫製品に仕立て，
そこからアメリカへ輸出するという「三角貿易」構造が生まれた。

図2-1が示すように，1970年のNIEsの輸出の32.0％がアメリカ向けであ
り，経済成長がアメリカ経済に強く依存するという構造は日本からアジア
NIEsへと広がった。アメリカは，その巨大市場を提供することで日本やアジ
アNIEsの工業製品を吸収するアブソーバーとしてこれらの経済成長を支えた
のである。加えて，これら地域の軍事支出をアメリカが肩代わりしたことで，
アジアは経済運営に専念することができた点にも注意したい。

1.3　プラザ合意と東アジアの奇跡

このようなアジアNIEsの経済の高成長に対して，東南アジア地域（シンガ
ポールを除く）の国々は，1970年代に入ると産業部門によって輸入代替と輸出
志向のいずれかの政策を適用し，それを組み合わせた複線型工業化戦略をとる
ようになった。しかしこれらの国々の経済成長については80年代前半までは
懐疑的な見方が強かった。輸出の多くは依然として非工業製品であり，輸入代

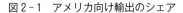

図2-1 アメリカ向け輸出のシェア

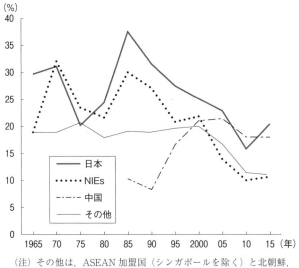

(注) その他は，ASEAN 加盟国（シンガポールを除く）と北朝鮮，
　　　モンゴル，東ティモール。
(出所) UN，UN Comtrade Database より作成。

替型および輸出志向型のいずれの産業でも外資誘致を通じた工業化をめざした
ものの，総じてインフラが未整備であったため，工業化はなかなか進展しな
かった。

　この状況を一変させる契機になったのが 1985 年の G5（アメリカ，イギリス，
フランス，西ドイツ，日本）の財務大臣・中央銀行総裁会議で採択された**プラザ
合意**である。これによりドル高抑制に協調介入することになり，急激なドル安
円高が進行した（たとえば 85 年の 1 ドル 239 円から 90 年に 145 円，95 年には 94 円
となった）。日本企業は，この円高の影響を回避することに加え，圧力が高まっ
ていたアメリカとの貿易摩擦の解消を意図して，ASEAN 諸国への進出を加速
させたのである。

　日本銀行の統計によれば，製造業の ASEAN 諸国への直接投資は，1985 年
の 516 億円から 90 年に 3368 億円に，金融危機直前の 97 年には 5574 億円に達
した。日本企業だけでなく，アジア NIEs 企業も賃金上昇と現地通貨高を背景
に ASEAN 諸国に生産拠点の移転を加速させた。これにより ASEAN 諸国の

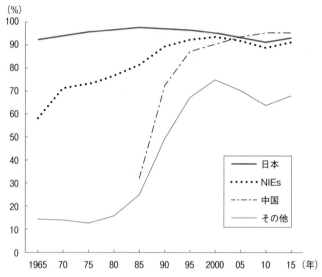

図 2 - 2　工業製品の輸出シェア

(注)　その他は，ASEAN 加盟国（シンガポールを除く）と北朝鮮，モンゴ
ル，東ティモール。
(出所)　UN, UN Comtrade Database より作成。

工業化が加速し，貿易構造は大きく変化した。ASEAN 諸国の輸出に占める工
業製品の割合は 85 年の 25.3％から 90 年に 49.7％，95 年には 66.7％に上昇し
た（図 2 - 2）。

　このようにして 1980 年代後半以降，ASEAN 経済は工業化をテコに離陸
（成長路線へ移行）しはじめる。なかでも高い成長を実現したタイ，マレーシア，
インドネシアは，世界銀行の『東アジアの奇跡』でも取り上げられた（世界銀
行編 [1994]）。

　アジア全体で見ると，先に示した三角貿易のパートナーに ASEAN 諸国が
加わったことで域内の分業体制はさらに拡大されていった。その結果，アジア
では発展段階の違いにより，生産要素集約度や技術水準の異なる産業に特化す
る分業体制と輸出構造が形成された。こうしたアジア域内の国際的な産業の構
造転換連鎖は**雁行型経済発展**，**キャッチアップ型工業化**として論じられるように
なった（大野・桜井 [1997]，小島 [2003]，末廣 [2000]）。

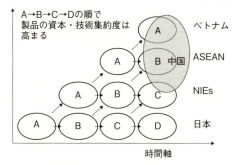

図2-3　雁行型経済発展の概念図と中国脅威論

（出所）末廣［2000］を参考に作成。

図2-4　アジアのアジア向け輸出のシェア

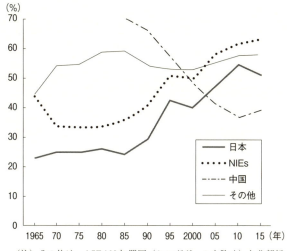

（注）その他は，ASEAN加盟国（シンガポールを除く）と北朝鮮，
　　　モンゴル，東ティモール。
（出所）UN，UN Comtrade Database より作成。

　図2-3は，このダイナミズムを示している。まずは，時間軸の早い段階
（水平軸の左端）で，日本のような国で縫製産業のような労働集約的産業（産業
A）の輸出が始まるが，やがてその国の経済が発展し資本が蓄積され，賃金水
準も上昇する。すると，この国の産業Aは競争力を失うようになり，より資

本集約度の高い産業Bへと産業構造が転換する。その際，産業Aは直接投資などを媒介に，発展段階が低く，より労働集約的産業に比較優位を持つアジアNIEsへと移転される。そして，これまでAを輸出していた日本がその輸入国に転ずる，という流れである。これが連鎖的に起こることで発展段階のさらに低いマレーシアやタイ，中国・ベトナムといった国々を巻き込んで，域内で秩序だった産業ごとの国際分業体制が形成されたのである。

　ただし，このように産業高度化の連鎖が日本とアジアNIEsからASEANへ広がる過程において，アジア全体のアメリカ向け輸出比率は1985年の31.1%から2000年に22.3%に低下した。他方，アジア域内への輸出比率は同期間に34.9%から47.5%に上昇した（地域別は図2-4を参照）。この動きを渡辺は「アジア化するアジア」として示したのである。

2　デファクトの経済統合とグローバル・バリューチェーン

2.1　金融危機と中国のWTO加盟

　1997年にタイで発生した金融危機はアジア全域を覆った。『東アジアの奇跡』でアジアの成長過程を絶賛した世界銀行は，アジア経済への見方を180度反転させた。たとえば「効率的で安定的な金融制度は，脆弱で構造的欠陥を持った金融制度であった」とし，「政府による市場への選択的介入は市場機能を歪め」，「高い評価を受けた官僚制度も，政治家と企業家・官僚が癒着する『クローニー資本主義』（取り巻き資本主義）の典型」とされた（末廣［2014]）。

　他方，この頃から金融危機の影響を受けなかった中国経済の躍進が注目されはじめた。1978年からの改革開放により中国の輸出は80年の181億ドルから2000年には2492億ドルと20年間で10倍以上に増加し，世界に占めるシェアも0.9%から3.9%に上昇した。このようななかで，01年に中国がWTO加盟を決断したことは，アジアの雁行型経済発展を乱す要因になるのではないかと危惧された。いわゆる「中国脅威論」である。

　中国は安価な労働力を豊富に抱える一方で，人工衛星を自前で飛ばす技術力を持っている国である。また，中国がWTOに加盟したことを機に日米欧企

業が中国投資を加速させたことが，他のアジア諸国への投資を抑制する要因になるのではないかと心配された。実際，中国の直接投資受け入れ額は2000年の407億ドルから10年には1147億ドルになり，これに伴い輸出は00年の2492億ドルから10年に1兆5778億ドル，15年には2兆2749億ドルと急増した。世界に占めるシェアはそれぞれの年度で3.9％から10.3％，13.8％となっている。09年からは中国は世界第1位の輸出大国となっている。中国投資ブームは中国を「世界の工場」に押し上げた。

　この中国経済の躍進は，他のアジア経済には脅威とならず，プラスの効果をもたらした。たとえば，中国のASEAN 10カ国向け輸出額は2000年の173億ドルから15年には2789億ドルに増加し，同様に輸入額も同期間に222億ドルから1894億ドルに増加した。競合すると考えられていたASEAN諸国の中国との貿易関係は，次節で見る補完的な分業関係が成立したことで，逆に強化されたのである。15年において，中国の輸入相手国の第1位は韓国であるが，ASEANからの輸入はその額を上回る。このようななか「中国脅威論」は「中国共栄論」へと変化した。

2.2　中国とアジア各国との生産分業と中間財の域内水平貿易の進展

　中国経済の台頭は，アジア域内における生産・流通ネットワークを量的にだけでなく，質的にも変化させた。これには世界のIT化の進展と，国際的な物流コスト低下の影響を受けている。20世紀までのアジアの域内貿易のメカニズムは，ヘクシャー＝オリーン・モデル，すなわち比較優位（相対的に低コストで生産できる財に特化する）に基づいて説明しうる産業間分業，製品別分業であった。これに対して，21世紀に入ると，生産工程や機能を単位とする産業内分業（工程間分業）が増えた。これは，コンピュータを含めた電子・電機の生産において顕著であった。

　このことを数字で確認しておこう。工程間分業の進展を見るうえでは，経済産業省が作成するRIETI統計が有用である（統計の特徴はColumn ❷を参照）。これによれば，アジア全体の電子・電機の輸出は2000年の4055億ドルから15年には1兆1605億ドルに増加した。アジア全体の電子・電機輸出の世界全体のシェアは44.3％から62.8％に上昇した。アジア全体が世界の電子・電機

図2-5　アジアの域内貿易

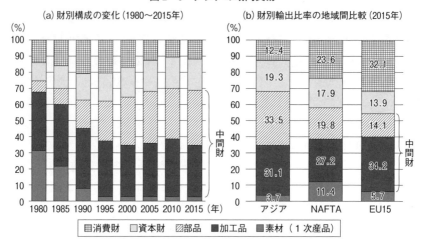

(注) ここでいうアジアとは次の国々を含む。日本，中国，香港，台湾，韓国，シンガポール，タイ，マレーシア，インドネシア，フィリピン，ベトナム，ブルネイ，カンボジア，インド。
(出所) 経済産業省 RIETI-TID より作成。

　の生産センターとなっていることがわかる。15 年のアジア全体の電子・電機の輸出品を工程別に見ると中間財（部品・加工品）が 61.9%，最終財（消費財・資本財）が 38.1% となっている。最終財については中国が圧倒的に多く，アジア全体の 67.0% を占めるが，部品では 27.4% にすぎない。そして中国が輸入する中間財の 82.6% がアジア域内からのものである。つまり，中国の電子・電機（最終財）の輸出は，周辺アジア諸国・地域からの部品輸入によって支えられているのである。

　図 2-5(a)はアジアの域内貿易の 1980 年から 2015 年の間の推移を表すものである。これからは，まず 1980 年から 2015 年まで一貫して域内貿易における中間財の比率が上昇していることがわかる。1980 年では域内向け輸出の 44%が中間財だったが，これが 2015 年には 65% となっている。

　図 2-5(b)は 2015 年のアジアの域内貿易構成を，NAFTA および EU のそれと比較したものである。NAFTA や EU の域内貿易における中間財比率を見るとアジアのそれが圧倒的に高い。逆にいえば，アジアの中間財比率が65% であるのに対し，NAFTA および EU はそれぞれ 47% と 48% であり，こ

れらの地域では最終財の域内貿易が中心であることが理解できる。

2.3　工程間分業の進展

　このような1つの製品の生産工程を，複数の国が受け持つ分業体制は，**グローバル・バリューチェーン**（あるいは**グローバル・サプライチェーン**）と呼ばれる。このグローバル・バリューチェーンの利点を簡潔に説明してくれるものとして「フラグメンテーション理論」がある。フラグメンテーションとは，「一か所で行われていた生産活動を複数の生産ブロックに分割し，それぞれの活動に適した立地条件のところに分散させること」，つまり工程間分業である（木村[2003b]）。

　かつて生産活動といえば，原材料の納入から最終製品の生産まで，1つの工場内で行われていた（図2-6）。この生産プロセスは，図の下部が示すように，いくつかの工程（生産ブロック）に区分できる（図中では5つの工程）。そして，この生産ブロックをそれぞれ最適な条件を有する場所に立地・分散させ，全体のコストを引き下げる，これがフラグメンテーションの利点である。

　フラグメンテーションがどのように広がるかは，立地場所の条件（賃金水準，インフラ整備，天然資源の有無など）のほかに，輸送コストや関税率，貿易手続きなどの生産ブロックを結びつけるプロセス（サービスリンク）も影響を及ぼす。このように，生産ブロックをつなげた連鎖がバリューチェーンで，これが国境を越えた場合，グローバル・バリューチェーンとなる。

　フラグメンテーションが最も進んだ分野は電子・電機産業であったのは，電子・電機を構成する部品が小型で軽量であること，輸送コストが低いことに加えて，部品のモジュール化（規格化）が進んだからである。部品がモジュール化されることで，他の部品との交換が容易になり，その組み合わせを変えることによって，誰にでもオリジナルな製品を作れるようになった。その結果，完成メーカーが多く生まれた。また，モジュール化された部品だけを生産する企業も現れ，複数の完成メーカーに納入することでコストを引き下げ，競争力を高める企業が出現した。台湾の鴻海（ホンハイ）グループはその典型的な例である（詳細は第4章参照）。

図 2-6 フラグメンテーションの概念図

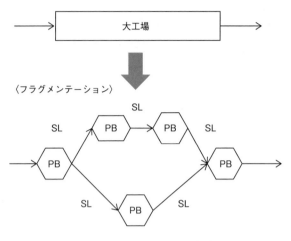

〈従来の生産過程〉

大工場

〈フラグメンテーション〉

PB：生産ブロック
SL：サービス・リンク

（出所）木村［2003b］。

2.4 アジア化するアジアの質の多様化と領域の拡大

「アジア化するアジア」の質が多様化している。これまでの生産面でのアジアの実質的統合に加え、消費面での統合も進みつつある。

アジアの名目 GDP は、2000 年の 7 兆 8040 億ドルから 16 年には 20 兆 9670 億ドルに増大した。世界に占めるシェアは 23.1％から 27.9％に上昇している。GDP は 1 年間に生産した付加価値の合計であると同時に、1 年間に消費した財・サービスの合計にほとんど等しい。すなわちアジアは生産だけでなく、市場としてもプレゼンスを高めているのである。

アジアの消費財の輸入は、2000 年の 2299 億ドルから 15 年には 5668 億ドルに増加した。世界に占めるシェアは 18.6％から 22.5％に上昇している。なかでも中国の消費財の輸入は 94 億ドルから 1306 億ドルに急増しており、中国は「世界の工場」であるだけでなく、「世界の市場」とも呼ばれるようになった。これは大都市を中心に高所得層が拡大していることに起因している（第 8 章参

照）。また，近年盛んになっている電子商取引（EC）によって，この傾向はさらに加速するものと考えられる。

　他方，ASEANの後発国であるミャンマー，ラオス，カンボジアも分業体制のなかに組み込まれつつある。これら3国の貿易データは未整備であるが国連貿易開発会議（UNCTAD）の推計値を見ると，2000年と15年の貿易額は，ミャンマーが53億ドルから286億ドル，ラオスが8億ドルから80億ドル，カンボジアが36億ドルから261億ドルといずれも急増しており，15年のアジア依存率はミャンマーが86.2%，ラオスが90.0%，カンボジアが61.9%と高い。

　カンボジアでは中国から原材料を輸入し，アメリカ向けに輸出する縫製品（衣類）が多い。ラオス，カンボジアではタイの工場へ納入する工業部品の生産が始まるなど，工程間分業が拡大しつつある。

　この分業体制の拡大には，域内の相互投資が増えていることも後押ししている。それまでアジアの直接投資については日本とアジアNIEsのシェアが高かったが，次第に中国，ASEAN諸国のプレゼンスが高まっている。2015年の中国の対外直接投資は1276億ドルで，その額は日本（1287億ドル）のそれに匹敵する。シンガポールを除くASEANの対外直接投資は2000年の22億ドルから15年は312億ドルに増加している。15年のマレーシアの対外直接投資額は99億ドル，タイは77億ドルで，両国は直接投資の受け入れ国から投資国へと変化しつつある。このようにアジアのなかで投資資金が巡回するようになったことは，事実上の経済統合，「アジア化するアジア」をよりいっそう強める要因となっている。また近年は，中国やタイが隣国への援助・支援の出し手になっていることも注目される（第13章参照）。

　そのほか，国際機関や先進国による支援が，アジア域内の物流コストを低下させていることもある。ミャンマー，ラオス，カンボジアの経済が離陸した背景には，国際機関や先進国が支援したインフラ整備の進展の影響があったことは間違いない（たとえば南部経済回廊の整備など）。これらは，分業に必要なサービスリンクコストを低下させ，こうしたこれまでの「後背地」をアジアのバリューチェーンに結びつけることを可能にしたのである。

3 デジュールの経済統合，今後の可能性と課題

3.1 ASEAN が中心となったアジア域内 FTA

アジアは第二次世界大戦後，貿易をテコに急成長してきた地域であったが，その通商政策は，1948 年から始まった**関税及び貿易に関する一般協定（GATT）**体制のなかで進められた。戦後急速に進められてきたグローバルな自由貿易体制の構築と推進は，各国がそれぞれの比較優位分野に特化することで全体的なアウトプットを最大化させ，それを貿易を通じて交換することで，厚生レベルも最大化させるという考え方に基づいている。95 年には GATT および関連制度である**サービスの貿易に関する一般協定（GATS）**と**知的所有権の貿易関連の側面に関する協定（TRIPS）**などの貿易自由化を多角的に推進する母体として世界貿易機関（WTO）が設立され，グローバルなレベルでの貿易自由化をマルチラテラルなチャネルにおいて促進する体制が強化された。2013 年にラオスが正式加盟したことでアジアでは北朝鮮を除いたすべての国が WTO の加盟国となっている。

他方，1958 年に結成されたヨーロッパ経済共同体（EEC）は，その後 EC（欧州共同体）を経て，92 年に EU に発展した。北米では，94 年にアメリカ，カナダ，メキシコの 3 国間で NAFTA が発効された。注意したいのは，これら FTA を含む制度上の経済統合は，GATT・WTO 体制を逸脱するものではないことである。GATT 第 24 条が規定する，妥当な期間内に「実質上のすべての貿易」を自由化することを遵守するもので，GATT・WTO 体制よりも自由化を先行するものである。

アジアでは，特定地域における FTA は ASEAN が牽引役となった。ASEAN は 1967 年に発足した地域協力組織である。当初は，政治的な意味合いの強い機関であり，とくに東南アジアの共産化に対抗する組織として機能してきた。

1980 年代末以降の冷戦終焉と旧ソ連の崩壊を受けて，95 年にベトナム，97 年にラオスとミャンマー，そして 99 年にカンボジアが加盟し，現在の 10 カ国

による組織となった。これによりほぼ東南アジア全域が ASEAN の対象地域となった（東ティモールが例外として残る）。ベトナムとラオスは社会主義を放棄していないものの，経済関係の強化が双方にメリットとの認識が ASEAN 加盟を可能にしたといえる。

ASEAN は，1992 年の **ASEAN 自由貿易地域（AFTA）**の創設を目標に掲げた。当初は，AFTA の実現については懐疑的な見方が多かったが，21 世紀に入って中国が WTO に加盟したことに危機感を強め（前述の中国脅威論），関税の引き下げを加速した。そして，計画よりも 5 年早く 2010 年に先発 6 カ国（ブルネイ，インドネシア，マレーシア，フィリピン，シンガポール，タイ）の間で関税が原則撤廃された。後発 4 カ国の関税も 18 年に撤廃された。

そして 2015 年末，経済共同体のほかに，政治・安全保障共同体，社会・文化共同体の 3 つの柱から構成される **ASEAN 共同体**が発足した。引き続き，統合のあり方が議論されており，ASEAN は域外との自由化と経済統合に意欲的である。中国とは 05 年に，韓国とは 07 年，日本とは 08 年に，インドとオーストラリア，ニュージーランドとは 10 年に FTA を発効している。

3.2 日本および中国，韓国の通商政策の変化

日本の通商政策は，ほかのアジア諸国と同様に 20 世紀は GATT・WTO 体制の枠組みを重視していたが，21 世紀に入ると**経済連携協定（Economic Partnership Agreement：EPA）**を柱としたものへと比重を移している。経済連携協定とは，物品の貿易自由化に加え，サービス貿易や投資の促進，人の移動にかかる規制緩和，知的財産権の保護，さまざまな分野での協力体制の構築など，広い範囲での経済関係強化を目的とした協定である。2002 年のシンガポールとの日本・シンガポール経済連携協定（JSEPA）を皮切りに，17 年 7 月現在，15 の経済連携協定を発効している（表 2-2）。

このような日本の EPA を中心とした通商政策の変化は，中国や韓国のそれに影響を及ぼしたという見方がある。中国と ASEAN は，2001 年の首脳会議で「10 年以内に FTA 創設をめざす」ことで合意，翌 02 年に「ASEAN 中国経済協力枠組み協定」を締結し，その一部として 05 年には「ASEAN 中国自由貿易協定」（ACFTA）がスタートした。10 年には，自由化した場合大きな経

表2-2 日本の経済連携協定（EPA）発効国・地域

(2017年 7 月現在)

国・地域	発効日
発　効	
シンガポール	2002年11月
メキシコ	2005年 4 月
マレーシア	2006年 7 月
チリ	2007年 9 月
タイ	2007年11月
ブルネイ	2008年 7 月
インドネシア	2008年 7 月
フィリピン	2008年12月
ASEAN	2008年12月
スイス	2009年 9 月
ベトナム	2009年10月
インド	2011年10月
ペルー	2012年 3 月
オーストラリア	2015年 1 月
モンゴル	2016年 6 月
署　名	
TPP	2016年 2 月

(出所) 外務省ウェブサイト (http://www.
mofa.go.jp/mofai/gaiko/fta/)。

済的損失や社会的混乱が生じうるセンシティブな品目（センシティブトラック）
を除いた，ノーマルトラックに含まれる関税を撤廃した。韓国も 2007 年から
「ASEAN 韓国 FTA」を発効し，中国と同様に 10 年に関税を原則撤廃してい
る。

　このようにアジア域内の経済統合は，相対的に民間部門主導による「事実上
の統合」が先行して進んできたが，ASEAN を中心として制度的枠組みの構築
が進むようになっている。

3.3　経済秩序の多極化と経済成長における課題

　先にも述べたように，第二次世界大戦後のアジアの急速な経済成長は，地域
内の貿易と投資を媒介にした国際的な産業の構造転換連鎖のなかで実現された。
そのなかでは，アジア内で工業力が最も進んでいた日本を筆頭に，ある種の整
然とした「序列」に基づいた構造的なキャッチアップ型工業化が大きな特徴と

して描かれた。

　しかし21世紀に入り，これまでのキャッチアップ型工業化論では説明できない現象が経済成長の実態面で見られるようになってきた（末廣［2014］）。キャッチアップ型工業化論では，後発国が先進国に「追いつく」勢いで成長する点には注目したものの，それが先進国を「追い抜く」状況は想定していなかった。後発国による先進国の追い抜き，あるいはキャッチアップの前倒しという現象は，1990年代後半からものづくりアーキテクチャが大きく変化したことが背景にある（第4章参照）。

　こうした事態は，従来型のアジア域内における雁行形態型，あるいはキャッチアップ型の序列・階層に準じた発展パターンに従わない，多様な発展ダイナミズムがアジアで起こっていることを指している。これまで後発とされたアジア諸国の重要性がこれまで以上に大きくなり，さらには従来型の序列を大きく揺さぶり，ときには逆転させるような現象が見られるようになったことは，従来の日本を仮想トップとしたようなアジア域内の「一極的」な経済秩序に大きな変化が起きていることを端的に表している。こうした変化の底流には，グローバル・バリューチェーンの展開や，そのなかで先述したような製品・工程アーキテクチャの変化等があるが，そうした潮流にうまく乗り，先取りして一気に存在感を高めてきたアジアの企業が，従来型の国際経済秩序を変える原動力となったことがある。

　ところで，このようにダイナミックに変化をしながら発展するアジア経済に課題がないわけではない。本書でも人口や格差，環境といった視点から，いくつかの課題も提示している。域内の経済統合と持続的な成長に関していえば，**中所得国の罠**と呼ばれる現象がその大きな課題の1つである。中所得国の罠とは，途上国が世界銀行の定義する「中所得国」となったものの，その後高所得国へとなかなか発展できない状況を指している（第4章と第7章参照）。グローバル・バリューチェーンの展開は，現在中所得国の段階にある多くのアジアの企業が国際分業に参画することで高度化を実現する可能性を作り出し，なかには域内経済秩序に変革をもたらそうとする力強い企業も台頭している。しかし他方で，こうした国々が労働集約的な機能からより資本や技術，さらには知識集約度の高い機能を担う経済構造へと発展するためには，企業というミクロな

レベルの高度化を超えて，広く国内経済全体を巻き込むマクロなレベルでの高度化が必要となる。こうした課題に対処できない国は中所得国の罠に陥いるリスクがある。

おわりに——経済統合を実現するための課題：RCEP の形成に向けて

アジア各国は，貿易・投資の相互依存を強め，デファクトの統合により地域としての結束力を高めてきた。現在は，より統合を高めるように制度面の統合を進めている。この過程で，東アジア共同体の議論も出てきている。もっともこのようなデジュールな統合はまだ初期段階である。経済統合は，ベラ・バラッサの整理によれば，自由貿易圏，関税同盟，共同市場，経済同盟の 4 つの段階で進化するとされる（Balassa [1961]）。アジアの制度面の統合はその第 1 段階に入った程度である。労働力の移動には厳しい制限が残っているし，通貨統合は考えられていない。

むしろ，現在は自由貿易圏の領域を拡大することに注力している。たとえば，RCEP に向けた議論がある。これは 2013 年に，ASEAN が FTA を締結している 6 カ国（日本，中国，韓国，インド，オーストラリア，ニュージーランド）を包括する経済統合を呼びかけたことでスタートしたものである。これが完成すれば，人口 34 億人，経済規模 23 兆 4000 億ドルに相当する自由貿易経済圏が出現することになる。

ただし，経済発展の段階に加え，政治体制，宗教・文化が異なるアジア諸国を制度面で統合するのは時間のかかる作業になろう。急ぎすぎる経済統合はかえって地域の結束にひびを入れることになるかもしれない。このことは，比較的経済発展の水準が近い EU におけるイギリスの離脱（Brexit）や，先進国であるアメリカにおける反グローバル化を謳うトランプ政権の発足からも明らかである。

ASEAN が共同体の発足にまでこぎ着けることができた鍵は，議論を長期間にわたって継続してきたことと，できることから徐々にやる「ASEAN ウェイ」によるところが大きい。グローバル化は流れを変えることができないトレンドであり，それを飼い慣らす手腕が各国政府に求められている。質の高い経済統合には，アジアではまだ時間をかけた取り組みが必要である。

Column ❷ 貿易データについて

　近年，さまざまな国際機関がウェブ上で大量の貿易データを公開するようになってきた。国際貿易に関心のある人は，そのウェブからデータをダウンロードし，自ら整理・加工してみよう。

　ここでは，いくつかのウェブからダウンロードできる貿易データを紹介しながら，その特徴を記しておこう。

　各国の長期貿易データとしては，「UN Comtrade Database」(https://comtrade. un.org/) が有用である。1962 年からの輸出入データが整理されており，取引相手国別にダウンロードできる。また，品目では HS コード，SITC コード，BEC コードの 3 つのコードで選択することができる。以下，3 つのコードの特徴について述べる。

　HS コード（Harmonized Commodity Description and Coding System：商品の名称および分類についての統一システムに関する国際条約：HS 条約）は，2桁，4 桁，6 桁でのダウンロードが可能である。HS コードは，1992 年，96 年，2002 年，07 年，12 年に改訂されているが，すべてダウンロードできる。新しいコードほど入手できる年数は制限されることに注意したい。また最も古い 1992 年版を使っても 88 年までしかさかのぼれないという欠点はある。

　長期的な品目調査では，SITC コード（The Standard International Trade Classification）が有用である。SITC コードは 1 桁，2 桁，3 桁でのダウンロードが可能である。国によって 1962 年までさかのぼることができる。

　他方，工程別品目調査では，BEC コード（Broad Economic Categories）が有用である。これは品目別ではなく，「原材料」「加工品」「部品・付属品」「資本財」「最終財」に区分し，貿易データを集計したものである。ただし，整理されている国が少なく，対象年数も 1988 年以降である。

　Comtrade は詳細なデータを提供してくれているが，データの欠損国も多く，各国・地域の世界貿易におけるシェアを求めるには適していない。このような点に対処したのが「UNCTAD STAT」(http://unctadstat.unctad.org/EN/) である。1995 年以降と期間に制限はあるものの，輸出入が相手国・地域別にダウンロードできる。品目は SITC コード 3 桁と，UNCTAD による製品区分によって集計・整理されている。地域も EU15 や ASEAN，G7，OECF などにも区分されており，域内外の貿易分析も容易である。貿易総額だけなら欠損値なく，48 年から取れるのも魅力である。

　また本章で活用した経済産業省が作成する「RIETI-TID」(http://www.rieti.go.

jp/jp/projects/rieti-tid/）は，工程間分業を観察するうえで有用である。これは経済産業省が SITC データを産業別に整理したものである。BEC データに似ているが，RIETI-TID は産業別に品目を整理しているため，産業ごとの分業体制を見るのに適している。ただし対象国が限定されていること，データの存在しない年がある点には注意が必要である。

　国連は，HS データ，SITC データ，BEC データをそれぞれ変換するための換算表を公開しており，たとえば，下記の換算表を用いて SITC データをベースに BEC データを長期化することが可能である（https://unstats.un.org/unsd/tradekb/Knowledgebase/50020/HS-SITC-and-BEC-conversion-and-correspondence-tables）。

　そのほか有料データベースであるが，World Trade Atlas がある。これは HS9 桁，10 桁でのデータ入手が可能であり，関税項目と対応しているため FTA の実際の効果を考えるうえでは必須のデータである。また中国のそれは税関別に見ることができ，これを集計すれば，省別の詳細な貿易動向を把握することができる。

　また，本章，第 4 章で見るように，アジアでは生産分業体制が深化していく過程で，輸出額とその付加価値が大きく乖離するようになっている。たとえば A 国はグローバル・サプライチェーンにおいて最終加工を行い，その原材料・部品の多くを輸入に頼っていたとしよう。その場合，輸出額のうち A 国が加えた付加価値は少ない（半分以下であるということは多々ある）。この点に配慮したデータとして，国際産業連関表を用いた付加価値貿易（Trade in Value Added）データがある。OECD と WTO の付加価値貿易の試算結果は，下記ホームページでダウンロードすることができる。

　http://www.oecd.org/industry/ind/measuringtradeinvalue-addedandoecd-wtojointinitiative.htm

（大泉啓一郎）

課題 ◆
- □ 1　アジアの経済統合の特徴を，「デファクト」と「デジュール」というキーワードを用いて説明しよう。
- □ 2　アジアの域内貿易と分業体制の関係を説明しよう。
- □ 3　今日のアジアの経済統合における課題を挙げてみよう。

（大泉啓一郎・後藤健太）

3 中国が変えるアジア
改革開放と経済大国・中国の登場

広東省深圳市ライチ公園にある鄧小平の改革開放路線を称えるポスター（2017年，伊藤亜聖撮影）

Learning Goals
①計画経済から改革開放への転換を学ぶ
②中国の国内経済の構造変化がアジア諸国に与えた影響を学ぶ
③中国経済が抱える課題を学ぶ

はじめに

　第1章では第二次世界大戦後のアジア経済の変遷を振り返った。そこで登場したOECDの新興工業経済（NIEs）論にも，世界銀行のレポート『東アジアの奇跡』にも，「開発主義」の議論にも含まれていなかった国がある。中国である。

　中国が長らく「アジア経済」の議論に登場しなかったのはなぜであろうか。

図3-1 東・東南アジアの名目 GDP の構成変化

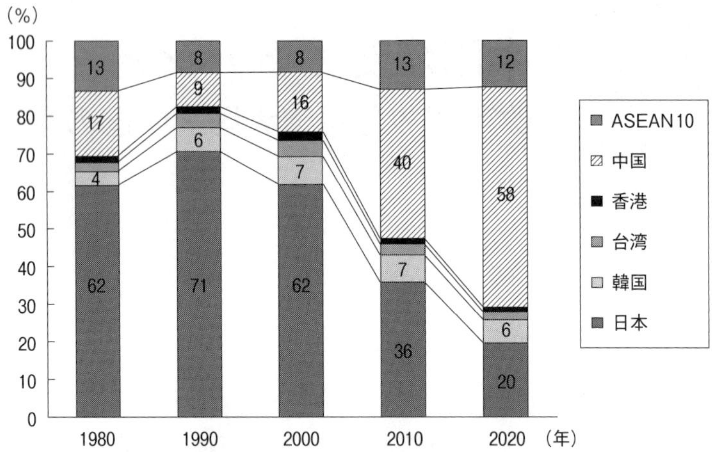

（出所）IMF, World Economic Outlook Database, April 2017 より作成。

この背景には，中国が社会主義陣営に属して，欧米との貿易関係が限定的であったこともあったが，何よりも 1990 年代まで経済規模が小さかったことを指摘できる。80 年の時点で 10 億人の人口を抱えながらも，中国は「経済小国」といっても過言ではなかったのだ。図3-1は東・東南アジア地域の国・地域別の GDP 構成比率を示しているが，90 年時点ではバブル経済の頂点にあった日本が実に東・東南アジアの GDP の 71％を一国で占めていた。いわゆる「ジャパン・アズ・ナンバーワン」の時代である。中国は後述するように，70 年代から経済改革を始動し，90 年代以降に急激に域内でのシェアを拡大した。2010 年には日本を超えて域内 GDP の 40％を占めるに至り，20 年には58％に達すると予測されている。Column ❶でも議論されているように，中国経済は歴史的には中世以来，世界最大規模かつ繁栄した経済を誇ってきた。10 年代以降，アジア経済，そしてさらには世界経済を分析する際にも，再び中国に注目が求められる時代を迎えている。

　中国経済の成長をもたらした主因は，1978 年以降に始動した改革開放政策によるものである。理念的には共同富裕をめざす社会主義体制を維持しながらも，現実には市場メカニズムを導入し，国際分業のなかに積極的に参画する対

外開放戦略を採用してきた。この意味で，80年代以降の中国の経済政策は，大枠では，第1章で紹介したアジアNIEsに典型的に見られるアジアの外向き工業化戦略を踏襲したものであったと評価できる。中国がグローバリゼーションの波に乗った成長戦略に舵を切るうえで決定的な意味を持ったのはアジアNIEsの成功体験であり，換言すれば「アジアが中国を変えた」といえる時代を迎えた。むろん，中国が人口大国であることもあり，国内の巨大市場に依拠した経済発展も同時に観察されてきたものの，対外開放を軸とする経済成長パターンは2000年代にさらに加速した。10年代以降，前述したように，中国の経済大国化が明確となると，中国政府の政策や中国企業の行動が，アジア経済に影響を与える事例が観察されてくるようになっている。

1 改革開放政策と中国の経済発展
——アジアが中国を変えた時代

1.1 計画経済の特徴と限界

　1980年代以降の改革開放期の経済成長を理解するにあたっては，まず49年の中華人民共和国建国以後の計画経済に限界があったことを確認しておく必要がある。中華人民共和国は49年に建国され，毛沢東の指導のもとで55年以降，**社会主義計画経済体制**を志向していった。ソ連を中心とする社会主義陣営に属し，西側の自由主義諸国とは投資関係は断絶していたが，貿易は限定的ながらも続けられていた。

　この時期の中国経済の特徴は，第1に，社会主義計画経済体制を通じた重工業化がめざされたことである。私たちが生活する市場経済では，大多数の財の価格は需給関係に基づいて市場が決定する。この市場メカニズムによる価格の決定により，希少な財の価格が上昇し，生産を促進することで，必要とされる財の供給量を増大させることができる。これに対して計画経済では，国家の中央部門が財の価格と生産量を決定することで需給バランスを調整し，ここから生じた剰余を特定の部門，具体的には重工業分野に投資した。中華人民共和国成立時に存在した民間企業は1955年に頂点を迎えた社会主義改造によって国有化され，とくに鉄鋼や綿花に代表される生産財の価格は厳しく統制された。

国家が財の生産量，価格，販売先までをコントロールすることで，理念的には効率的な資源配分と，格差なき社会がめざされたが，このような経済体制には企業自らが意思決定するという，ミクロ経済学が想定する企業としての基本的特質が欠如していた。個人による財の売買も，農村部では人民公社と呼ばれる末端組織による管理を受け，都市部では所属する企業単位から支給されるチケット（たとえば食糧を購入するためには「糧票」）が必要で，自ら価格を決定するいわゆる自由市場は時期にもよるが，ほぼ統制されていた。統制が最も厳しかった文化大革命期には，農村の広場で自家製の鶏の卵を販売したところ，「資本主義的な行動」として取り締まられたという逸話が残されている。

　計画経済期の中国経済の第2の特徴は，政治的運動から多大な負の影響をこうむっていたことである。1959年から始動した大躍進運動では，毛沢東の号令のもとでイギリスの粗鋼生産量を超えることがめざされた。農村部で鉄の生産が進められたが，生産された鉄は粗悪で使い物にならず，また飢饉とも重なったことから，一説には2000万人の餓死者を出す悲劇をもたらした。大躍進運動の直後の60年代初頭には，一時的に統制が緩められたが，66年以降，毛沢東が権力闘争の目的で始動した文化大革命により再び混乱を迎える。毛沢東が死去する76年まで再度統制が強化されることとなった。こうした政治的な要因により，計画経済期の経済成長率は大きく変動しており，とくに大躍進運動期と文化大革命期にはマイナス成長を記録している（図3-2）。政治的な意思決定による影響は，内陸部重工業への重点投資に如実に表れた。毛沢東は第三次世界大戦が不可避であると認識していたため，東北部と沿海部に重工業が集中することは安全保障上問題視され，計画経済期を通じて，開港以来成長が続いてきた沿海部ではなく，内陸部への投資が優先されることになった。同額の投資を行った際の収益を比較すれば，地理的には沿海部が，産業分野としては軽工業の収益が高いはずであったが，政治的意思から投資効率の低い内陸部重工業への投資が優先されたのである（中兼［2012］）。

　当時，経済的に見れば非効率的と評価できるこのような急進的な重工業化路線が採択された背景には，1880年代から1940年代の経験が関係している。すなわち清朝末期から中華民国期にかけて，欧米列強の進出に伴い，中国は欧米との対外貿易が活発化し，上海を筆頭とする沿海地域における軽工業化の進展

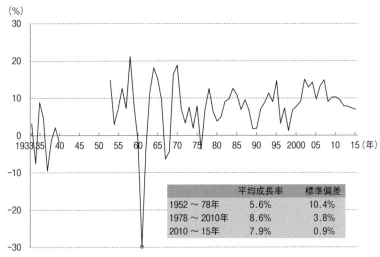

図 3 - 2　中華人民共和国期の GDP 成長率（1933〜2015 年）

	平均成長率	標準偏差
1952 〜 78 年	5.6%	10.4%
1978 〜 2010年	8.6%	3.8%
2010 〜 15年	7.9%	0.9%

（出所）1933〜2010 年（1952 年価格）は南・牧野・郝編［2013］360 頁より，2011 年以降（2010 年価格）は『中国統計年鑑』2016 年版より作成。

が見られた。しかしアヘン戦争，日中戦争と内戦を経験するなかで軍事力に直結する重工業の重要性が強く認識されたのである。このように 49 年の中華人民共和国成立の前後での断絶を強調するよりも，より長期的な観点から中国経済をとらえておく視点も重要である（久保・加島・木越［2016］）。改革開放の初期条件として，発展段階に比べて圧倒的に発達した機械工業や重化学工業を擁し，また関連の技術者が存在したという要因が形作られたことは重要な意味を持つ。またソ連に対比すると，中国の計画経済が厳格に実施された時期は，55年から 80 年代初頭までの 25 年程度と，圧倒的に短い期間であり，このために計画経済以前の自由主義的な経済のなかでの経験を持つ人材が中国には 80 年代の時点でも存在していたことも指摘できる。

1.2　市場化改革

　図 3 - 2 から 1980 年頃を境に，成長率の変動が小さくなり，また高度経済成長が続いていることがわかる。このような成長モデルの転換をもたらしたのが，「改革開放」と呼ばれる政策転換である。鄧小平のリーダーシップのもと進め

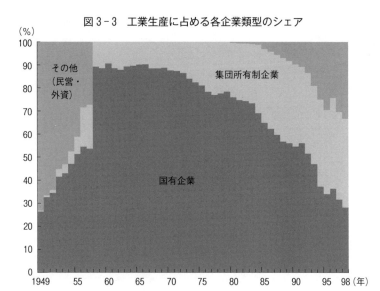

図3-3　工業生産に占める各企業類型のシェア

（出所）国家統計局国民経済総合統計司編［1999］『新中国五十年統計資料滙編』中
国統計出版社，36頁。

られた改革開放路線は，計画経済期との対比において以下の特徴を持っていた。
　第1に，都市部と農村部を問わず，財の価格決定と資源配分の面で市場メカ
ニズムを段階的に導入し，ミクロな経済組織に対して**インセンティブ**を付与し
たことである。計画経済期には農民は人民公社と呼ばれる組織に組み込まれ，
作付け品目は公社によって決定され，穀物の場合には指定価格での国家への販
売が義務づけられていた。また企業においても同様に製品や価格が国家によっ
て統制されており，自ら市場を開拓し販売する余地はなく，より多くの販売実
績を上げても報酬は変わらなかった。この結果，企業や個人が自ら生産品目や
価格を決定し，販路を開拓し，あるいは新製品を開発するようなインセンティ
ブが働いていなかったのである（林・蔡・李［1997］）。日本の経済学者，小宮隆
太郎が1983年から84年に中国の工場を訪問した際，個別企業の意思決定権が
限定的であることを見いだし，「中国には企業は**存在しない**，あるいはほとん
ど存在しない」と述べ，企業組織としての本質的問題を指摘した。この指摘は
現地の経済学者に衝撃を持って受け止められた（小宮［1989］，呉［2007］）。

中華人民共和国成立以前の中華民国期にはむしろ財閥を含む多様な企業組織が発展していたにもかかわらず，1950年代以降の社会主義計画経済のもとで，こうした企業は国有化されることで，企業としての本質的な性質を失っていたのである。市場化改革の1つの焦点は，再び「企業」を作ることにあったといえる。本来的な「企業」を創出するうえで，国有企業の制度改革も重要な領域であったが，より重要なことは，民営企業の設立を段階的に認めていったことである。図3-3は工業生産における生産額に占める国有企業，集団所有制企業，そしてその他（民営企業，外資企業）のシェアを示したものである。49年の中華人民共和国の成立直後には，生産額の7割を民営企業が占める構造であったものが，50年代後半に社会主義化が進むと，国有企業が9割，残りの1割を集団所有制企業（村営企業などを含む）が占め，民営企業は消滅している。市場化改革が始動した70年代末から再び「その他」の企業のシェアが回復しはじめているが，これはまさに改革開放路線のもとで民営企業が再び生まれたことを示している。[*1]

1.3 対外開放

上記の第1の特徴が「改革」であるとするならば，第2の特徴は「開放」である。その具体的な措置としてはまず沿海部に**経済特区**と呼ばれる地域を設定した。当初，経済特区は広東省の深圳，珠海，汕頭，福建省の厦門の4カ所，のちに海南島が加えられて5カ所となった。経済特区では，台湾や韓国で採用された輸出加工区の制度を導入し，外国からの部材の輸入と完成品の輸出に対する関税を免除とする一方で，貿易に加えて投資を認めることで外資企業の進出を促進した。すべての特区が沿海部に立地し，深圳は香港に，珠海はマカオに隣接しており，厦門は台湾に近接していることから，アジアNIEsや華僑資本からの直接投資を期待していたことが明確であった。なかでも最も急速な拡大を遂げた深圳市の場合，香港資本による投資が先行したが，のちに台湾系，日系，欧米系の企業の進出が続くこととなり，南方の珠江デルタ地域の工業化が本格化した（加藤［1997］）。

中国の対外開放政策がアジア経済，そして世界経済に与えた影響の本質的意義は，人口10億人を超える大国が，第2章で登場した比較優位に基づき，国

際分業に参画する発展戦略を採用したことである。この戦略では，中国は労働
力が豊富でなおかつ低賃金であるという，国際分業のなかでの比較優位を生か
して，海外からの投資を呼び込み，工業化と経済発展を進めることを意図した
のである。これは計画経済期に実施された内陸部の重工業化戦略とは決定的に
異なる特徴を持っていた。対外開放の基本的性格を裏づける政策の1つは，
1987年から88年に立案された「沿海地区開放戦略」であり，そこでは明確に
プラザ合意以降に生じたアジア域内での直接投資を呼び込むというねらいが
あった。その後，89年に北京の天安門で民主化を求める天安門事件が発生し，
中央政府内部でも改革開放路線への懐疑的な議論が保守派を中心に高まったが，
92年に鄧小平が中国南方の都市を回り，政治面での引き締め政策と同時に，
経済面では開放政策の堅持を主張した。いわゆる「南巡講話」である。上記
の「沿海地区開放戦略」は，第1章で取り上げたアジアNIEsの輸出志向型工
業化を中国が採用したことを意味し，戦後のアジア経済の成功体験が中国を変
えたと振り返ることができる。中国の人口は80年時点で9億8000万人，2000
年には12億7000万人であり，このような人口大国が国際分業に本格的に参入
したインパクトはこの後，如実に現れることになる。

　一国の経済がどの程度，国外との貿易を行っているかを見る際には，輸出入
額を国内総生産額（GDP）で割った比率，いわゆる対外開放度を見ることが有
効である。分母の国内総生産額は，1年間に地域内で創出された付加価値額を
指し，分子はその期間に国外と取引された総額を指す。このため，香港やシン
ガポールのような国内総生産額に対して貿易額が大きい地域では対外開放度は
100％を超える場合もある。中国のデータを見ると，1980年時点での対外開放
度は12.4％であったが，90年には29.5％，2000年には39.2％，そして05年
には62.4％に達した。改革開放期の中国は2000年代半ばまで一貫して対外
開放度を高めてきたのである。2000年代後半以降には輸出の伸び悩みと国
内市場の拡大，そして第3次産業の成長が進んだ。第3次産業（いわゆるサ
ービス業）は一般に非貿易財であるため，対外開放度は下降を始め，10年に
は48.8％，2015年は35.8％となっている。[*2]

2 「世界の工場＝中国」の形成
——アジアと共存する中国

2.1 アジア生産ネットワークの組み立て現場としての中国

　人口大国・中国の対外開放はアジアの生産ネットワークに決定的な影響を与えた。前提としての労働者の賃金の安さ，そして沿海部の各地域で生じた企業誘致競争による優遇政策の一般化に加えて，2001 年の世界貿易機関（WTO）加盟を契機として，貿易と投資に関わる国際ルールを中国が導入する方向が鮮明となったことも重要であった。中国の対外開放は 1980 年代から進んでいたものの，2000 年代の外資企業の進出とそれによる生産・輸出により，中国の輸出品目は急速に高度化することとなった。これにより，一方では途上国の一般的な輸出品目である労働集約的な製品，たとえばアパレル製品や雑貨製品も輸出し，また同時に日系や台湾系企業の進出により，資本集約的な製品とされてきた複写機（コピー機）やノートパソコンまでが中国沿海部から輸出されるようになった（第 2 章図 2-3 も参照）。既存の貿易データから，中国の輸出のみを見ると，労働集約的な製品から資本集約的な製品まで，幅広い品目で高い輸出競争力を持つ状況が生まれ，このような現象から「**世界の工場＝中国**」との呼び名が 2000 年代初頭に登場した（伊藤［2015］）。

　表 3-1 にはエレクトロニクス製品とロボティクス製品の最終生産地域の内訳を示している。2016 年を例にとると，スマートフォンの全世界生産量 14 億8000 万台のうち中国は 79.8％を，ノートパソコンの 1 億 5800 万台のうち，91.5％を占めている。ここで注意が必要なのは，中国が組み立て生産地であると同時に，日系メーカーがその担い手となっている分野（複写機等）もあることや，組み立てに際して，多額の部品をアジア域内から輸入することで製品を完成させている場合が多いことである。第 2 章でも言及された工程間分業（フラグメンテーション）の進展の結果，中国での最終組み立て生産と製品輸出が目立つ場合にも，エレクトロニクス製品の生産に必要となる部品，または生産現場で必要となる工作機械は日本やアジア NIEs，または ASEAN 諸国から輸入されるケースが少なくない。中国の輸入品目の上位を見ると半導体をはじめと

表3-1 エレクトロニクス製品・ロボティクス製品の組み立て生産地シェア（2016年）

	全世界生産量（千台）	アジア合計（%）				北米（%）	ヨーロッパ（%）	その他（%）
			日本（%）	中国（%）	その他アジア（%）			
スマートフォン	1,480,000	97.1	0.2	79.8	17.1	0.0	0.5	2.3
デスクトップPC	123,000	76.2	1.9	66.6	7.7	9.5	8.9	5.4
ノートPC	158,000	93.7	1.1	91.5	1.1	0.0	0.0	6.3
タブレット型PC	200,000	96.4	0.2	79.8	16.4	0.0	0.4	3.3
スマートウォッチ	84,000	99.6	0.6	96.2	2.9	0.4	0.0	0.0
サーバー	10,500	92.7	2.1	89.3	1.2	3.3	1.7	2.3
複写機	4,300	98.6	1.9	82.4	14.3	0.1	1.3	0.0
自動車	92,730	54.9	9.9	30.4	14.5	15.6	20.6	9.0
オートバイ	54,300	93.2	0.9	32.2	60.1	1.0	1.1	4.6
ドローン	2,400	96.7	0.2	96.3	0.2	1.3	1.7	0.4
3Dプリンター	250	59.2	1.6	12.8	44.8	22.8	14.0	4.0
監視カメラ	93,300	95.8	0.2	72.6	23.1	1.6	2.6	0.0

（出所）富士キメラ総研『2017 ワールドワイドエレクトロニクス市場総調査』より作成。

するエレクトロニクス部品が上位を占めている。中国沿海部では部品を輸入し，組み立て加工を行い，製品を全量外国に輸出する，いわゆる輸出加工型貿易が中国の輸出の過半を占める状況が生まれた。中国の WTO 加盟に際して，ASEAN 諸国では中国脅威論が台頭したが，「中国特需」とも呼ばれた中国向け輸出の増加によってこのような警戒論は徐々に見られなくなっていった。

2.2 国内市場と産業集積の形成

中国が比較優位を重視した開発戦略に転換したことはすでに述べたとおりであるが，アジア NIEs とは大きく異なる条件も持っていた。アジア NIEs の場合，国内市場が小規模であることを反映して，国外市場，典型的にはアメリカ市場への輸出に基づいて工業化を進めるパターンが観察された。しかし中国には 10 億人を超える広大な，しかし所得水準は総じて低いという特徴的な国内市場があった。図3-3で登場した民営企業の多くは，1980 年代以降に国内のローエンド市場（低価格製品市場）に依拠して成長を遂げた企業が少なくない。なぜならば，既存の国有企業は経営システム上の問題を抱え，また外資企業は低価格製品を製造販売するノウハウを持たなかったため，中国の民営企業のみ

が中国の国内ローエンド市場に製品を供給することができたのである（Ding [2012]，渡辺［2016]）。

　このような条件から，中国で，特定製品の生産が特定地域で担われる現象，いわゆる**産業集積**の形成がとりわけ沿海部各地で観察された。外資企業主導による産業集積の形成が珠江デルタの東側や長江デルタ北側で観察される一方で，珠江デルタの西側や，長江デルタの南側（浙江省）では民営企業による産業集積の形成が多数観察された。民営企業主導の産業集積の代表的事例は，浙江省の温州市に形成された地場産業群であり，眼鏡，靴（革靴，スポーツシューズ），ボタンといった日用製品を中心にしつつ，自動車部品の製造までが現地で自生的に生まれた。計画経済期にもこれらの地域では中央政府の統制が比較的緩く，伝統的な企業家活動が地域によっては途絶えていなかったことも，改革開放直後の急成長をもたらした一因だと指摘されている。

2.3 「ルイスの転換点」論争

　2000 年代にはもう 1 つ重要な変化が中国経済に生じた。それは労働市場における構造変動である。2000 年代初頭に，中国沿海部での本格的な工業化が始まった当初，「労働者の無制限供給」状況にあり，またこの状況は長く続くと考えられた。これは中国が人口大国であることもあり，農村部の余剰労働力が数億人単位で存在すると考えられたためである。開発経済学者，アーサー・ルイスのモデルに基づけば，労働者の無制限供給の状況下では，都市部での最低限の生活に必要となるコスト分の賃金（生存賃金）で，農村部から無尽蔵に労働力を調達できることになり，農村部の余剰労働力が枯渇するか，都市部の生活コストが上昇しない限り賃金は上昇しない，とされた。事実，2000 年代初頭には中国沿海部での賃金上昇は見られなかった。しかし，03 年以降，早くも長期休暇に当たる春節明けに労働者不足が発生したという報道を契機として，農村部の余剰労働力が枯渇したか，すなわち中国経済が「**ルイスの転換点**」を通過したかをめぐり，論争が展開された（南・牧野・郝編［2013]）

　中国は製造業にとってコストが安いことが長らく最大の強みであったが，2010 年代に入り，コストの優位性を喪失しつつあることが明らかになってきた。このため，「世界の工場＝中国」の時代が終わるとの見方が浮上すること

となった。外資企業を中心に製造拠点を中国外に移転しようとする事例が徐々に観察されはじめ，日本においては，12年の尖閣諸島問題をめぐって中国国内で大規模なデモと示威活動が展開されたことから，中国への投資リスクへの懸念が高まった。このためASEAN諸国のなかでも今後の開発が期待されるインドネシア，ベトナム，ミャンマー，カンボジアといった国々への注目が高まることとなった。いわゆる「チャイナ＋1」と呼ばれたアジア域内での事業ネットワークの拡大によるリスク分散の動きである。ただし，15年までの中国の貿易データを見る限り，輸出製品の世界シェアの低下傾向は明確ではなく（表4-2も参照），すでに中国国内に形成されたサプライチェーンや産業集積が持つ「集積の経済性」が一定の役割を果たしているほか，依然として土地や労賃の安い内陸部に工場を移転させるパターン，いわゆる「国内版雁行形態」とも呼ばれる現象も観察されている。さらにはより高付加価値な産業への転換も見られ，コスト増によって中国製造業全体の競争力の低下につながると考えるのは早計である（第7章参照）。

3 「経済大国＝中国」の登場
──中国がアジアを変える時代へ

3.1 アジアと世界経済のなかの中国

2010年代に入り，これまでの製造業を基軸とした「世界の工場」論を超えた論点が登場しており，中国経済を新たな側面から見る必要が生じている。

第1の論点は供給面から見て，より高度な製造や研究開発とイノベーションの拠点としての中国の意義である。中間財貿易の広がりによって，中国の輸出には外国から輸入された部品が多く含まれている。輸出額に含まれる国内付加価値のデータについてはColumn ❷で解説されているが，OECDのデータによると，2000年時点では中国の電子・電機製品の輸出額のうち，中国国内で付加された価値は35.3％にとどまり，残りの64.7％は国外から輸入された部材によって生じていた。しかし，2010年には中国国内で付加される価値は53.9％に上昇しており，中国現地での部品の生産が広がっていることが確認できる（OECD, TiVAデータより）。また研究開発の面でも，中国企業の台頭が観

察される。改革開放から 2000 年代まで，中国企業といえば，外資企業の模倣を行うという理解が一般的であったが，近年，急速に研究開発力を高める中国企業が登場している。研究開発の成果を測るうえで企業が取得した国際特許出願数（Patent Cooperation Treaty 制度を活用した出願数）に注目すると，2010 年には世界の上位 10 社に中興通訊（ZTE）と華為技術（ファーウェイ）がランクインし，16 年にはこの 2 社に加えて北京に本拠を置くディスプレイ大手の BOE テクノロジーもランクインしている。これらの 3 社はともに電子・電機製品の開発と製造で成長してきた中国の民営企業で，次世代の通信技術をめぐる技術で先進国の有力企業と競争関係になっている。

　第 2 の論点は，需要面から見て，中国の経済発展により，消費地としての中国，そして消費者としての中国人のプレゼンスが増していることである。2015 年現在，中国（香港を含む）には 7900 社の日系企業法人が設立されており，全世界に設立された同法人数 2 万 5233 社の 31.3%を占めている[*3]。中国国内での事業の拡大に伴い，日本の本社決算に中国での業績が影響を与えるケースが観察されてきた。このような変化を反映して，日本経済新聞社は 2010 年 12 月から「日経中国関連株 50」という指数を作成し，公表している。その指数にはアサヒビール，東レ，旭化成，新日鉄住金，コマツ，ファナックをはじめとした素材，機械メーカーに加えて，自動車大手各社（トヨタ，日産，ホンダ），大手商社各社（伊藤忠，丸紅，三井物産，住友商事，三菱商事），さらに小売ではセブン＆アイ・ホールディングス，無印良品を展開する良品計画，イオン，ユニクロを展開するファーストリテイリングが含まれており，有力な日本企業が中国で事業展開していることがわかる。

　次に中国の海外旅行者総数を例にとると，2000 年時点の年間 1047 万人から 15 年には 1 億 2786 万人となり，消費額も 131 億ドルから 1045 億ドルへと急増している（中国国家統計局データ）。訪日中国人観光客の増加も顕著であり，03 年の年間 45 万人から 15 年には 499 万人に増加した。身近な例を挙げるとすれば，2000 年代初頭まで，日本国内の繁華街の主要デパートや家電量販店で中国語の広告や中国のデビットカード（銀聯カード）の利用を勧める広告はまず見当たらなかったが，10 年代にはこのような風景は一般化した。さらに現在では電子決済大手の支付宝（アリペイ）やウィーチャットペイの普及も始

まった。毎年2月の中国の旧正月や，10月の国慶節といった連休シーズンに見かける訪日中国人観光客の姿は風物詩となった。

　第3の論点は，金融面での変化である。中国は改革開放の初期段階では，インフラ建設やプラント建設の資金が不足していたが，現状ではもはや中国は資本余剰国となっている。資金の流れは，ある一定期間内のフローの面では財の輸出入に基づく経常収支を見ることで，そして過去からのストックは対外純資産を見ることで把握できる。中国の経常収支は輸出工業化が本格化した2000年代に黒字幅が急拡大し，01年の174億ドルから08年には4206億ドルに急拡大し，その後世界金融危機の影響で縮小したものの，15年には再び3042億ドルを記録した。経常収支の黒字が定着することで，中国国内にはドル資産，すなわち外貨準備が貯まることになる。対外資産の一項目である外貨準備高は01年末の2121億ドルから08年末には1兆9460億ドル，そして14年末に3兆8430億ドルに達したのちに，為替市場での大規模なドル売り元買い介入による減少が観察された。[*4]

　現状では中国の対外純資産の大部分は外貨準備によって構成されており，マクロ経済から見て対外資産の多角化を図るうえでも対外投資を加速させようとしている。中国企業が先進国企業への投資を通じた技術ノウハウの獲得と市場開拓を進める必要があるというミクロな条件も重なり，とりわけ2004年以降に中国企業の対外投資が拡大している。中国政府も対外投資を支援する「走出去」（Going Global）政策を実施し，典型的には家電のハイアール集団や民間系自動車メーカーの奇瑞（Chery）の国外工場の開設が進んだ。中国企業の対外投資は，受け入れ国での警戒論をも呼び起こしており，とくにアメリカでは先進技術分野での技術漏洩の可能性が問題視され，投資が頓挫した事例が報告されている（大橋 [2016]）。イギリスの研究者，ピーター・ノランはこの問題について『中国は世界を買っているのか？』（*Is China Buying the World?*）というタイトルの印象深い書籍を出版している（Nolan [2012]）。そこでは対GDP比率で見ると，中国は依然として先進国ほどには対外投資を行っていない事実が報告されている。中国経済の成長により，中国のマクロ経済にとっては比較的小規模でも，受け入れ国にとってはインパクトの大きい投資プロジェクトが動きはじめる時代となっている。

中国では事実上の最高指導者である中国共産党中央委員会総書記（党総書記）が5年任期となっており，現状では2期10年での交代が慣例化している。2012年11月に党総書記となった習近平は，「21世紀海上シルクロード」と陸路の「シルクロード経済ベルト」構想，いわゆる「一帯一路」構想を提起した（Column ❸参照）。中国が提起した広域経済圏構想が，アジアで，そしてアフリカを含む世界で，どのような進展を見せるのか注目が必要である。

3.2　中国の国家資本主義と大衆資本主義

上記のような中国企業の対外投資が警戒感を呼び起こしている一因は，中国の**国家資本主義**的性格に求められる。現在，中国は依然として憲法の第一条で社会主義国家であることを記しており，さらに憲法の前文では国家は「共産党によって指導される」ことが明記されている。共産党の指導による経済開発を含む国家運営が明文化されているという意味で，開発主義体制が敷かれているといえる。

中国には2016年末時点で総勢8944万人の共産党員が存在し，民営企業や外資企業の内部にも共産党支部が設立されている。さらに特徴的なことは，中央政府が直接監督する国有企業（いわゆる「央企」）の場合には，形式的には行政府である国務院の一部門に当たる国有資産監督管理委員会が管理を行うことになっているが，現実には主要国有企業のトップ人事は共産党中央組織部が決定を行っている。こうした企業には，大手電力会社，石油会社，銀行，自動車メーカー，建設業者が含まれており，人事変更の際，中国語では国有企業のトップを組織部が「調整した」という形で表現される。国有企業の大きさに加えて，共産党による統括が明確であるため，とくに国有企業の海外投資に対しては政治的理由からの懸念が生じやすい（大橋［2016］）。

改革開放期を振り返ってみると，図3-3に典型的に表れるように，国有企業のシェアが低下し，民営企業のシェアが高まってきた。換言すれば改革開放期とは民営化と同義であったといいうる。しかしながら，2008年の世界金融危機以降，経済対策として政府による大規模な財政支出が遂行され，これが国有セクターの膨張を招いたのではないかという議論が中国国内で起こった。いわゆる「国進民退（国が進んで，民が退く）」論争である（加藤・渡邉・大橋

[2013]）。国有セクターが利益集団を形成し，市場化改革を阻止する抵抗勢力となり，改革がとん挫することが懸念され，「中所得国の罠」を意識して「体制移行の罠」と呼ばれた。マクロなデータから見ると，2000年代以降にも国有セクターのシェアの拡大は観察されないが，国有企業比率が著しく高い産業も存在する。電力産業，石油天然ガス産業，タバコ製造業などでは生産額の9割以上が国有企業かまたは国家が支配的な株式を保有する構造となっている。

　たしかに国有企業が支配的な産業分野があることも事実だが，民営企業が主体的な産業も多数あることにも注目する必要がある。[*5]すでに言及したように，中国では民営企業が国内市場に依拠して産業集積を形成してきた。民営企業による盛んな創業と市場競争という面も，また中国経済の重要な一側面であり，丸川知雄は少額の資本から創業でき，成功する企業家が多数生まれている現象を「**大衆資本主義**」と呼んでいる（丸川［2013b］）。2000年代までの中国企業の有力経営者といえば，家電メーカーのハイアール・グループの創業者である張瑞敏，ボルボを買収したことで一躍有名になった民営自動車メーカー吉利汽車の創業者・李書福といった企業家が代表的であった。しかし，10年代の中国経済を彩り，また国際的にも影響力を持ちつつあるのは，不動産と映画をはじめとするエンターテイメント業界の大手企業・ワンダーグループの創業者である王健林，電子商取引のアリババ集団の創業者・馬雲（ジャック・マー）といった面々で，非製造業分野での企業家の台頭が目立つ。1980年代以降生まれの企業家も続々と登場しており，サービス産業ではシェアサイクル，製造業では教育用ロボティクス製品といった新領域を切り拓きつつある。

3.3　課題となる「成長の質」と「未富先老」

　図3-1で引用したIMFの予測では，2020年に中国経済はアジア地域のGDPの58%を占める。中国経済の成長によっても，そして停滞によっても，アジアに住む私たちは影響を受けつづける時代に入った。中国経済の安定性は地域経済の安定にもつながる重要な論点となっている。

　中国経済が高度成長のなかで，長年直面しつづけてきた課題はいくつもある。その第一は「成長の質」をめぐる問題である。一国のGDP（Y）は支出面で，消費（C），政府支出（G），投資（I），そして純輸出（NEX）に分解することが

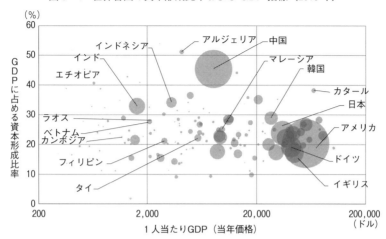

図3-4　世界各国の資本形成比率および GDP 指標（2015 年）

（注）バブルの面積が各国の GDP 規模を示している。
（出所）World Bank, World Development Indicator より作成。

でき，$Y = C + G + I + NEX$ と表現できる。一般に高度経済成長期には投資（I）の貢献が高くなり，先進国化に伴い消費（C）による貢献が高まる傾向があるが，中国経済は過去 10 年にわたり投資（I）の貢献が突出して高く，とくに 2008 年以降は財政政策の影響もあり，消費を超える貢献をしてきた。

　図3-4 は 2015 年のデータを用いて，横軸に各国の 1 人当たり GDP を，縦軸に GDP に占める投資（I）の比率（資本形成比率）を，そして各バブルのサイズで経済規模を示したものである。縦軸の資本形成比率に着目すると，図の中央上に中国が位置し，15 年時点で 45.4％ となっている。中国よりも高い比率を示す国々も存在するものの，経済成長に伴って資本形成の比率はおおむね低下する傾向があることを指摘できる。中国の位置は経済発展水準に比べても，平均的水準からかい離しており，その経済規模の大きさも考慮に入れると，潜在的なリスクは小さくない。むろん，資本投資は経済成長にとって不可欠であるが，1 ドルを投資した場合に期待できる投資収益は，低開発時には高いが，開発が進むにつれて低下すると考えられる。このため投資主導の経済成長モデルの限界は長年指摘されつづけているが，依然として公共投資の貢献が大きい構造が続いているのである。

中国政府もこの課題の解決のために，投資効率の低下を前提として消費主導の経済への転換をめざしている。「**新常態**」（ニューノーマル）と呼ばれる過去の高成長パターンとは異なる経済モデルへの転換をめざしているのである。しかし投資主導の成長モデルの背景には，地方政府の人事考査の際に，経済成長率や税収額が重点的に評価されてきたという要因も指摘できる。地方政府が最も手っ取り早く財政収入を確保するために，国有地を安価に接収・収用し，開発業者に払い下げるという手段を用い，「土地財政」と揶揄される状況が発生した。このような開発パターンは各地での環境問題の発生にもつながってきた。

　もう1つ，中国が直面する問題は人口構成の少子高齢化である。都市部ではあまり感じられないが，とくに農村部では生産年齢人口の都市部への移出もあり，急激な高齢化が進んでいる。また，国全体としても2020年代後半以降，急激に高齢化が進むと予測されており，10年代後半から20年代前半に，いかに来る高齢化社会に向けた社会保障，セーフティーネット，老人介護サービスの整備を進められるかが重い課題となる（第10章参照）。そして，高齢化が深刻化する前に，いかに経済成長を維持するために，イノベーションを通じた生産性の向上を図れるかが課題となっている（第7章参照）。中国では豊かになる前に老いてしまう，というリスクを「**未富先老**」と表現しており，人口構造の急激な変化を前に，経済構造の改革と高度化が喫緊の課題となっている。

おわりに

　本章では中国経済が閉鎖的な計画経済から，改革開放政策によって市場メカニズムと対外開放を進めてきたことを学んだ。過去40年を振り返ると，1980年代の改革開放の始動は，まさに第1章で確認したアジアNIEsの輸出志向型工業化戦略を中国が採用したといえ，アジア経済が中国経済を変えた時代であったと振り返ることができる。その後，90年代に中国経済は国有企業の改革を進め，2001年にはWTOへの加盟を果たした。ASEAN諸国には対中警戒論もあったものの，第2章でも確認したアジア域内貿易の深まりを背景として，その後2000年代に中国のみならずアジア諸国は高成長を記録し，アジアと中国が共存共栄の時代を迎えたといえる。

　そして経済規模で見て中国経済が域内最大国となり，依然として成長基調が

続くなかで，2010 年代以降，中国がアジア経済に，そして世界経済に影響を与えはじめていることは否定できない。富の生産，消費，そして投資の各面で中国企業や中国政府の存在感が高まっており，それがゆえに中国経済の成長がもたらす機会に加えて，中国が抱える課題やリスクも，域内で共有されることとなる。アジア経済はすでに中国経済の動向から不可避的に影響を受ける時代に入っている。

〈注〉
* 1　図3-3では1998年までのデータを示しているが，これは2000年以降に統計の基準が変更されているためである。
* 2　なお，計画経済期にも中国は世界各国との貿易関係を限定的ながらも実施していたが，その重点は社会主義諸国との取引に置かれ，西側自由主義諸国との取引は厳しく管理された。日本を例にとると，「友好商社」と呼ばれる親中的な貿易商社のみが広州交易会に参加し，契約を結ぶという形態がとられた。
* 3　経済産業省「第46回海外事業活動基本調査結果概要」を参照。
* 4　中国国家外滙管理局ウェブサイトデータより（http://www.safe.gov.cn/wps/portal/sy/tjsj），2017年8月31日確認。
* 5　ここでは簡潔な説明を行うために産業分野での差異のみを解説したが，現実には企業グループ内で，親会社は国有で，子会社は上場している民営企業といった複雑なケースが散見される。このため個別の企業の意思決定に対する国家の関与を特定するのは難しいが，単なる登記情報ではなく，出資者の情報を見ることが1つの有効な手段である（徐［2014]）。

Column ❸　中国の広域経済圏構想「一帯一路」

　「一帯一路」は中国政府主導のユーラシア大陸を覆う広域経済圏構想として，2013年に始動した。翌年以降に同構想を資金面から支えるシルクロード基金とアジアインフラ投資銀行（AIIB）が設立された。さらに17年5月には北京で大規模な国際会議が開催され，アジア，ヨーロッパ，アフリカ地域の首脳に加えて，日米からも代表が参加した。

　当初の計画では，「一帯一路」は中国から陸路で中央アジア諸国とロシアを経てヨーロッパへと至る「陸のシルクロード経済ベルト（一帯）」と，海路で中国沿岸部からマラッカ海峡，スエズ運河を経てヨーロッパへと至る「21世紀海上シルクロード（一路）」によって構成される。しかしその後，アフリカやラテンアメリカ地域を含めて，その範囲は新興国とヨーロッパ全般へと拡大している。

　「一帯一路」構想の概要は，2015年3月に中国政府の3部門が共同で発表した文章「一帯一路の展望と行動」に記載されている。対象国との政策的対話の促進，交通とエネルギーインフラのコネクティビティの向上，相互貿易の促進，人民元の国

際化を含む資金の融通，国費留学生枠の増枠等による民心の相互理解の促進，以上の5点が記載されている。対象国での経済開発，そして中国との貿易投資関係の深まりを通して，中国企業の対外進出に加えて，中国の国際政治上の地位を高めるねらいがあると考えられる。

　しかし中国企業の対外投資のデータを見ると，2013年から16年にかけて，新興国への投資は伸び悩んでいる。中国の民営企業は先進国への投資を通じてより高度な技術，ノウハウ，ブランドを獲得することに重点を置いているためである。現状では，中国から新興国への投資では，国有企業が先行している。またインドを筆頭として，安全保障上の懸念から一帯一路への警戒感があることも事実である。

　それでも「一帯一路」構想という形で，中国主導の広域開発構想が提起されたことの意味は軽くない。中央アジア，東南アジアの各国では，「一帯一路」と自国の開発政策を接合させる取り組みが進んでいる。高速鉄道や港湾の建設といったハードインフラの建設に加えて，アリババや京東といった中国のEコマース大手も東南アジアをはじめとした新興国に進出する動きを加速させている。

　日本はガバナンスの問題と政治的配慮からAIIBへの参加を見送り，「一帯一路」とも距離をとってきた。2017年下半期以降，日中両国の企業が第三国の開発事業を分野を絞りつつも，協力して進める方向に方針転換した。実のところ，日本企業は中国国有企業への融資や共同事業を進めている事例も少なくない。日本企業はアジアで，そして世界で中国企業とどう協業あるいは競争するかを問われている。

（伊藤亜聖）

課題 ◆

□ 1　改革開放政策とは，具体的にはどのような政策によって構成されていたか説明してみよう。

□ 2　中国の国内経済の構造変化が，アジアのその他の国の経済に影響を与えた事例を挙げてみよう。

□ 3　本書を読んでいる時点で，中国企業や中国政府の政策が日本やアジアに影響を与えているニュースはあるか検討してみよう。

（伊藤亜聖）

第Ⅱ部
越境するアジア

4 生産するアジア
グローバルな分業ネットワークと地場企業の発展

ベトナム北部フン・イェン省にある，アパレル製品を欧米を中心に輸出する縫製企業の生産ライン（2008年，後藤健太撮影）

Learning Goals
①アジアの工業化と国際生産・流通ネットワークの生成と展開を理解する
②グローバル・バリューチェーン論の視点を理解する
③国際的な分業体制におけるアジア地場企業の発展可能性について理解する

はじめに

　過去半世紀にわたるアジアの急速な経済発展の過程は，世界に類を見ない，国境をまたいだ巨大な「ものづくり圏」の興隆のプロセスでもあった。1985年にアジア主要国（日本，韓国，中国，台湾，香港，シンガポール，ベトナム，タイ，マレーシア，フィリピン，インドネシア）の輸出額が世界合計に占めるシェアは，

機械・輸送機械（SITC コード7）で28%，鉄鋼（同67）で28%であった。2015年までにこのシェアは，それぞれ44%と36%に上昇した。

　アジア諸国のこの急速な工業化の過程は，この地域におけるグローバルな**産業内分業の深化**のプロセスと軌を一にして進んできた。現代の製造業では，ある製品の企画が構想されてから，生産，流通の各段階を経て消費者の手に届くまでのプロセスが，多数の工程や機能に細かく分割され，それぞれが，その活動に適した国に立地する企業によって行われるようになっている。アジアの国々は，このグローバルな生産・流通ネットワークに組み込まれるなかで，急速な経済成長を遂げてきた（後藤［2014]）。アジアが「世界の工場」として興隆するに至った過程を理解するうえでは，グローバルな産業内分業の発展のダイナミズムを理解すること，またこの産業内分業の拡大の過程を主導してきた先進国企業の行動を把握することが欠かせない。本章では，具体的な産業の事例を交えながら，アジアにおける国境を越えた産業内分業の広がりと深まりを考察し，「生産するアジア」の興隆過程を明らかにする。

1　アジアの工業化とグローバル化のエンジンの移り変わり

1.1　貿易の時代——1970年代頃まで

　20世紀前半から半ばにかけての時期，アジアの国々の経済成長と世界経済への統合を牽引したのは，国際貿易の拡大であった。この時期の国際貿易の基本パターンは，先進国が豊富な資本を用いて工業製品を生産し，途上国が低廉で豊富な労働力を用いて労働集約型の工業製品や農産品を生産し，貿易を通じてこれを交換する，というものであった。

　「ヘクシャー＝オリーン・モデル」は，それぞれの国が生産要素の賦存状況の違いを反映した比較優位に応じて特定の産業に特化し，貿易を通じて生産物を交換することで，各国の経済厚生が高まることを説明するモデルである。表4-1には，台湾と韓国の1962年，マレーシア（半島部のみ）とタイの70年の上位輸出入品目を掲げた。この時期のアジアの貿易構造が，「ヘクシャー＝オリーン・モデル」で表現される古典的な産業間分業に近いものであったことが

表 4-1　1960 年代・70 年代の主要輸出入品目と輸出入額に占めるシェア

1962年

	韓　国		台　湾	
	輸　出	輸　入	輸　出	輸　入
第 1 位	生糸（7％）	繰綿（8％）	砂糖（21％）	機械類（16％）
第 2 位	鮮魚（6％）	糸（6％）	繊維製品（16％）	鉱石・金属・その製品（14％）
第 3 位	タングステン鉱（6％）	小麦（6％）	化学品（9％）	生綿（11％）

1970年

	タ　イ		マレーシア（半島部）	
	輸　出	輸　入	輸　出	輸　入
第 1 位	穀類（31％）	ボイラー，機械類（16％）	ゴム（49％）	輸送機械（10％）
第 2 位	ゴム・天然ゴム（16％）	鉱物燃料，油（9％）	錫（30％）	石油・その製品（6％）
第 3 位	錫・錫製品（11％）	電気機械（7％）	パームオイル（7％）	鉄鋼類（5％）

（出所）Major Statistics of Korean Economy, Taiwan Statistical Data Book, Statistical Yearbook Thailand, Statistical Handbook of Peninsular Malaysia［各年版］より作成。

見て取れる。

　しかし，韓国や台湾では 1960 年代半ば以降，タイ，マレーシア，フィリピン，中国等では 80 年代半ば以降，工業化が急速に進み，産業構造と貿易構造は大きく転換した。この変化を引き起こしたのが，次に見る直接投資の域内波及のダイナミズムであった。

1.2　直接投資の域内波及の時代──1980 年代以降

　直接投資（Foreign Direct Investment: FDI）とは，経営支配を目的として，外国に新たに工場を建設したり，既存の外国企業の株式を取得したりする企業行動を指す。日本の自動車メーカーが中国に新しい工場を建設したり，アメリカの金融機関がタイやマレーシアの銀行を買収して自社の営業拠点としたりする行動は，いずれもこの直接投資に当たる。なかでも，製造業企業による直接投資は「ものづくり」の国際移転の過程にほかならず，海外金融市場等への間接投資とは異なり，**技術移転**や雇用創出などの観点から，受け入れ国の工業化に

大きなインパクトをもたらす。アメリカや日本をはじめとする先進国からアジアの後発国への製造業企業の進出は，アジアの国々に，雇用と外貨獲得の機会をもたらしただけでなく，技術や知識の移転を引き起こし，工業化のプロセスを起動する重要な役割を果たした。

　まず，一貫して自由主義的な開放体系に身を置いてきた香港に加え，1960年代半ば頃から韓国，台湾およびシンガポールも外に開かれた輸出志向型工業化政策を採用して，直接投資の受け入れと，輸出向け加工生産のための環境整備に取り組んだ。これらの，いわゆるアジア NIEs では，アメリカや日本から部品や機械設備を輸入し，豊富な若年労働力を利用して衣服，靴，電子・電機製品といった労働集約的な財を生産し，アメリカや日本に輸出するという組み立て加工型の貿易パターンのもと，急速な輸出拡大と経済成長が実現した。当初，生産の中心となったのは外資系の企業であったが，時間とともに技術移転が起き，地場企業が生産の主役へと成長した。

　1980年代半ばには，日本，次いでアジア NIEs の通貨の対米ドル為替レートの大幅な切り上げが起こった。これは，以前から進行していた労賃の上昇とあいまって，日本およびアジア NIEs から域内後発国への直接投資の急拡大を引き起こした。90年代以降，工業化のフロンティアは，タイ，マレーシア，インドネシア等の先発 ASEAN 諸国，さらに 70年代末に改革開放路線へと舵を切った中国へと広がった。90年代にはベトナムをはじめとする後発のASEAN 諸国が，2000年代にはカンボジアやミャンマーが，それぞれ新たな投資のフロンティアとして注目を集め，直接投資の受け入れを契機とした工業化への離陸を経験した。

　多国籍企業による製造拠点の国際移転は，国境を越えた部品や機械設備の取引の拡大を引き起こし，各国の貿易パターンを塗り替えていった。アジアの域内貿易に占める中間財の比率は，1980年の44％から2015年には65％にまで上昇している（第2章図2-5）。直接投資の連鎖的波及とともに，アジア諸国の貿易の基軸は，先進国を相手とする産業間分業を中心とするパターンから，産業内の域内貿易を中心とするパターンへとシフトしてきた。

　直接投資と工業化のダイナミズムを具体的に見るため，仮に，日本の二輪車メーカーJ社がタイ，次いで中国に進出するケースを考えてみよう。J社は，

タイに進出してからしばらくの間は，部品や材料，製造設備を日本から輸入しながら二輪車の生産を行うが，部品等を輸入に依存しつづけることには為替リスクや納期リスクが伴う。そのため，J社は地場メーカーの発掘や育成に乗り出し，タイの部品工業の成長を後押しする。さらに，J社が中国に進出して二輪車の生産を開始すると，日本のみならずタイからも，中国への二輪車部品や原料の輸出が行われるようになる。やがて，タイや中国の人々の所得水準が向上すると，現地の二輪車市場が拡大し，それに伴って生産の規模も拡大して，国境を越えた製品・部品の貿易がさらに活発になる。このように，J社の直接投資は，産業内国際貿易の拡大と工業化の国際波及を引き起こす。

1.3　グローバルな産業内分業の時代へ──2000年代以降

　さらに，2000年代に入ってからは，所有・経営支配を伴わない独立した企業間での国境を越えた継続的な取引が拡大し，直接投資と並んで経済成長と経済統合の新たな原動力となっている。なかでも注目されるのが，先進国企業から途上国企業への**委託生産（アウトソーシング）**の拡大である。ナイキやアディダスのような著名ブランド企業が台湾や韓国の靴メーカーに生産を委託し，韓国，台湾企業が中国やベトナムに持つ工場で有名ブランド等の靴を生産したり，アップルがスマートフォンやタブレットの製造を，台湾の巨大EMS（電子製品製造受託）企業，鴻海グループに委託したりしているのがその実例である。

　国境を越えた委託生産取引の拡大は，空間経済学や経済地理学で「**フラグメンテーション**」と呼ばれる現象と深く関係している。近年の製造業では，生産活動が工程ごとに細かく分割され，それぞれの工程が，これに適した国に立地する企業に割り当てられるようになっている。この「フラグメンテーション」の一例として，液晶テレビ産業の事例を見てみよう。液晶テレビを世界ではじめて量産化したシャープは，自社工場で生産した液晶パネルを用いて液晶テレビを製造・販売していた。しかし，2000年代半ば以降のテレビ産業では，国境を越えた工程間分業が急速に進展した。たとえば，日本企業からオーダーを受けた台湾の受託生産企業が，台湾本社で製品設計を行ったのち，韓国企業が製造した液晶パネル，アメリカの半導体企業が設計して台湾の半導体受託生産

企業（半導体ファウンドリ）に製造を委託した半導体チップを用いて，中国にある工場で製品組み立てを行う，といった複雑な分業が国境を越えて行われるようになっている。このような工程間分業の細分化の動きは，部品や原料，製品の国境を越えた取引の拡大を引き起こしている。

　フラグメンテーションの進展，および国境を越えた生産委託の拡大の背景として，次のような変化が挙げられる。第1に，アジアの地場企業の生産能力の高まりという変化である。過去数十年にわたる工業化のプロセスを経て，アジアの多くの国々では，外資企業から地場企業への技術移転や人材移動が生じた。その結果，先進国の企業は，子会社の設立という高いコストを伴う方法をとらなくとも，地場企業との継続的な取引を通じて，アジアの国々の経営資源を活用し，コスト削減や製品バラエティの拡充を実現できるようになった。第2に，輸送費の低下やITの革新といった変化と，アジア域内外で進んだ経済自由化によってもたらされた取引費用の低下の効果があいまって，国境を越えたモノやサービスの移動コストが低下した。第3に，後述するように，電子・電機産業をはじめとする多くの製造業セクターで，**製品アーキテクチャ**のモジュラー化が起こった。部品間のインターフェースが標準化したことで，国境を越えた企業間取引のコストが低下したことは，フラグメンテーションの進展を後押しした。

　このような要因があいまって，2000年代以降のアジアでは，所有・経営支配を伴わない国境を越えた企業間取引の拡大が，直接投資と並ぶ産業内分業の進展の原動力となっている。次節では，このような取引がアジアの産業発展や地場企業の成長に対して持つ意義を理解するうえでの有力な手がかりとなるグローバル・バリューチェーン論の視点を導入する。

2　グローバル・バリューチェーン論の視点

　ある商品が消費者の手元に届くまでには，製品企画，設計，生産，販売といった一連の活動がある。経済地理学や社会学の研究者らによって提唱された**グローバル・バリューチェーン論**では，この過程を「付加価値創出活動の連鎖」

に見立て，このプロセスが著しくグローバル化していること，ここへの参加が後発工業国の企業・産業の発展に大きな影響を与えるようになっていることに注目する。[*1]また，国境を越えた産業内分業に参加する先進国企業と途上国企業の間の**パワー関係**や，チェーンのなかで生じる知識や情報の流れにも光を当てる。

　グローバル・バリューチェーン論の鍵概念の１つが，「主導企業によるグローバル・バリューチェーンの**統括（ガバナンス）**」である。途上国の企業が参加するグローバル・バリューチェーンは多くの場合，高い技術力やブランド力を持つ先進国企業によって組織されている。これらの企業は，どの企業を**サプライヤー**（調達先，下請け先）としてバリューチェーンに参加させるかを決める権限を持つ。また，サプライヤーに対して，「何を」「どのように」「いつまで」「いくつ」「いくらで」生産するかを定め，これが守られているかどうかを監視する（Humphrey and Schmitz [2004b]）。このようにバリューチェーンの統括と規律づけを行う企業を，グローバル・バリューチェーン論では「**主導企業**」と呼ぶ。

　ゲイリー・ジェレフィらが1990年代に行った研究は，「主導企業」のカテゴリーとして，①高い技術力を持つ多国籍製造企業，②自らは生産を行わない大手の小売業者やブランド企業，という２つの代表的なパターンを見いだした。[*2]そして，前者によって統括されるチェーンを**「生産者主導型」のチェーン**，後者によって統括されるチェーンを**「バイヤー主導型」のチェーン**と呼んで区別した（Gereffi [1994]）。前者は自動車や航空機産業のような技術・設備集約型の産業で多く見られ，後者はアパレルや靴といった消費財産業で広く見られる。また，主導企業がバリューチェーンのなかで持つパワーのおもな源泉として，前者については高い技術力や大規模工場の保有が，後者については製品企画力やブランド力が挙げられる。

　グローバル・バリューチェーン論のもう１つの鍵概念は，「**高度化**」（**アップグレーディング**）である。途上国の企業は，工程の改善（工程の高度化），より付加価値の高い製品への移行（製品の高度化），チェーン内で担う機能の高度化（機能の高度化），他産業への展開（産業間の高度化）といった経路を通じて，産業内分業のなかでの高度化を図り，成長を実現することができる（Gereffi et al.

[2001])。バリューチェーンの分析にあたっては，ここに参加する途上国企業にどのような高度化の可能性が開かれているのか，個々の企業がその可能性をどのように活用しようとしているのかに注目することが重要である。次節では，ベトナムのアパレル産業と台湾のパソコン産業の事例に沿って，グローバルな産業内分業への参加を通じた後発工業国の地場企業の成長について考察する。

3　産業の事例──グローバル・バリューチェーンのなかの地場企業

3.1　ベトナムのアパレル産業
──グローバル・バリューチェーンへの参入・高度化と日本の役割

（1）途上国とアパレル産業

アパレル産業のバリューチェーンは，典型的な「バイヤー主導型」チェーンであり，小売業者やアパレル企業，商社などがその統括を担うことが多い。またそのネットワークの組織形態は，前述の靴の事例と同様に，資本関係のない企業間の分業関係によるものが一般的で，工程間の国際分業も発達している。

アパレル産業は，一般的に国内の資本蓄積が限られていて，安価な労働力を豊富に有する国が工業化の足がかりとする産業である。このアパレル産業のなかでも，生地やファスナー，ボタンなどといった資材・副資材を縫いあわせたりする「縫製」部門が担う生産プロセスはとくに労働集約的であり，途上国の生産要素賦与条件に合致している。そのためベトナムのような後発国は，縫製部門を通じて，アパレル産業のグローバル・バリューチェーンに参入することが一般的である。

日本の戦後復興と経済発展の過程においても，アパレル産業は主要な輸出産業としてその工業化を牽引した。とくにアメリカ向けのアパレル輸出は1950年代から60年代にかけてブームのような成長を遂げた。この日本の輸出型アパレル産業も，欧米のバイヤー企業が統括するグローバル・バリューチェーンに参加することで世界市場を相手に発展した。また，そうしたバリューチェーンに組み込まれたことで，それを統括していた欧米企業から日本企業へ技術の移転が起こり，日本の縫製部門の生産工程および製品の高度化が著しく進展し

表 4-2　世界のおもなアパレル

	2000 年			2005 年			2010 年		
1	中国	32,290	17.6	中国	65,902	24.6	中国	121,072	34.9
2	香港 (中国)	22,696	12.3	香港 (中国)	25,569	9.6	香港 (中国)	22,884	6.6
3	イタリア	12,453	6.8	イタリア	17,656	6.6	イタリア	18,567	5.4
4	メキシコ	8,432	4.6	ドイツ	11,720	4.4	ドイツ	16,944	4.9
5	アメリカ	8,128	4.4	トルコ	11,453	4.3	バングラデシュ	14,845	4.3
6	ドイツ	6,456	3.5	インド	8,201	3.1	トルコ	12,367	3.6
7	トルコ	6,183	3.4	フランス	7,826	2.9	インド	10,604	3.1
8	インド	5,465	3.0	メキシコ	7,163	2.7	ベトナム	10,119	2.9
9	フランス	5,019	2.7	バングラデシュ	6,846	2.6	フランス	9,221	2.7
10	インドネシア	4,562	2.5	ベルギー	6,393	2.4	スペイン	7,450	2.1
	アジア	85,303	46.4	アジア	131,186	49.1	アジア	197,655	57.0
	合計	183,918	100.0	合計	267,368	100.0	合計	346,527	100.0

(注) 本表の「アジア」とは ASEAN に中国（香港，マカオ含む），インド，バングラデシュ，ス
(出所) UN, UN Comtrade Database より作成。

た。

　しかしこのような日本の輸出向けアパレル産業も，賃金の高まりを背景に，1960 年代中頃から急速に国際競争力を失いはじめる。そしてこの頃を境に，日本のアパレル企業や商社などが中心となって，それまで日本国内に立地していた労働集約的な縫製に関わる生産工程や機能を，アジア NIEs，先発 ASEAN 諸国や中国，さらには後発 ASEAN 諸国（とくにベトナム）へと移転する動きが本格化した。またこの時期に起きた日本のアパレル産業のもう 1 つの大きな変化として，ターゲットとする市場が海外から国内へと移った点が挙げられる。つまり，それまでアパレル製品の海外市場向け生産を担っていた縫製部門中心の日本のアパレル企業が，購買力が著しく拡大した国内市場向けにアパレルの企画，生産および流通を展開するようになったのである。こうしたダイナミズムの背景には，上述の日本企業が，アジア域内に複雑なアパレルの国際分業体制を形成し，展開する主導企業として台頭したことがある。

（2）ベトナム初のグローバル産業として台頭したアパレル産業

　ここで具体的に，ベトナムのアパレル産業の事例を見てみよう。表 4-2 は

輸出国

（単位：100万ドル，%）

2015年		
中国	162,349	37.4
バングラデシュ	26,532	6.1
ベトナム	21,434	4.9
イタリア	19,400	4.5
香港（中国）	17,446	4.0
インド	17,131	3.9
ドイツ	16,657	3.8
トルコ	14,845	3.4
スペイン	11,874	2.7
フランス	9,775	2.3
アジア	269,339	62.0
合計	434,134	100.0

リランカを含む地域である。

世界のアパレル輸出国トップ10の2000年以降の変遷をまとめたものである。この表からは，中国を筆頭に，アジアが世界のアパレル輸出拠点としてその存在感を強めている状況が見て取れよう。ベトナムのアパレル輸出の対世界シェアの上昇も顕著であり，2015年では中国，バングラデシュに次いで世界3位の輸出国となっている。なお，15年のASEANのアパレル輸出国に中国（香港・マカオ含む），バングラデシュ，インド，スリランカを合計したものを「アジア」とすると，その世界のアパレル輸出に占める比率は62％に達しており，この南アジア3国を除いても51％のシェアを占めている。世界のアパレル市場におけるアジア地域の重要性がわかる。

　ベトナムのアパレル産業については，1986年に始まった対外開放・市場経済メカニズムの導入を柱とした「ドイモイ政策」がその発展の土壌を作ったが，その本格的な展開は90年代初頭，日本市場向けの輸出で起こった。ベトナムにとって，グローバル・バリューチェーンとはじめて関わりを持った産業が，まさに日本企業が統括したこの縫製部門だったのである。当時の縫製機能の担い手の中心は国有企業だったが，そこに日本企業から多くの技術が移転され，ベトナムにおける縫製産業の工程の高度化に寄与した（後藤［2009］）。

　一方で，それまで国交が断絶していたアメリカとの関係が1990年代半ば以降，改善した。そして2001年に対米通商条約が発効されると，アメリカが日本を抜いてベトナムの輸出相手国1位になる。また，この頃から始まる国有企業改革によって，縫製の担い手として民間や外資企業などが登場し，同産業の発展はますます勢いづいた。ベトナムの縫製部門がグローバルな生産分業体制に組み込まれ，さらにダイナミックに発展していくと，それまで原油などの一次産品の輸出が中心だったベトナムの輸出構造が，縫製産業のような労働集約的な製造業中心へと大きく転換しはじめたのである。

図4-1 アパレルの生産・流通プロセスのさまざまな機能

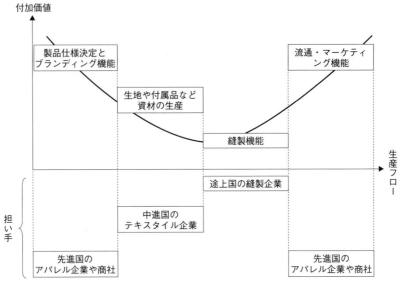

（出所）後藤［2014］。

　ところで，通常アパレル産業というと，その生産の主要な担い手が賃金の安い途上国であると思われることが多いが，その生産と流通におけるこれら先進国の主導企業の役割はかなり大きい。アパレル製品が出来上がるまでのプロセスには，多くの異なる生産工程や機能が含まれている。図4-1はアパレルの生産と流通プロセスとそれに関わる諸機能を，付加価値と担い手について図式化したものである。生産工程・機能を付加価値との関連で見た場合，生産プロセスの最初と最後に付加価値の高い工程・機能が集中していることが多いため，そこで描かれる曲線は同図のようにU字型となることが多い。この形が笑った口元に似ていることから，この図は一般的に「**スマイル・カーブ**」と呼ばれている。アパレルの生産プロセスでは，製品仕様の決定，ブランド構築，さらに市場形成に関わるマーケティング活動などの諸機能がカギとなる。こうした機能を担うには，需要の変動をはじめとする市場の不確実性にうまく対処する必要があるため，多くのリスクが伴う。しかしその反面，こうした機能は付加価値も高く，その担い手は日本など先進国のバイヤー企業が中心である。一方，

アパレルの生産に必要な糸や生地などの資材・副資材の生産技術は，労働集約的な縫製部門と比べて資本集約度が高いため，資本蓄積がある程度進んだ中国やタイ，さらにはインドネシアなどの中進国が比較優位を発揮しやすく，そうした国の，生地などを生産するテキスタイル企業がその供給を担うことが多い。そして最も労働集約的で，汎用技術の役割も大きい縫製部門は，新規参入も容易である。ベトナムがその競争力を発揮しているのが，まさにこの部門である。

（3）ベトナムのアパレル産業の今後の課題

21世紀に入り，このアパレルの輸出を1つの軸に世界でも類いまれな経済成長を遂げてきたベトナムだが，次第に賃金が上昇しはじめると，この労働集約的な縫製機能に特化した形のベトナムのアパレル産業の競争力も，ある種の限界に突き当たるようになる。そして，2011年には，ついにベトナムの輸出トップの座を電子・電機製品に明け渡した。

こうした状況のなか，今日のベトナムのアパレル産業が抱える最大の課題は，いかにして「機能の高度化」を実現するかにある。労働集約的な縫製機能についてはバングラデシュやカンボジアなど，より賃金水準の低い国の企業からの追い上げがある一方で，ベトナムの地場企業はより付加価値の高い機能を担うための能力をまだ十分に持っていないため，そうした機能で先進国企業と競争することも難しい。いわゆる「中所得国の罠」のような状況である。つまり，ベトナムにとっては，これまで担ってきた「縫製機能」からより付加価値の高いデザインや流通・マーケティングといった機能を担っていく道筋を見つけることが，「中所得国の罠」を回避して持続的な発展を実現するために重要となる。

3.2　台湾のノートパソコン産業──受託生産を通じた高度化の軌跡

（1）受託生産を通じた飛躍的発展

台湾のノートパソコン企業の発展の歩みは，グローバルな産業内分業への参加を通じて達成されたアジア企業の高度化の成功例である。その成長過程は，以下の2つの点で特筆すべきものである。

第1に，量的側面から見た発展である。図4−2に示したように，台湾のノートパソコン企業は，1990年代半ばからわずか10年ほどの間に，世界の出荷

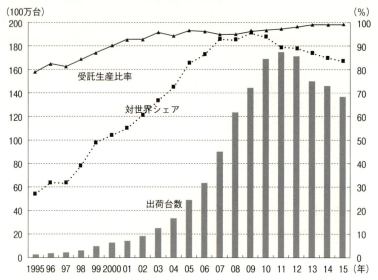

図4-2　台湾企業によるノートパソコンの出荷台数（海外生産分を含む），
　　　　対世界シェア，受託生産比率の推移

（注）2011 年以降のデータはミニ型を含む。
（出所）『資訊工業年鑑』［各年版］より作成。

台数の約 9 割を占めるまでに成長した。このめざましい発展は，アメリカや日本のブランド企業からの**受託生産**を通じて達成されたものであった。

　第 2 に，グローバル・バリューチェーンのなかで担う機能という面でも，台湾の受託生産企業はめざましい発展を遂げてきた。台湾のノートパソコンメーカーの多くは，1990 年代半ばの時点では組み立て生産のみを請け負っていたが，90 年代末頃までには製品設計，ロジスティクスも行うようになった。[*3]さらに 2000 年代半ば以降は，顧客向けに新製品のサンプルを開発し，さまざまな提案や助言を行うなど，HP, Dell 等のブランド企業の重要なパートナーとなっている。台湾企業は，「工程」面，「製品」面での高度化のみならず，バリューチェーンのなかで果たす「機能」面での高度化も遂げたのである。

　以上のような台湾ノートパソコンメーカーのめざましい発展は，製品の中核技術と販路がともに先進国企業によって握られたバリューチェーンの構図のなかで実現された（川上［2012］）。以下では，その発展の軌跡を見ていこう。

（2）産業内分業の深化──2000年代初頭まで

ノートパソコンは，1980年代末に日本企業によって世界ではじめて開発された商品である。当時，持ち運び可能な小さな筐体のなかに，高熱を発するCPUと多数の電子部品を入れ込み，薄さ・軽さ・強さを兼ね備えた製品を作るためには，きわめて高い技術力が必要であった。製品アーキテクチャ論では，部品間に強い相互依存関係があり，製品に求められる機能を実現するうえで，部品と部品の相互調整（摺り合わせ）が必要とされるタイプの製品を**摺り合わせ（インテグラル）型アーキテクチャ**の製品と呼ぶ（藤本［2013］）。90年代半ば頃までのノートパソコンは，まさしく「摺り合わせ」型の製品であった。この特性を反映して，この時期のノートパソコン産業では，自社で設計した製品を自社工場で生産し，自社ブランドで販売する「垂直統合型」の事業モデルをとる日本の総合電機メーカーが高い競争力を発揮していた。

しかし，1990年代後半以降，日本企業の技術的優位性は急速に低下した。その契機となったのが，パソコンの中核部品であるCPUの有力ベンダーであるインテルがとった行動であった（Gawer and Cusumano［2002］）。インテルの立場からすれば，ノートパソコンの設計技術が少数の日本企業の掌中に握られ，製品価格が高止まりしている状況は，CPU市場の拡大に対する大きな制約要因であった。そこでインテルは，90年代半ば頃から，さまざまな工夫を通じて，技術力の低いメーカーでも製品の開発・生産ができるような環境を作り出す試みに着手した。まず，自社が提供するCPUとチップセットのなかに，熱対策，回路設計，製品小型化のためのノウハウを次々と取り込んだ。また，詳しい技術情報を盛り込んだリファレンスガイドを提供して，パソコンメーカーに対する技術知識の普及を図った。こうしたインテルの一連の行動によって，ノートパソコンは，技術蓄積の浅い後発のメーカーでも，インテルが提供するCPUとチップセットの組み合わせを購入し，リファレンスガイドを研究すれば，開発・生産できる製品へと変化した。製品アーキテクチャ論では，部品間の相互依存関係が弱く，市場から調達した部品をあらかじめ決まったインターフェースのルールに従って組み合わせることで製品の開発ができるタイプの製品を**組み合わせ（モジュラー）型アーキテクチャ**の製品と呼ぶ（藤本［2013］）。インテルの戦略が引き金となって，ノートパソコンは，「摺り合わせ型」の製

品から「モジュラー型」の製品へと転換した。

　製品アーキテクチャの転換は，技術蓄積の浅い途上国企業がこの産業に参入する機会を作り出した。「モジュラー型」となったことでノートパソコンの開発・生産の技術障壁が低くなったこと，市場での価格競争が強まったことを受けて，アメリカや日本のパソコン企業が，生産そして設計をアジア企業に委託し，コスト削減を図るようになったからである。こうしてノートパソコン産業では，アメリカや日本のブランド企業が主導企業として製品の販路を握り，中核部品メーカーのインテルが製品技術を握る構図が成立した。

　この産業内分業の深化の動きを巧みにとらえたのが，台湾企業であった。台湾では，1960年代以来の電子・電機産業の発展と，80年代以来のデスクトップパソコンの生産の経験を基礎として，90年代初頭から地場企業によるノートパソコンの生産が始まっていた。台湾企業にとって，90年代後半のノートパソコンの受託生産市場の拡大は，千載一遇のチャンスとなった。

　1990年代後半を通じてブランド企業は，台湾企業に対して新たな業務を委託するたびに，自社のエンジニアたちを台湾に送り込み，製品設計や量産プロセスに関する指導を行って，自社が持つ豊富なノウハウを台湾企業に移転した。台湾企業はこうして移転された技術を熱心に吸収したが，なかでも，クアンタやコンパルといったメーカーは，自社ブランド事業を手がけず，受託生産事業に特化する道を選び，顧客であるブランド企業からの知識吸収に熱心に取り組んで，量産力と製品設計力を急速に高めた。ブランド企業の側にも，受託生産専業の外注先は自社の競合相手に育つおそれがないため，積極的に技術指導を行う誘因があった。台湾企業は，個々の顧客からの技術知識の吸収に努めるとともに，顧客の数を増やす努力を重ね，技術獲得チャネルの多様化に努めた。この時期の激しい受注競争のなかから，一握りの受託生産専業企業が頭角を現し，急激な成長を遂げていった。

　こうして台湾企業は，ノートパソコンのバリューチェーンのなかで，製品の開発や生産を一手に引き受ける「縁の下の力持ち」として急速な発展を遂げた。

（3）受託生産のさらなる拡大と「機能の高度化」——2000年代以降

　2000年代に入ると，本格的な高速無線通信の時代が到来し，モバイル型製品への需要がさらに拡大して，ノートパソコンの世界出荷量は，2000年の約

2400万台から2010年には1億5000万台へと拡大した（資訊工業年鑑［各年版］）。

　2000年代を通じて，台湾のノートパソコンメーカーは，市場拡大の追い風をとらえるべく，中国に大型工場を次々と建設して，生産能力を急速に高めた。激しい工場拡張競争を通じて，中・下位のメーカーは市場からの退出を余儀なくされ，台湾の受託生産企業の間では淘汰が進んで，一握りの上位メーカーへの生産集中が進んだ。ブランド企業は次第に，同じ顔ぶれの台湾企業と継続的な取引を行うようになり，発注先の台湾企業と，自社の戦略やアイディア，市場の趨勢や新技術に関する見方などの踏み込んだ情報までを共有するようになった。こうして，バリューチェーンに沿ってブランド企業から台湾企業に流れ込む情報は，技術情報にとどまらず，個々のブランド企業の市場戦略や市場の趨勢に関する観察といった「市場寄り」の知識や情報までを含むようになった。またインテルも，開発中の新しい製品に関する情報を早い時期から台湾企業と共有するようになった。上位の台湾企業のもとには，バリューチェーンを伝って，顧客企業，インテル，部品メーカーといった多様な企業からの情報がふんだんに流れ込むようになり，台湾企業はこれらの情報や知識を活用して，新たな機種のサンプルを開発して顧客に提案したり，顧客に対して有益なアドバイスを活発に行ったりするようになった。

　2010年以降は，スマートフォンやタブレットの伸長に押されて，ノートパソコンの市場が飽和期に入り，台湾企業も，サーバーやスマートフォン等の受託生産に力を入れるようになっている。これに伴い，台湾企業の出荷台数や対世界シェアは低下傾向にあるが（図4-2），ブランド企業の重要なパートナーとしての位置は揺らいでいない。

（4）グローバル・バリューチェーン内の付加価値配分

　以上で見たように，台湾のノートパソコンメーカーは，グローバル・バリューチェーンに沿って顧客企業等から流れ込む多様な知識や情報を積極的に吸収しながら，生産量およびその対世界シェアの拡大という量的発展と，機能面での高度化という質的成長を実現した。

　他方で，ノートパソコンのバリューチェーンのなかでの価値の取り分という視点から見ると，台湾企業の達成の異なる側面が見えてくる。図4-3に，2005年にアメリカのHP社が発売したあるノートパソコンの製品価格がバ

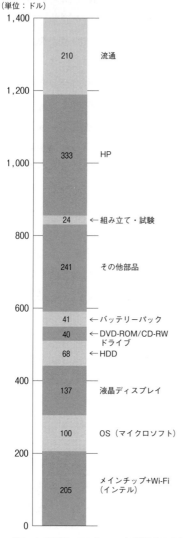

図4-3 ノートパソコン（HP nc6230）
の小売価格の部品・企業間配分

（単位：ドル）

210	流通
333	HP
24	←組み立て・試験
241	その他部品
41	←バッテリーパック
40	←DVD-ROM/CD-RW ドライブ
68	←HDD
137	液晶ディスプレイ
100	OS（マイクロソフト）
205	メインチップ+Wi-Fi （インテル）

（注）小売価格1399ドルの企業間配分を図示
したもの。
（出所）Dedrick, Kraemer and Linden［2009］.

リューチェーンを構成する企業や部品サプライヤーに対してどのように配分されているかを示した（Dedrick, Kraemer and Linden［2009］）。約1400ドルの小売価格のうち，HP，インテル，マイクロソフトの取り分はそれぞれ333ドル，205ドル，100ドルであった。これに対して，台湾企業が担当している「組み立て・試験」の取り分はわずかに24ドルであった。台湾企業が典型的な「薄利多売」型のビジネスをしていることがわかる。[*4]こうした状況は，iPhoneのケースでも同じである（Xing and Detert［2010］）。

　ノートパソコン産業におけるグローバルな産業内分業の深化は，台湾企業の量的成長と，高度化の実現という質的成長をもたらしてきた。しかし，バリューチェーンが生み出す付加価値の獲得という視点から見れば，台湾企業は依然として，「サプライヤー」としての位置づけにとどまっているといえる。この図からは，先進国の企業が製品の販路とその中核技術を握っているバリューチェーンのなかでのサプライヤーとしての成長が持つ限界が見て取れる。

3.3 グローバル・バリューチェーン分析から見えること

　以上では，2つの産業の事例に沿って，グローバルな産業内分業のなかにサプライヤーとして参入したアジアの企業が急速な発展を遂げたプロセスを考察した。この2つの産業を分析するにあたり，本節では，グローバル・バリューチェーン論の視点に立脚した。これにより，果たして何が明らかになったのであろうか。

　まず，主導企業が，新たにバリューチェーンに参入した企業への技術移転の主体として果たす役割の高さが明らかになった。ベトナムのアパレル産業，台湾のノートパソコン産業のいずれでも，地場企業の競争力の向上は，バリューチェーンを統括する日本の商社や日本・アメリカのパソコンブランド企業からの技術移転なしには実現しえなかった。バリューチェーンのなかでのサプライヤーの成長は，主導企業の戦略や能力から大きな影響を受けている。

　同様に，主導企業とサプライヤーの関係性が，後者の成長の道筋に影響を与えることも明らかになった。日本のアパレル企業が，ベトナムに自社が所有経営する縫製工場を設立するケースを考えてみよう。これは同一企業内での国際分業であり，日本側は，ベトナム工場およびその従業員たちに，自社のコア・コンピタンスを含む重要な技術を移転する誘因が十分にある。しかし，日本のアパレル企業がベトナムの縫製企業との間に，資本関係に縛られないより流動的な取引関係を築く場合には，そうとは限らない。自らの競争優位が脅かされたり，サプライヤーの能力向上が他の取引先の利益につながったりすることへの懸念から，日本企業はベトナムのサプライヤーに対しては，コア・コンピタンスに関わる技術を移転しようとしないかもしれない。グローバル・バリューチェーンのなかでの情報や知識の伝播は，主導企業とサプライヤーの非対称な力関係や，独立企業間の利害の不一致のもとで起きていることに留意する必要がある。

　一方で，2つの事例のグローバル・バリューチェーン分析からは，サプライヤーが，主導企業の戦略に一方的に規定される受け身の存在ではないことも見て取れた。台湾のノートパソコンメーカーは，複数の顧客との取引関係を築き，バリューチェーンを伝って流れ込む多様な情報や知識を積極的に吸収し，これを自分の強みに転化することで，飛躍的な成長を遂げた。ベトナムのアパレル

産業の成長も，ドイモイ政策による環境変化や，新たに登場した生産主体の活力と深く関わっている。政策や企業の戦略次第で，バリューチェーンのなかでの成長の可能性は変わってくる。

グローバル・バリューチェーン論の視点からはまた，途上国の産業発展のパターンに生じつつある新たな変化についての知見も得られた。アパレル産業とパソコン産業の事例からは，産業内分業を構成する生産プロセスが細分化され，個々のプロセスが，その生産要素集約度や技術的な難易度に応じて，これに適した国の企業に割り当てられるようになっている様子が見て取れた。このフラグメンテーションの潮流は，多くの産業で同時に起きており，その結果，1つの国が産業横断的に，特定機能に特化するという現象が起きつつある。たとえばベトナムでは長い間縫製製品がその最大の輸出品目だったが，2011年頃には首位の座を電子・電機製品に譲り，15年にはこれが全輸出の3割弱を占めるようになった。縫製製品と電子・電機製品とでは技術特性が異なるため，ベトナムの同産業の輸出の伸びは，一見すると，産業構造の高度化の現れのように見えるかもしれない。しかし，どちらのセクターでも，ベトナムが担っているのは，労働集約的な単純組み立ての工程に限られており，製品企画，開発，販売といった機能は先進国の主導企業の掌中にある。ベトナム経済の長期的な発展という視点からは，輸出品目構成の高度化にもまして，それぞれのセクターのグローバル・バリューチェーンのなかでベトナム企業が果たす機能面での高度化が重要な課題となっている。

おわりに

本章では，1960年代に始まり現在に至る，アジアにおける工業化の国際波及と経済統合のプロセスを，その原動力の移り変わりに注目しながら論じた。「生産するアジア」の勃興は，①労働集約型の製品や農産物等を先進国に輸出し，資本・技術集約型の製品を輸入する「産業間国際貿易」の時代，②直接投資とこれに伴う産業内国際貿易により，アジア大の「ものづくり圏」が急速に発展した時代，③独立した企業間の国境を越えた複雑な分業生産の時代，という局面を経ながら進んできた。ただし，実際には，この3つの原動力は併存しながら，アジアにおける国境をまたいだ巨大な「ものづくり圏」の興隆を牽引

してきた。子会社の設立や外国企業の買収といった直接投資は，現在も拡大を遂げており，アジアにおける新たな就業機会の創出，技術の国際伝播の媒体として重要な役割を果たしている。同時に，先進国企業が統括する産業内分業のバリューチェーンのなかに途上国企業がサプライヤーとして参加するグローバルな分業の広がりも，アジアの地場企業の成長を後押ししつづけている。

　本章では，「生産するアジア」の勃興を引き起こしてきた工業化の国際波及のダイナミズムを，おもに「先進国とアジアの後発工業国」という視点から論じてきた。しかし，第2章（「アジア化するアジア」）で見たように，近年のアジアでは，域内の相互投資が拡大している。また第7章（「革新するアジア」）で明らかにしているように，アジア発のイノベーションが世の中を大きく動かしはじめている事態に鑑みれば，グローバル・バリューチェーンの主導企業も，本章で見たアメリカや日本の企業に限らなくなってきている。さらに第8章（「都市化するアジア」）で扱うアジアの都市が，グローバル・バリューチェーンの結節点として大きな役割を担いはじめている点も，世界における今日のアジア経済のポジションの理解のための重要な視点である。先進国との分業関係への参加を通じて達成されてきた「生産するアジア」の興隆は，「アジア化するアジア」の時代を迎えて，新たな局面に入りつつある。

〈注〉
＊1　類似の用語に「グローバル・サプライチェーン」というものもあるが，こちらは国際的な生産分業・調達の効率化を主眼に置いた多国籍企業の視点を強調したものである。
＊2　このほか，Humphrey and Schmitz［2004a］では，グローバル・バリューチェーンを4つの類型に分類し，それぞれのタイプが途上国企業の成長をどのように誘発ないし制約するかを考察している。また，Gereffi, Humphrey and Sturgeon［2005］では，チェーンにおける主導企業とサプライヤーの間のパワーの非対称性の度合いを，取引の属性やサプライヤーの能力等の要因で説明する枠組みを提示している。
＊3　顧客企業が設計し，そのブランドで販売される製品の受託生産をOEM（Original Equip-ment Manufacturing），顧客企業のブランドで販売される製品の設計および生産の受託をODM（Original Design Manufacturing）と呼ぶ。ODMはOEMの発展形である。また，自社で設計，生産，販売する業態をOBM（Original Brand Manufacturing）と呼ぶ。
＊4　Dedrick, Kraemer and Linden［2009］では，マイクロソフトおよびインテルに比較して，HPの利益率が低いことも明らかにされている。ノートパソコンを含む電子・電機産業のグローバル・バリューチェーンでは，しばしば，「主導企業」であるブランド企業にもまして，コア部品の寡占的サプライヤーが高い収益性を上げている。

　2016 年の国際労働機関（ILO）の第 105 回総会では，「グローバル・サプライチェーンにおけるディーセント・ワーク」という議題が大きく取り上げられ，議論された。一般的に国連組織の執行機関は加盟国政府の代表によって構成されているが，ILO は国連機関では唯一，政府に加えて使用者と労働者それぞれの代表による「三者構成」主義をとっている。ILO には日本を含めて現在 187 カ国が加盟しているが，そうした国々の労働法制の策定プロセスは，この三者構成における対話によることが原則となっている。日本でも，労働法制の重要事項に関しては，この三者構成からなる労働政策審議会で審議されている。

　これまで，企業の社会的責任に関する問題も，それぞれの国ごとに設定されている三者構成メカニズムのなかで話し合いが行われ，解決策が模索されてきた。フラグメンテーションの進展以前のものづくりの世界では，ある製品の生産が社会に及ぼす影響の評価と，その責任の所在を特定することは比較的簡単であり，解決策を話しあうメカニズムとしても，この国家単位の三者構成が機能したかもしれない。しかし，国境をまたぐ複雑なグローバル・バリューチェーンの出現は，複数の国の多様な企業を，さまざまな企業間関係によって結びつけたのである。

　ILO では，加盟国が採択した「多国籍企業及び社会政策に関する原則の三者宣言（多国籍企業宣言）」という，ディーセント・ワーク（働きがいのある人間らしい仕事）を実現するための，多国籍企業の具体的な行動指針に関する枠組みがあり，国際的に事業を展開する多くの多国籍企業の行動規範の 1 つのモデルにもなっている。しかし，グローバル・バリューチェーンの急速な展開が，国際社会に 1 つの重要な課題を突きつけるようになった。つまり多国籍企業宣言のような枠組みの効果的な履行が，国を基本単位とした従来の三者構成メカニズムでは，もはや完全には対応できなくなりつつあるという問題である。

　たとえば，日本企業が統括するバリューチェーンの，非常に細分化された数ある生産工程のうち，海外のアウトソース先企業の，さらにその孫請け企業が担っている 1 つの工程で，児童労働などの悪質な問題が発覚したとしよう。その場合，問題が生じた国の三者構成で話し合ったとしても，その枠組みにバリューチェーンを統括する主導企業（とくに意思決定に関わるその本社）が関わりを持たない限り，問題解決に向けた意味のある協議と実質的な対策を施すことはできない。

　筆者は最近，ILO のベトナム電子・電機産業・サプライチェーン・プロジェクトに関わる機会に恵まれた。このプロジェクトは，バリューチェーンの国際展開が非常に複雑で多くの国にまたがる典型的な産業としての電子・電機産業に焦点を当て，

さらに現在グローバルな電子・電機製品輸出国として注目を浴びつつあるベトナムにフォーカスした，日本政府の拠出によるものである。*ベトナムの三者構成を巻き込んだ同プロジェクトで収集した電子・電機産業の統計データによれば，ベトナムには電子・電機産業関連企業が約1100社あったが，そのなかで企業規模の上位100社のうちなんと99社が外資企業であった（残る1社はちょうど100位で，国有企業だった）。また，その上位20社だけでベトナム電子・電機産業に従事する労働者（約33万人）のおよそ半数を雇用しており，上位100社ではそれが8割を超える状況である。つまり，同国の電子・電機産業が完全に外資企業主導であることが理解できよう。これを前提とした際，「ベトナムの電子・電機産業」のサプライチェーンにおける労働条件をはじめとした企業の社会的責任を議論する場合，国内の三者構成メカニズムだけでは不十分であることは明らかである。

　つまり，本章で示したような新たな形のグローバル化の進展を前に，国家という枠組みに依存した現在の三者構成システムが一種の限界に直面していることが，少しずつ露呈しはじめているのである。ILOもこうした問題意識を持ちはじめており，先述のベトナム電子・電機産業プロジェクトの報告書でも，この点が指摘されている。この報告書ではさらに，21世紀のグローバル経済化時代にふさわしい，「国家」という枠組みを超えた新しい三者構成メカニズムのあり方を模索する必要性が記されている。いずれにせよこの2016年のILO総会での問題提起は，グローバル・バリューチェーン時代における「国家」という単位の重要性や役割が，現在大きな転換点を迎えていることを示す1つの象徴的事例であると思われる（詳細はGoto and Arai［2017］参照）。

（後藤健太）

課題 ◆
□ 1　途上国の地場産業・企業がグローバル・バリューチェーンに参入したい場合，どのような方策が考えられるだろうか。
□ 2　グローバル・バリューチェーンの展開がもたらした負の側面があるとすれば，それは何だろうか。
□ 3　グローバル・バリューチェーンの時代において，日本の今後の持続的発展のためには何が課題となるだろうか。

（川上桃子・後藤健太）

5 資本がめぐるアジア
成長と資本フロー

シンガポールの金融街を背景に立つマーライオン（2016 年，三重野文晴撮影）

Learning Goals
①投資・再投資と企業の成長のメカニズム，そして海外資本の役割について理解する
②戦後の国際資本移動の趨勢のなかで，アジア経済と二度の金融危機の意味を理解する
③アジアの金融システムへの政策的取り組みと，そのあるべき方向性を考える

はじめに

アジア経済に関して，資本フローや金融環境の問題の重要性が認識されるようになるのは，おそらく 1997 年の**アジア金融危機**の経験によってである。その点，この問題はアジア経済論のなかで比較的新しい話題であるが，もはやこの視点なしにアジア経済を語るのは難しい。

1997 年に東南アジアを襲った「アジア金融危機」は，高成長を続けるアジア経済に資本が急激に流入したことに基本的な原因があった。資本の国際的な流動化は，歴史的な趨勢のなかで 90 年代に加速したものであり，実のところアジアの金融混乱は，資本の制御の問題について先鞭をつけたにすぎなかった。2000 年代後半にはアメリカを震源として金融混乱が発生し，その波及として生じたヨーロッパの財政危機は 10 年代後半に至るまで長引いて，ユーロ体制の危機を招いている。一方で，アジア金融危機のあと実物経済の成長を遂げたアジアは，90 年代末とは様相を一変させて今や資本輸出地域となっている。

　このような資本と金融の問題をアジア経済論のなかでどのようにとらえるべきか。この問題を，オーソドックスな金融理論や戦後の世界の金融環境についての基礎知識を解説しつつ，考えていきたい。

1　国際資本フロー

1.1　資本と成長

　アジアをはじめとする途上国経済では，資本は一国のなかで貯蓄−投資の経路を通じて緩やかに蓄積されてきたわけではなく，海外資本の導入によってより早い成長と資本蓄積が図られてきた。第二次世界大戦後のアジアはおおむねこのことに成功してきた。ただ，世界規模の資本の流れ（資本フロー）を完全に制御することは難しく，戦後何度か制御に失敗して一国経済が深刻な混乱に陥るのみならず，世界規模での金融混乱にもつながる事態を私たちは経験してきた。この問題を考えるために，まず，**資本蓄積**と**国際収支表**の考え方を理解しておきたい。

　経済成長における資本の役割の本質は図 5−1 のように整理できる。生産主体（企業）は，資本と労働を投入して生産物を生み出す。生産物には投入された資本と労働の価値に加えて付加価値が備わり，それは資本と労働の提供者である家計に賃金や利子・配当による所得として分配される。家計はその所得の一部を消費に，残りを貯蓄に回す。この貯蓄を活用して投資が行われる。ここでいう投資とは，余剰資金によって生産設備などを買い足すことを意味してい

図5-1　経済成長と資本蓄積の循環

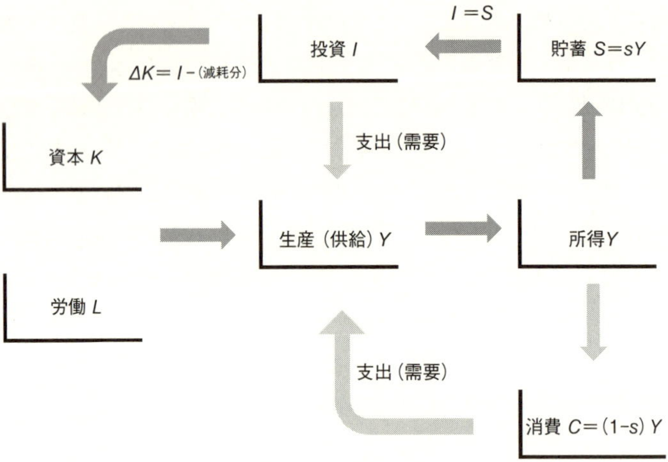

（出所）筆者作成。

る。一般には，家計の貯蓄が金融市場を通じて企業の投資の原資となる。そして，投資とはすなわち資本の増加を意味している。投資によって次の期にはより多くの資本の投入がなされ，生産も増加する。通常，経済発展の初期には資本が少なく労働力は豊富なので，労働がより多く投入される。他方，生産された価値の一部は継続的に投資（資本増加）に向けられるので，経済成長の過程とは，労働を多く投入して作られた価値が資本として転化される過程でもある。これが経済成長と**資本蓄積**の本質である。

　現代の成長理論では，この資本蓄積の基本プロセスの周辺以外の要素が，より重要だとされている。その1つは技術進歩による生産性の向上であり，それらは人的資本や知識の蓄積に依存すると，考えられている（内生的成長理論）。そして，もう1つが，本章の主題である海外からの資金導入という要素である。

1.2　資本フローと国際収支

　国際収支表とは一国にとっての貿易と金融の海外取引を整理するフォーマットである。図5-2は，このフォーマットにおける資金の動きの部分の要点を

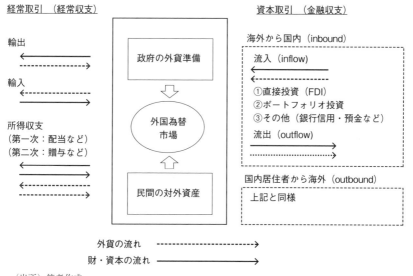

図5-2　国際収支表に基づく資本フローの概要

経常取引　（経常収支）　　　　　　　　　　　　資本取引　（金融収支）

輸出

輸入

所得収支
（第一次：配当など）
（第二次：贈与など）

政府の外貨準備

⇩

外国為替
市場

⇧

民間の対外資産

海外から国内（inbound）

流入（inflow）

①直接投資（FDI）
②ポートフォリオ投資
③その他（銀行信用・預金など）

流出（outflow）

国内居住者から海外（outbound）

上記と同様

外貨の流れ　- - - - - - - - - - - - - - - - →
財・資本の流れ　─────────→

（出所）筆者作成。

図式的にまとめたものである。海外取引は，経常取引と資本取引に大別される。経常取引とは財・サービスの貿易や送金などの一般的な取引に関する勘定のことを指し，「経常収支」に集約される。大雑把にいえば，輸出によってその売上金が国内に流入し，輸入によってその支払額が海外に流出する。

　これに対し，資本取引とは投資を目的とする資本フローの流入と流出の勘定を指し，「金融収支」として集約される。この資本の動きは，大きく分けて①直接投資（FDI），②ポートフォリオ投資，③その他（おもに銀行信用や預金）に分類される。また，資本フローには，海外の投資家から国内に対する資本の流出入（inbound）と，国内居住者の海外に向けての資本の流出入（outbound）という2方向があり，アジア経済を考えるときにはこの違いが重要になる。

　経常・資本取引による海外との資金の流出入には，つねに貨幣の問題が伴っている。たとえば，国内の用途のために海外から資金が流入する際には，外貨（一般的には基軸通貨であるドル）を現地通貨に転換する必要があり，現地通貨の需要が発生する。逆に国内資産を海外に持ち出すためには現地通貨を外貨に転換する必要があり，外貨の需要が発生する。この需給は原理的には為替市場に

よって調整されて，通貨の交換比率である為替レートが形成される。しかし，実際には，各国政府は為替レートの安定のために為替介入を行う。たとえば，一定の為替レートを維持しようとすれば，資産の流出が流入より大きい，それゆえに外貨の需要が多い場合には，政府は外貨を市場に売却することで現地通貨の減価圧力の緩和を試みる。この為替介入の原資として政府が保有する外貨を**外貨準備**という。

　外貨は国内で発行することはできないので，何らかの形で海外から調達されつづける必要がある。もし経常取引側の経常収支が黒字ならば外貨は国内に流入する。経常収支が赤字であっても，資本取引側で資本が流入していれば外貨は流入するので，政府はそれを買い上げて外貨準備を積み増すことができる。しかし，経常取引での赤字と資本取引での純流出が続けば外貨準備は枯渇に向かう。

　したがって，海外資本導入による成長が持続可能なためには，その資金での投資が国内部門の成長を実現するだけではなく，将来的に輸出につながって外貨が獲得できなければならない。導入した資本への返済や利払いは外貨で行う必要があるからだ。たとえば，海外からの資本・資金がもっぱら政府消費や生産性の低い国内インフラ整備にあてられると，長期的には支払い不能に陥ることになる。この問題は支払い能力（solvency, **ソルベンシー**）の問題と呼ばれる。

　やっかいなのは，その国が長期的な支払い不能（insolvency）の状態になくても，海外資本の流出入が一時的に急激で大規模に動いた場合，外貨準備による為替介入の対処能力を超える事態も起こりうる，ということである。外貨準備が枯渇すれば，政府は一定の為替レートの水準を維持できなくなるし，民間部門も外貨不足で支払い不能に陥ることもありえるのである。つまり，これがアジア金融危機で生じた事態である。

1.3　戦後の通貨・金融秩序と資本移動

（1）ブレトン・ウッズ体制と通貨管理体制

　1990 年代以降，アジア経済に大きなインパクトを与えてきた資本フローの問題の背景を理解するために，現実の国際間の通貨管理体制と資本フローが，第二次世界大戦後どのような変遷をたどってきたのか，簡単にまとめてみよう。

ブレトン・ウッズ体制下で45年12月に成立したIMF協定によって、戦後の固定レート制度が確立した。アメリカ政府はドルの公定価格での金との交換を保証し、各国には、それぞれの通貨についてドル・金という2つの本位通貨に対する交換比率を一定幅に抑えることが義務づけられた。IMF協定の第8条は、経常取引における為替取引の規制を禁止し、政府の為替介入によって安定的なレートを維持することを求めている（途上国には適用を猶予）。この体制のもとで、資本移動は一般に国際収支を均衡させる主要なメカニズムとみなされ、1960～70年代には先進国で資本移動の自由化も進められてきた。

ドル・金の二本位通貨制度下では、両者の市場交換レートを公定レートと同等に維持しなければならず、そのためにアメリカの経済政策が制約を受けるという弱点があった。1960年代以降、資本移動の動きが拡大し、またアメリカの政府債務が増加すると、ドルに減価圧力が強まってアメリカにこの制度の負担を引き受ける余力がなくなってくる。71年8月にアメリカはドル・金兌換の停止を発表し、国際通貨体制は数年の模索ののち、75年に先進国の変動レート制に移行した。ただ、この時期以降も、国際流通性が低い途上国の通貨は、資本規制や固定レートを維持することが許容されてきた。

（2）国際資本移動の変化

アジアを含む途上国の固定レート制度の維持が徐々に困難になってくるのは、資本移動が途上国を巻き込んで拡大してきたことによる。まず、途上国への資本移動の趨勢を確認しておこう。第二次世界大戦後に国際資本移動が再開した初期には、公的資金の動きが圧倒的に大きかった。マーシャル・プランなどのアメリカの戦後の大規模援助や1944年に業務を開始した世界銀行やアジア開発銀行（66年設立）からの借款は、戦争で資本ストックが壊滅的に毀損したヨーロッパや日本のみならず、独立国として経済建設を始めた多くの途上国に好条件で流入した。図5-3は、包括的な統計が利用可能な70年以降の東アジア・太平洋地域の途上国への資本フローの趨勢をまとめたものである。90年代に資本移動は爆発的に拡大するので、時期を分けて示しており、上下の図で縦軸が一桁違うことに注意されたい。70～73年の平均で見ると、途上国への流入資金に占める援助を意味する公的債務の比率は全体の29.5%、直接投資と債務性資金を併せた長期負債の42.2%を占め、かなり高いことがわかる。

図5-3 東アジア・太平洋地域新興国への資本フローの純流入

(1) 1970～1992年

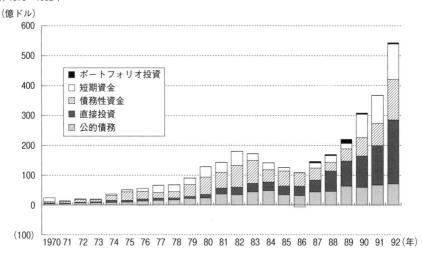

(2) 1992～2014年

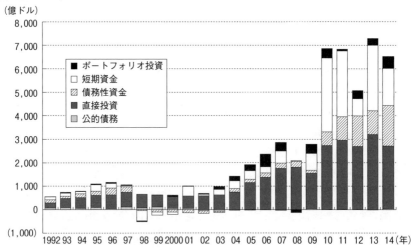

（注）債務性資金はおもに民間の債券負債および商業銀行信用（政府保証付きを含む）。ここでの
「東アジア・太平洋地域」には東南アジアも含む。
（出所）World Bank, World Debt Table（June, 10, 2017）より作成。

その状況が大きく変わるのは，オイルマネーが急拡大する 1970 年代前半である。第一次オイルショックによって石油輸出国が得た資金は欧米の商業銀行に預金され，その資金が途上国に流入する。図で見ると，70 年代には公的資金も決して少なくなってはいないものの，民間の債務性資金（銀行信用や債券）が急増しているのがわかる。この趨勢のもとで 70 年代末に第二次オイルショックが起こると，先進国はインフレ抑制のため引き締め政策をとり，世界的な景気後退の局面に入る。これを契機にオイルマネー経由の銀行債務を抱えたラテンアメリカなどの途上国が返済危機に陥った。81 年のポーランド危機，82 年のメキシコ危機を嚆矢として，債務不履行を宣言する国が相次ぐ。いわゆる**累積債務問題**である。

　その対処として，1980 年代後半，アメリカが主導して債務の調整が進められ，同時に不履行国のマクロ経済の**構造調整**が実施された。「構造調整」とは，債務危機の原因が，海外資金が民間・政府消費あるいは非効率な政府投資に過重に配分されたことにあるとして，価格規制の緩和や緊縮財政によってそれを是正する政策であり，副作用として債務国の庶民に大きな負担を強いることとなった。東アジア・太平洋地域でも，「構造調整」の時代には民間の債務性資金のフローは急速に縮小していることがわかる。

　累積債務問題が一服する 1990 年代には，国際資本移動に別の要素が現れてくる。第 1 は，アジアをはじめとする直接投資の拡大である。多国籍企業の事業展開を中心とする直接投資は，実物生産に裏づけられた資本移動であり，より安定的な資本フローが増してきたことを意味している。第 2 は，短期資金やポートフォリオ投資の拡大である。短期資金の取引は 90 年代に入って大きく拡大している。この時期から市場性の資金移動の管理が大きな課題となってくる。

　アジア金融危機やリーマン・ショックの時期には資本フローには間欠的に縮小する局面もあったが，趨勢としては拡大していく。

（3）海外資本とアジア

　このような第二次世界大戦後の世界の通貨体制と資本移動の動きのなかに，アジアも位置してきた。1960 年代初頭までは一部の国は独立・内戦を経験し，そうでない国でも植民地経済の体質からの脱却を試みてきた。その時期には，

穏健な社会主義の影響も受けて市場抑制的で閉鎖的な経済運営が基調となっていた。60年代半ばになると，アジアの非共産圏では，民間部門を重視した経済運営に移行し，世界銀行からの借款や日本からの賠償援助をはじめとして，公的資金を中心に海外資本の導入を本格化させた。

1970年代以降の国際的な資本移動の構造変化からの影響は，アジアでも顕著に現れる。第二次オイルショック後の不況では，韓国やASEAN諸国はラテンアメリカと同じ構造の債務危機に陥る。60年代以降，外貨建て債務が増えつづける一方で工業化のテンポは緩やかで，競争力のある輸出産業の形成は遅れており，その間経常収支赤字の構造が持続してきた。外貨は経常取引では獲得されず，さらなる海外資本の流入によって確保されてきたのである。このため第二次オイルショックが起きるとアジア諸国では財政赤字と経常赤字が深刻化する。80年代前半にはタイ，インドネシア，韓国，フィリピンなど多くの国で構造調整プログラムを受け入れている。フィリピンは83年に債務モラトリアムを宣言する。

しかし，アジアのこのような混乱の局面は，1985年のプラザ合意ののち，ドル安円高が進行することで，大きく変化してくる。80年代後半になるとドルに固定したアジア通貨（とくに東南アジアの通貨）がとくに円に対して大幅に減価し，それらの国の輸出競争力が大きく向上したため，日本の製造業を中心に直接投資の流入が急拡大する（第2章，第4章も参照）。こうして，資本流入による投資が牽引する形で，アジア経済が工業化による高成長局面に入る。一方，このような資本移動の拡大のなかで，アジア諸国では資本規制の緩和も進められる。たとえば，インドネシア（88年），タイ（90年），フィリピン（95年）が相次いでIMF第8条の適用国に移行し，経常取引での為替規制を撤廃する。資本取引の規制についても大幅な緩和が進むことになる。

アジア諸国の経済成長に海外資本の流入が果たした役割はこのように大きなものであった。しかし，それがもたらした成長の過程で，国内でも資本の循環的な蓄積が進んだことも軽視できない。タイやインドネシア，韓国などを典型として，1960年代以降，地場の企業家が社会経済環境に順応しながら事業を展開し，財閥や企業グループの形態をとる大規模な企業体を形成してきた（たとえばタイについてSuehiro［1989］）。それらが，アジア金融危機を経て，今世紀

に入り各国経済の主要な担い手として成熟してくるのである。

2 アジア経済と資本
——アジア金融危機から今世紀へ

2.1 アジア金融危機

　このような 1990 年代までの国際金融環境の趨勢的変化の先に，アジア金融危機が到来することになる。97 年 7 月 2 日，好調な経済成長を遂げていたタイで突然の経済混乱が発生する。通貨バーツの海外投機家からの売り攻勢に対して，固定的な交換レートを維持すべく為替介入で買い支えてきたタイの通貨当局が，外貨準備の払底によってその放棄を宣言せざるをえなくなったのである。それまで 1 ドル＝24〜25 バーツ程度だった通貨価値は，翌年 1 月には 56 バーツの水準にまで下落した。これをきっかけに，外貨建て負債を抱えていた商業銀行と大企業が相次いで破綻し，混乱が経済全体に波及して 99 年には成長率が−10％を超えるほどに落ち込んだ。この混乱は同様の固定レート制を維持していたアジア全域に波及して同様の経済混乱をもたらし，1 年ほどの間に，ブラジルやロシアの為替を不安定化させるまでに伝染した。

　資本フローの流動化によって固定レート制の維持が不可能であることを思い知らされたアジア諸国は，軒並み管理フロート制に移行した。[*1]その移行の初期には多くの国で急激な減価を経験せざるをえず，そのショックが実物経済の停滞をもたらした。そのなかでも，タイ，インドネシアと韓国の 3 国は全面的な経済混乱を経験した。

　この経緯を，前節で説明した国際収支表の構造上の問題として整理しておこう。いずれの国も 1990 年代半ばまでは経常収支の赤字が続いていたので，経常取引の経路では外貨は流出する傾向にあった。にもかかわらず外貨準備が維持できていたのは，資本取引において流入が続いていたからである。資本の流入の内訳には直接投資も銀行信用も，そしてポートフォリオ投資もある。資本が安定的に流入して経常取引側の外貨流出とある程度つり合っていれば，為替市場の逼迫は起こらず，金融当局は外貨準備を活用して適宜相場を固定レートの許容幅に誘導していればいい。経常収支が赤字なのに資本流入が持続するの

は，海外の投資家の間で長期的な経済発展を通じてやがては経常収支が黒字化し外貨を稼ぎ出すだろう，という信認が維持されているからである。それ自体は特段異例なことではない。

　しかし，1990年代の半ばに向けて資本流入はますます増加し，しかもその内訳では直接投資よりも銀行信用やポートフォリオ投資といった短期性の資金の比重が高まっていた。97年7月にタイで起こったのは，こうした短期性の（逃げ足の速い）資金が，突如に一気に流出しはじめ，固定レート維持の介入に必要な外貨準備が底をついたという外貨危機であった。その具体的な現れ方としては，ヘッジ・ファンドなどの投機的な資金が，固定レート制の維持が難しくなっていることを見越して，投機売りを浴びせたことがきっかけとなった。しかしこれを構造的に見れば，金融自由化によって固定レート制を維持できる範囲を超えた，身の丈以上の資本流入を許容したことが問題の根本にあり，投機資金が売り・流出方向に集中したことは，資本の流出入のバランスが決定的に崩れたとのコンセンサスが投機筋に成立したと，理解される。

　この危機の根本的な原因はどこにあったのか。危機の原因論は，政策的対処のあり方とも関係して，直後から多くの論議が提出されてきたが，それらは大別して2つの観点に分けることができる。1つは，資本フローの趨勢的な拡大と，それを管理する資本フローの管理や為替制度の不整合を重視するものである。1990年代には世界の金融市場は累積債務危機から立ち直り，またアメリカ経済の回復過程で多様な投資銀行業務やヘッジ・ファンドなど金融セクターに新しい革新が進んで，とくに短期資金の国際移動が拡大していた。一方で，アジアでは金融自由化が推進されてきたし，金融自由化のなかでも資本移動の自由化はタイや韓国で著しく進んでいた。このような資本フローの質的・量的な変容に，アジア諸国の為替管理制度は追いつかず，固定レート制の維持が志向されつづけた。[*2]対外債務を取り入れる銀行や企業も為替リスクへの認識が低く，外貨に対する為替ヘッジも一般的ではなかった。このように海外資本のフローの急拡大とその管理体制に不備があったというものである。この見方からは，問題の原因と責任は，各国の為替管理の稚拙さ，過度な資本移動の規制緩和と，それを推奨しつづけた先進国や国際金融機関の見方に，求めることになる。

もう１つの観点は，上の問題よりも，アジア諸国の対外債務の持続性，つまり支払い能力の問題に要因を求めるものである。1990年代に流入した海外資本が，実はおもに不動産，建設，消費などの国内セクターに向かい，その結果，外貨を稼ぐ輸出製造業の競争力が徐々に低下していったことが，債務の長期的な返済能力への疑問を生じさせ，資本流出の契機を形成したことが根本的な原因である，というものである。

　この見方からは，さらにアジア諸国の国内の金融・企業システムの非近代性に危機の責任を帰着させるロジックが出てくる。非効率な投資をもたらした根本的な原因は，財閥型の企業・銀行の所有構造や統治構造にあるとし，これらの改革とともに，非近代的な構造に抑圧されて機能を果たせてこなかった証券市場の強化が主張された。そのために株主や債権者の権利保護を向上させ，海外を含む投資家が投資しやすい環境を実現する制度面の改革が求められた。

　金融危機直後に処方箋としてIMF・世界銀行から示されたのは後者の見方に基づくものである。大規模な不良債権を抱えた商業銀行部門の再編を取りかかりとして，たとえば，危機の影響が大きかった韓国，タイ，インドネシアでは，金融制度，会社制度の大がかりな改革が試みられた（第３節参照）。

2.2　2000年代の構造変容

（１）成長経路への回復と実物経済の変化

　アジア経済が危機の混乱から脱して安定した成長軌道に戻るのは，おおむね2003年頃である。５年ほどの間，各国では国際金融機関から示された不良債権処理や銀行セクターの再編，企業改革が進められた。しかし，大規模な混乱が収束して経済が回復する過程で生じた構造変化は，改革の直接的なねらいとは少しズレのあるものだった。このことをタイとインドネシアについて考えてみよう。

　表５-１は，タイとインドネシアの国内総生産（GDP）の支出部門の構成をまとめたものである。これによるとアジア金融危機以前まで成長はもっぱら投資（固定資本形成）主導で牽引され，そして純輸出がマイナスであったことがわかる。それに対して危機以降は投資の比重が大幅に低下し，純輸出が安定してプラスに転換している。成長を牽引する主な要素が，投資から輸出にシフト

表5-1 タイ，インドネシアの GDP の支出構成の変化

タイ (単位：%)

	個人消費	政府消費	固定資本形成	純輸出	その他
1990	53.3	10.0	41.6	-7.5	2.5
1995	51.2	11.3	42.9	-6.7	1.3
2000	54.1	13.6	22.3	8.4	1.6
2005	55.8	13.7	30.4	-1.0	1.1
2010	52.1	15.8	25.4	5.5	1.1
2015	51.6	17.2	24.1	11.3	-4.2

インドネシア (単位：%)

	個人消費	政府消費	固定資本形成	純輸出	その他
1990	58.9	8.8	30.7	1.5	0.0
1995	61.6	7.7	31.9	-1.3	0.0
2000	61.7	6.5	22.2	10.5	-0.9
2005	64.4	8.1	25.1	4.1	-1.7
2010	56.2	9.0	32.9	1.9	-0.0
2015	57.1	9.8	34.6	0.2	-1.6

（出所）Asian Development Bank, Statistical Database System より作成。

したのである。

　この点は，一見，アジア金融危機についての2つの要因論のうち支払い能力の問題の解決に沿った回復が実現しているように見えるのであるが，実態は少し違う。タイでは，危機後，銀行部門の一時国有化（資本注入）や外国銀行への合併など再編の努力が行われているが，不良債権問題は2002年頃まで長引き，銀行の経営は不安定なまま推移した。国内の有力企業・財閥のいくつかは破綻し，生き残ったものは事業再編に取り組む。しかし国内企業が力強い回復を示すようになるまでにはかなりの時間がかかっている。

　その間，成長経路への回復をおもに担ったのは，直接投資の外資企業が牽引する輸出製造業，とりわけ自動車，電子・電機分野の成長である。金融危機のあと直接投資はむしろ継続的に増加した。タイでは危機以前にも自動車産業の進出は見られたが，中間財（部品）の輸入依存度が強かったため経常収支への貢献は限られていた。それが危機以降は為替レートの低下もあって部品産業も含めた産業集積が進み，東部臨海部の工業団地群は「東洋のデトロイト」と呼

ばれるほどの自動車産業の一大拠点を形成した。そして，その輸出によって確実に貿易黒字を実現できる構造に転換した。銀行部門の不良債権の処理が進み，銀行部門や国内企業の経営が安定化するのは，この経路によるマクロ経済の回復に牽引されたものだった。

インドネシアでは，金融危機によってスハルト・ファミリー系企業をはじめスハルト政権に密着した企業層が深刻なダメージを受け，政権の崩壊にまでつながった。その後 2004 年にユドヨノ大統領が登場するまで，政治環境も不安定化し，長い旧政権のもとで巨大企業群に成長してきたサリム・グループなどの主要財閥は軒並み事業の縮小を余儀なくされ，また，創業者家族が所有と経営の第一線から後退した。04 年頃からの経済の回復過程を牽引したのは，石炭などの鉱業部門の成長である。中国の経済成長を背景とする資源価格高の環境下で，経済は危機以前の投資主導の成長から，資源輸出が牽引する経済に軸足を移した。この過程で，バクリ・グループのように資源開発の利権を獲得し，政治的影響力を発揮する新しい財閥も成長してくる。

このように，危機の原因の本質が仮に「非効率な経済システム」がもたらした支払い能力の問題であったとしても，タイでもインドネシアでも，その回復過程は危機直後の金融改革が志向した金融・企業システムの近代化によってもたらされた側面は小さい。この部分には本質的な変化がないまま，直接投資企業による工業化の深化や代替的な輸出産品の成長によって，回復が果たされてきたのである。

（2）アジアの資本フローの構造変化

金融・企業改革が，当初想定されたほどには進まなかったにしても，マクロ経済的に見て，アジアが輸出主導型の持続的成長を回復したことは確かである。実はこのことが，2000 年代にアジアにおける資本フローの構造を根本的に変化させた。図 5-4 は，タイを事例に 1993 年以降の資本フローの趨勢をまとめたものである。上の図は，海外からその国への流出入（海外居住者から国内：inbound），下の図はその国の居住者の海外投資についての流出入（国内居住者から海外：outbound）である。また，下の図には，経常収支と外貨準備の趨勢も記載している。

海外居住者から国内（inbound，上図）では，タイでは危機以前には流入して

図5-4 タイ金融収支（グロス），経常収支，外貨準備の推移

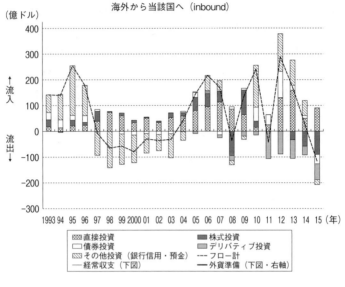

海外から当該国へ（inbound）

凡例：
- 直接投資
- 債券投資
- その他投資（銀行信用・預金）
- 経常収支（下図）
- 株式投資
- デリバティブ投資
- フロー計
- 外貨準備（下図・右軸）

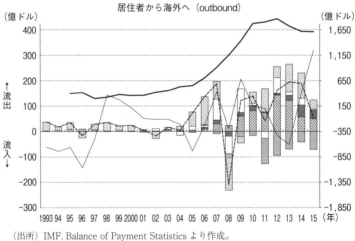

居住者から海外へ（outbound）

（出所）IMF, Balance of Payment Statistics より作成。

　いた海外からの銀行信用やポートフォリオ投資が，金融危機を契機に急激に流出して，しかも流出は2000年代半ばまで続いてきたことが示されている。その一方で，危機の直後から直接投資はむしろ増加したことが示されており，こ

れが輸出製造業の本格的な成長をもたらしたことを示唆している。国内居住者から海外（outbound, 下図）に目を転じると，危機以降，経常収支はおおむね黒字に転換している。経常収支黒字は，対外資産の増加を意味するから，国内の外貨は潤沢になる。外貨準備の積み上がりが，このことを示している。そしてこの図は，2000年代半ば以降，対外資産の増加が対外投資として現れはじめることを明示している。経済成長の回復によって，海外からの資本流入も2000年代に半ばには回復しているが（上図），海外からのタイへの投資と，タイから海外への投資の規模を比較すると，両者は2000年代終わりには同規模の水準に至っていることがわかる。

　タイの対外投資のなかで直接投資はまだ限られているが，先進国への投資事例も注目される。日本については，2012年のタイ不動産資本による北海道の「キロロリゾート」の買収，09年4月タイ製造業企業の日本の金型首位メーカー「オギハラ」の買収などの事例がある。このような趨勢変化は，多かれ少なかれアジア各国に共通するものである。ASEANではマレーシアはタイ以上に資本輸出国化が進み，インドネシア，フィリピンも対外投資が増加する傾向にある。中国がASEAN諸国以上に対外投資を拡大してきたことはよく知られている（第3章も参照）。2000年代の回復過程で，アジアは資本フローの受け手から，出し手に大きく転換した。それは，実物経済の発展を基盤とする持続的な構造変化である。

2.3　資本・金融環境の世界的激変とアジア

　同じ時期の資本・金融の世界的な潮流に目を転じれば，1990年代のアメリカにおける金融技術の進歩や金融セクターの変容が基盤として重要である。製造業の競争力低下のなかで経験した80年代の不況のあと，アメリカ経済はITをリードしながら長い高成長期に入る。この時期まで産業の脇役として金融仲介を担ってきた金融業では，高度な証券化技術を駆使する投資銀行業務や投機的行動で高収益をねらうヘッジ・ファンドなど，新たな業態が急成長を遂げる（ジョンソン，クワック［2011］）。こうした金融機関が世界的な資本の自由化の推進主体であったし，97年のアジア金融危機のきっかけとなった通貨の投機売りの主役でもあった。

世界の資本フローと金融に関するこうした流れは，アジア金融危機の混乱を経ても大きくは変わらなかった。2000 年代初頭には，証券化をはじめとする新しい金融技術の飛躍的な進歩は，証券市場の機能が，伝統的に金融部門の主役だった商業銀行に取って代わることを予感させていた。これに対して，先進国では商業銀行は，業態としての生き残りをかけて，より高いリスクがとれるよう大型の合併を進展させ，銀行セクターは世界的に寡占的構造を強めてきた（World Bank［2001］ch.4）。アジアでも，先進国にならって，マレーシア，インドネシア，韓国では，商業銀行が集約されていく。

　2008 年の**リーマン・ショック**と**世界金融危機**は，こうした金融技術と金融産業の変容に対する反動ととらえることもできる。07 年 8 月，大手投資銀行のBNP パリバが，サブプライム・ローンを組み込んだ金融商品の解約を拒否したことで，世界の金融市場はサブプライム・ローンに代表される証券化商品が持つシステミック・リスクを強く認識し，市場が急速に収縮した。それを契機としたリスクマネー市場の縮小と混乱がついに大手投資銀行を破綻させたのが08 年 9 月のリーマン・ショックである。世界の金融市場は急速に縮小し，世界に同時不況的な状態をもたらした（世界金融危機）。この危機は，さらに金融機関の救済の負担からヨーロッパの一部の国での財政危機まで顕在化させ，欧州単一通貨のユーロ体制を揺さぶっている（ユーロ危機）。

　このように世界金融危機は，アメリカ発の危機で，とくにヨーロッパで長引く問題である。アジアについていえば，この危機のインパクトは小さくはなかったが，短期で間接的なものにとどまった。金融的な観点では，この時期にはすでにアジア諸国では実物経済の構造変容によって民間部門は十分な対外資産を，政府は十分な外貨準備を備えていた。タイを例に見れば，図 5-4（下図）で 2008 年に居住者の海外投資資金が逆流して流入に転じていることからわかるように，世界的な資金市場の収縮に対応して，居住者の対外投資を引き上げる対応がなされていることがわかる。[*3] 金融部門についてもアジア金融危機後の銀行セクターの低迷で積極的な投資戦略を控えたこともあって，この危機を直接の原因とするアジアの銀行破綻はほとんど生じていない。

　アジア経済がこの危機から受けた大きなダメージは，実物経済の貿易の経路を通じたものである。2000 年代の経済の回復過程では投資に代わって輸出が

主要な役割を果たしてきたが，世界経済の収縮は，この成長のエンジンとなった輸出の部分に深刻なダメージを与えたのである。たとえば ASEAN 諸国では，とくに貿易依存度の高いタイ，マレーシアでは 09 年には一時的にマイナス成長に陥っている。この貿易の収縮の過程で，アジア諸国は貿易の重点を従来の欧米先進国から中国を含む域内にシフトさせることとなった。

2.4　新しい課題

　この金融危機によって，世界の金融当局は資本移動や金融セクターの抑制の必要を強く認識するようになった。政府の主導によって金融機関を救済したアメリカやヨーロッパでは，金融機関に高い自己資本規制を導入し，また金融機関自身による証券投資に強い規制が導入され，リスクの高い投資が抑制されるようになった（ジョンソン，クワック [2011]）。短期資金の国際移動の規制の必要性の認識も高まってきている。

　一方で，この危機に対処するためにアメリカとヨーロッパは，2008 年 10 月から大規模な金融緩和に踏み切った。米ドルは基軸通貨であるから，その結果として，巨額のドルが世界中に供給されることとなった。そして 13 年頃から，アメリカで金融緩和の手じまいが模索され，ドル資金の「逆流」が脆弱な新興国経済に与える影響に関心が集まっている。これが 10 年代半ば以降の状況である。

　こうしたなか，アジアでは長期的な構造変容を予感させる独自の動きが起きている。実物経済に裏づけられて潤沢な資本を保有するに至ったアジアでは，ドルを基軸とする世界の金融・通貨秩序に挑戦する動きが見られるようになっているのである。2010 年頃から，中国は経済規模の拡大に応じた IMF やアジア開発銀行への出資金（議決権）の増加を要求しはじめ，既存の主要出資国の動きが速やかでないことを見ると，自身が主導する新しい国際金融機関，「アジアインフラ投資銀行」（AIIB）の設立を提唱し，ヨーロッパ諸国の参加をも得て，15 年 12 月にこれを設立した（18 年 1 月現在で日本とアメリカは不参加）。さらにより大きな枠組みとして，全方位のインフラ建設と貿易関係の深化をうたう**一帯一路**戦略を打ち出し，近隣諸国への借款を拡大する姿勢を取りはじめている（Column ❸参照）。16 年からは，基軸通貨ドルに対抗してアジア地域で

の自国通貨・人民元の流通拡大をめざす，「人民元の国際化」を提唱しはじめている。

ASEAN 諸国では，こうした直接的な動きは顕在化しておらず，むしろ中国からの資本フローを活用して，さらなる経済発展を図ろうとする動きを見せている。ただし，すでに資本富裕国にすでに転換を果たしたという基本構造そのものは中国と変わらない。アジアにおける資本フローの重点が，2000 年代の経済成長を経て，域外，とくに先進国からの導入を脱して，自国あるいは域内での動きに移行していること，そしてアジア諸国自身が資本輸出国化しつつあることは，歴史的な段階ともいえる変容であり，おそらくしばらくは不可逆的なものである。

アジア金融危機以降，アジアの金融のあり方についてはいくつもの議論が提起されている。次節では，主要な政策的取り組みや課題についての論点を，それぞれに整理する。

3 アジアと金融をめぐる政策課題

3.1 アジア金融危機後の金融システム改革

既述のように，アジア金融危機の要因をめぐる論点は大別して 2 種類ある。そのなかで危機の後，IMF や世界銀行との協議に基づく経済改革で前面に出たのは，資本移動の過度な流動化に対する警戒についてではなく，対外借り入れの支払い能力の基礎となる国内の金融・企業システムの非効率性，非近代性についての議論だった。改革は，外貨の流動性危機に際して IMF や世界銀行からの支援に際して合意された条件として実施された。その基調は，企業の所有集中を抑制し，投資家・債権者の権利保護を向上させ，それによって負債への過度な依存からの脱却と株式市場の活性化をめざすことにあった。

韓国では，抜本的なコーポレート・ガバナンス改革が進められた。合意された IMF 趣意書では，従来の財閥システムと産業政策の限界が指摘され，金大中政権のもとで，519% にも達していたとされる 30 大財閥企業の負債比率（負債／資本）を，1999 年末までに 200% 以下に引き下げることが目標とされた。

98 年 12 月には，主要財閥の事業を財閥間で交換・集約する「ビックディール政策」が進められる。さらに，株式持ち合い比率の規制強化，外国人投資規制の緩和，企業情報開示の強化も取り組まれた。

タイでは，危機のあと 1997 年中に金融会社の閉鎖・再編に目処をつけ，経営困難に陥った中規模銀行を国有化して管理下に置くとともに，小規模銀行の外資による買収が誘導された。証券市場改革を進め，公開株式会社法の改定，証券取引所・証券取引委員会の機能強化によって，上場企業に対する少数株主の権利保護と情報開示の向上が図られた。ただ，2000 年に証券市場が停滞すると証券市場の直接的な補助にシフトするなど，このような方向性の改革は比較的短期で後退している。

インドネシアでは，IMF の支援のもとで，政府は危機に陥った銀行の再編に注力し，一定の成果を挙げてきた。早くも 1998 年に破産法が導入され，企業ガバナンスのための諸規則（独立監査役，監査委員会）なども整備された。

このように金融危機の直後には各国で金融・企業改革が進められたが，このなかで明らかな成果があったのは，各国政府が強力に再編を進めた銀行部門のガバナンス改革に限られる。ほとんどの国の銀行部門で財閥の所有・経営への影響力が弱まり，外国銀行の参入も大きく進んだ。一方で，企業の所有・ガバナンス構造の改革の面では，さほどの成果に結びついていない。韓国では，「ビックディール」によって上位財閥企業の顔ぶれが入れ替わったものの，所有集中の構造には変化がなく，コーポレート・ガバナンス規制の諸法令の違反行為も頻発したといわれる。タイでは，金融危機の前と後で，実物部門の企業においては所有の歪みの構造には，ほとんど変化が見られないことが指摘されている。インドネシアでは，企業グループの債務処理が遅れて企業活動が停滞するなかで，所有構造としては外資の比重が増したとの指摘がある一方，従来のスハルト政権下のグループとは異なる形の政治コネクションを持つ民間企業が台頭したことが指摘されている。[*4]

3.2 アジア金融協力——アジア通貨協力と債券市場育成

アジア金融危機への対応として，IMF・世銀主導の金融システム改革とは別に，2000 年から日本の主導でアジア域内の金融分野の協力も進められてきた。

ASEAN＋3の枠組みによる**アジア金融協力**の取り組みである。これは2000年に合意された，緊急時のドルを含む外貨の相互融通（通貨スワップ）を中心とする通貨協力の取り組み（チェンマイ・イニシアティブ：CMI）と，03年に合意された域内の債券市場の育成の取り組み（アジア債券市場イニシアティブ：ABMI）の2本柱で推進されている。

　アジア金融協力の1つの論拠とされるものは，「**ダブル・ミスマッチ**」（吉冨[2003]）という考え方である。金融危機までのアジアでは，貿易が域内で拡大しているのに，決済や運用は依然としてドルが基軸となっているという「通貨のミスマッチ」と，高成長下での長期資金の需要が増加しているのに，資金フローは銀行を経由した短期性のものに偏っている「期間のミスマッチ」があったとされる。アジアでは，域内に十分な貯蓄があったにもかかわらず，ドルを取引通貨の基軸として用いながら資本フローを導入してきた。そのため各国通貨のドルとの交換価値を安定化するために為替介入を維持せざるをえず，このことが危機の遠因になっているとする。この点では，基本認識として支払い能力の問題よりも資本フローの制御の問題を重視しているといえる。

　通貨協力の枠組（CMI）は，当初2国間でのスワップ協定を束ねる形で進められたが，2010年以降は多国間協定でドル資金の拠出と緊急時の引き出し権を取り決める形に移行しつつある（CMIのマルチ化，CMIM）。これまでのところ，日本，中国がそれぞれ資金の3分の1，韓国が10分の1を拠出し，その他をASEAN各国が分担する形になっている。引出権はこれと逆にASEAN各国に手厚く設定されており，緊急時に日本と中国の保有する外貨を，域外各国に供与する形での機能が想定されている。

　リーマン・ショックの際には，一部の国についてCMIの発動が検討されたが，実施には至らなかった。この経験を経て，たとえば，IMFとの協調行動の制約を緩める（「IMFデリンク」）などのより機動的な発動ルールへの変更や，各国のマクロ経済環境をモニターする機関であるAMRO（ASEAN+3マクロ経済リサーチオフィス，ASEAN+3 Macroeconomic Research Office）をシンガポールに設置するなど，実効的な運用についての制度整備が，今日まで続いている。

　債券市場の育成（AMBI）についても，各国の制度整備，制度協調をはじめ，アジア開発銀行内に債権の保証機関（信用保証・投資ファシリティー：CGIF）を

設置するなどの取り組みが進められている。

おわりに

　本章では，経済成長に基幹的な役割を果たす資本の問題について，資本フローつまり海外資本の導入におもな焦点を当て，アジア経済の歩みとの関係を見てきた。第二次世界大戦後のアジアの経済発展のなかで，海外資本はアジアに向かい，アジア諸国内ではそれを活用して資本の蓄積が進んできた。一方，世界の資本の動態は戦後に変容を続けており，しばしば制御が難しくなるほどの暴走を起こして広域の経済に破壊的な影響を及ぼしてもきた。1997 年のアジア金融危機がまさにその例である。

　しかし，現在のアジアは一方的な海外資本の受け手ではなく，蓄積された資本を域内や世界に向けて放出しはじめてもいる。今や資本は双方向でアジアをめぐりはじめているのである。その結果，戦後，ドルを基軸通貨として構築・維持されてきたアジア地域の金融通貨秩序そのものが，地域発の力学によって改変されていく機運にある。

　なお，本章では詳しく論じられなかったが，アジアの国内の金融システムのミクロ面つまり金融の経路の詳細に目を転じると，その実態として非制度的な要素が意外なほどに多く残っている。金融仲介や証券市場は必ずしも，十分な金融機能を果たしてはおらず，インフォーマルな企業間信用や自己資金が投資資金の供給の多くの部分を担っている（三重野［2015］）。国際資本移動というマクロ面での資本フローと，このような企業の投資資金の配分機能というミクロ面との間に大きなギャップがあるのが，アジアの金融システムの現状である（Column ❺）。

　金融改革やアジア金融協力の取り組みは，資本フローを適切に制御しつつ活用し，それを国内に効率的で安定的に配分する金融システムの構築への努力の一環である。そして，このギャップを最終的に解消する取り組みには，これからのアジアの実物経済の発展経路の性質とそこから生まれる資金需要の性質を見据えながら，金融システムのあり方を考える観点が，重要だと思われる。

＊1　このときマレーシアは逆に資本移動を強力に規制して，固定為替制を維持する政策をとっている。中国も資本規制を強化して危機の伝染の遮断に努めた。
＊2　東南アジアの金融当局は外資による輸出企業の為替リスクにも配慮して，固定レート制にこだわりを持ったという指摘も多い。
＊3　リーマン・ショック時に外貨準備の危機の可能性が指摘されたのは韓国，ベトナムなど一部の国にとどまり，結果的に救済スキームの発動はなかった。
＊4　3カ国の金融システム改革とその成果については『アジア研究』第54巻第2号［2008］の特集「アジア通貨危機を越えて──金融・企業セクターの改革」所収論文や高安［2005］，大泉［2002］，Khanthavit, Polsiri and Wiwattanakantang［2003］などに詳しい。

Column ❺　ミクロ資金配分スキームの問題とアジア経済

　本章は，国際資本移動に焦点を当て，国内の金融システムの問題にはあまり触れていない。しかし，効率的な資金配分を実現する金融システムの分野はアジア経済のもう1つの重要なテーマであり，金融危機後の金融・企業改革論議を理解する基本知識としても大事である。

　金融システムでの資金の配分経路は，大別すれば，銀行などが仲介する間接金融（①金融仲介）と，証券市場（株式・債券市場）における直接金融の経路の分類が一般的である。前者は銀行と企業の日常的な接触を基礎とする「関係性型」の取引と，後者は市場でのみ相手と出会う「アームス・レングス」（遠い相手）型の取引と，しばしば呼ばれる。ただし，証券市場の取引のなかでも②債券ファイナンスは，金融仲介と同じ信用供与の形式をとり，直接的な出資関係をとる③株式ファイナンスと契約形態が異なる。さらに，アジア経済や途上国の実態を見る際には，投資資金のファイナンスを自己資金で賄う④「自己金融」の存在も重要である。

　主要4経路それぞれに，いくつかの機能において違いがある。第1は，情報生産コストである。金融市場では情報の非対称性の問題が深刻化しやすく，取引の阻害要因となっているが，金融システムの重要な機能の1つは，情報生産によってこの非対称性を低減させることである。このコストは銀行の金融仲介で低く，証券市場で高い。銀行は少額の貯蓄を持つ大量の預金者から資金をプールし，その代理人として，企業との取引関係のなかで情報を集中的に生産するからである。

　第2は，契約の履行強制や投資家・債権者の権利保護の問題である。金融仲介では，債務不履行が起きた場合でも取引先企業との私的関係のなかで調整を進めることができる余地が大きい。それに対し，社債と株式では，資金提供先の行動を管理することは容易ではなく，債務の不履行が起きたときには，法的手段に訴えざるをえないことが多い。証券市場が機能するためには，株主や債権者の権利が守られるよう法的制度，とくに破産関連法制の整備が必要なのである。

このように金融仲介はコストが低く，法制度が未整備な環境でも機能するので，より早くから形成される傾向にある。一方で，株式・債券ファイナンスが持つ利点の第1は長期性の資金を供給できることであり，また，第2は市場では多数の投資家が参加するために，高いリスクをとれることである。証券市場はそれが機能すれば，大規模，長期，高リスクの資金需要に対応できるメリットがある。

　アジア経済では，一般に金融仲介の経路が大きな比重を占めてきたとされている。典型例として，高度経済成長期の日本と韓国の金融仲介の比重の大きさがある。これらの国の工業化過程は，先進国の既存技術へのキャッチアップに特徴づけられ，おもに特許技術の導入や技術提携によって技術習得が進められた。この場合，導入技術は広く既知の情報であり，リスクも低く，また短期資金の更新で十分にカバーできるものであった。それゆえ，銀行信用が十分な役割を果すことができたと考えられるのである。

　他方，新技術の開発はリスクが高く，莫大な資金の投入が必要で，開発まで時間がかかる。株式ファイナンスは，投資家のさまざまな思惑と判断で資金が供給され，長期性の大規模資金の供給が可能なので，こうした資金需要に向いているとされる。アメリカのベンチャー・キャピタルにその典型的な例を見ることができる。

　アジア金融危機以降の金融・企業改革では，金融仲介から証券市場へのシフトが強調されたが，現在の中所得国の課題として，先進国レベルへの成長をめざすASEANや中国の実態を見ると，このような二分法だけでは理解できない問題が多々みつかる。ASEANでは企業の資金調達に占める自己金融（自己資金）の水準がかなり高いことが知られている。この地域では製造業の技術進歩の多くの部分が直接投資によってもたらされてきた。その資金取引の大部分は実質的に自己金融であり，金融仲介も市場も経由しない資金の動きが大きかったと考えられる（三重野[2015]）。中国では，銀行の資金供給能力の不足を補完する形で，取引企業の間での短期の資金の融通（企業間信用）が盛んで，それが2000年代の経済成長を支えてきたという指摘もある。

　アジア経済の回復過程では，このようなインフォーマルな経路が，この時期の技術開発や技術習得の特性に対応して，情報の非対称性や履行強制の問題を解決していた可能性が高い。今後のアジアの経済発展と金融システムの設計を考える場合にも，そのような生産部門の技術特性に合った金融システムのあり方の観点は重要である。独自のイノベーションも現れてくるなかで，それに応じてどのような金融の経路が前面に出てくることになるのか，よく吟味される必要があるだろう。

（三重野文晴）

課題 ◆
- □ 1　戦後の世界の金融秩序や資本フローは結局，アジアの経済成長にとって有益だったのだろうか，障害だったのだろうか。
- □ 2　アジア金融危機によって，アジア経済はどのように変化したといえるだろうか。
- □ 3　これからのアジアの資本フローは，どのような方向に向かっていくだろうか。

（三重野文晴）

6 移動するアジア
相互依存関係の深まりと加速するヒトの流れ

タイ・メーサイ（タイ・ミャンマー国境）の出入国管理棟
（2013年，フォトライブラリー）

Learning Goals

①労働移動の結果，アジアの送り出し国と受け入れ国に何が起こるか，労働経済学の視点から理解する

②誰が，どこからどこに移動しているか，アジアの労働移動について実態を把握する

③アジア各国の移民受け入れ政策の違いがわかる

はじめに

　人々が国境を越えて働く場所を変えることを**国際労働移動**と呼ぶ。アジアでも国際貿易（最終財や中間財等，モノの流れ）や国際金融（資本等，カネの流れ）に遅れる形で，国境を越えたヒトの流れが過去20年間で急激に進んだ。アジアが経験してきたような非常に短期間のうちに進んだ経済発展と，国境を越えた

労働の移動はどのように関わっているのか。また人々はなぜ移動し，本人，**送り出し国，受け入れ国**のそれぞれに，どのような影響をもたらすのか。これらの問いを理解するため，本章ではアジアにおける国際労働移動の現状と推移，労働移動を規定する政策・制度の特徴を整理する。本章は，国際労働移動によって労働者の送り出し国と受け入れ国双方の賃金と雇用・産業の分布が今後どのように変わるかという大きな問いの考察に役立つ。

　人々の福祉・効用の改善にとって，国際労働移動は基本的な役割を担い，それは社会の厚生を改善しうる。なぜなら労働という生産要素が豊富な国から希少な国に人々が移動するだけで，労働にはより高い価格がつき，移動した人々の賃金所得が増加するからである。それに加えて，労働力が豊富な国々から希少な国々に労働力が移動することで，人口が希少な移動先で，相対的に豊富であった資本と新しく移動してきた労働が結びつき，世界全体では効率的な生産が行われるからである。

　アジアのように相対的に労働力が豊富な国が多い地域では，国際労働移動を通じた福祉・効用の改善が実現しやすい。国連の人口推計によれば，2016 年時点で，世界人口 72 億人の約 6 割に当たる 44 億人がアジア（南アジアを含む）に居住する。うち約 6 割の 26 億人が中国とインドに居住する。相対的に労働力が豊富なアジア地域は域内・域外への国際労働移動を通じて，世界全体の経済厚生の改善に果たす役割が大きい。

　なぜアジアの国際労働移動について学ぶことが重要なのだろうか。理由は 2 つある。第 1 の理由は，北米やヨーロッパと比較したとき，過去 25 年，アジアの国際労働移動の比率は低水準にとどまる一方，変化率が大きいことにある。第 2 の理由は，この地域の人口動態の急激な変化にある。2020 年代にはアジアの人口はさらに増えて 46 億人近く，30 年代には 49 億人近くに増加することが見込まれている。同時に高齢化率も急激に上昇し，今後 15〜20 年間で，人口分布と人口動態の激変が予想されている。

　つまりアジアにおける今日の送り出し国においてさえ，今後非常に短期間のうちに労働力全体，とくに単純労働力の不足が予想される。今日の送り出し国は急速に受け入れ国に変貌せざるをえない。そうなれば今から約 20 年後，たとえば 2040 年代の労働力の送り出しと受け入れのパターンは，アジア域内で

も現在とは様変わりする。このためアジアの人口分布と人口動態の変化を理解することは，アジアの国際労働移動の理解に直結する重要な課題である。

1 アジアにおける国際労働移動とそれを見る視点

1.1 世界の各地域における外国人人口比率の推移

アジアにはシンガポールや香港，日本のような高所得国から，低所得国をようやく脱したような国までが，幅広く存在する。そもそも豊かな国には，国際労働移動をしてきた外国人が多いのだろうか。世界の国々を 2015 年時点で高所得国から最貧国まで 6 グループに分け，各グループの 1990 年と 15 年における外国人人口比率を見たものが図 6-1 である。90 年当時，世界の高所得国グループにおける外国人人口比率の平均値は 7.7% であり，高所得国グループが最も外国人を惹きつけていた。15 年に至り，高所得国グループの外国人人口比率の平均値はほぼ倍となり，13.6% に達した。高所得国グループの 25 年間の変化率は 76% の増加を示す一方で，中所得国以下ではマイナス 18% から44% 減を示す。貧しい国々ほど外国人人口比率の減少分が大きい。つまり，所得の高い国々ほど外国人を惹きつけ，そうした国々が人を惹きつける力はますます強まっている。その一方で，所得が低い国々では総人口に比べて外国人が少なく，所得が低い国には外国人が移住しなくなっている。

表 6-1 に世界の各地域の総人口に占める外国人人口比率の推移を示した。北米・ヨーロッパ地域ではもともと外国人人口比率が高く，現在もさらに外国人を惹きつけている。その一方で，東アジア・太平洋地域は中国やインドといった巨大な人口を持つ国々を抱えており，外国人人口比率は低い。しかし，この地域の過去 25 年間の変化率は 77% と大きく，世界で最も大きく外国人人口比率を高めてきた。

1.2 1990 年代までの議論と 2000 年以降の変化——ASEAN の例

アジアのなかでもとくに変化の大きかった ASEAN に絞って 1990 年代までの議論の総括を行い，2000 年以降の論点の変化を見てみよう。90 年当時，

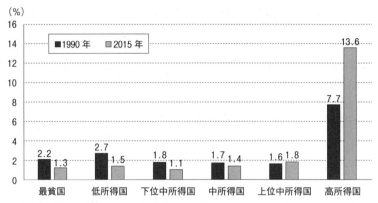

図6-1　所得グループ別の外国人人口比率（1990年，2015年）

（注）世界銀行の定義により，各所得グループを区別した。
（出所）World Bank, World Development Indicators より作成。

表6-1　各地域における外国人人口比率の推移

地域名	1990年	2000年	2010年	2015年	変化率（％，1990〜2015年）
北米	9.8	12.9	14.9	15.2	54.6
欧州連合（EU）	5.7	7.1	10.2	10.7	88.8
中東・北アフリカ	7.1	6.4	8.4	9.3	29.7
サブサハラアフリカ	2.8	2.0	1.7	1.9	-33.5
ラテンアメリカ	1.6	1.2	1.3	1.4	-9.7
東アジア・太平洋地域	0.6	0.8	1.0	1.1	77.3
世界平均	2.9	2.8	3.2	3.3	15.4

（注）2015年における外国人人口比率順に地域を並べ替えた。変化率は2015年と1990年の比。
（出所）World Bank, World Development Indicators より作成。

ASEAN各国から外国に向けて国際労働移動を行った者の約8割が先進国（日本，ヨーロッパ，北米），中東，台湾・香港のアジアNIEsなど，ASEAN域外へ移動していた。90年当時は，比較的長距離の移動が行われた。当時，日本だけでなく，先進国を中心に好景気が広がり，単純労働力不足が顕在化しており，ASEANにも送り出し圧力が高まっていた。

　その後2000年代に入り，ASEAN域内での移動比率が増え，域外への移動比率が減少した。13年時点では，ASEANを出発した者のうち，約34%が

ASEAN 域内に移動した。ただし，ASEAN 各国に移住した者に占める ASEAN 域内出身者の割合の変化を見ると，1990 年の約 48% から，13 年には約 69% に大きく上昇した。このように，過去 20 年間で ASEAN 域内での移動が増加した。

そして東南アジア大陸部ではミャンマー，ラオス，カンボジアからタイに流入し，東南アジア島嶼部ではインドネシアからマレーシアへ，マレーシアからシンガポールへの流入が増えた。その背景には，もともと ASEAN 域内周辺国から外国人労働力を多く受け入れてきたタイ（2013 年時点で約 300 万人を受け入れ），マレーシア（約 212 万人を受け入れ），シンガポール（約 132 万人を受け入れ）3 カ国における，1990 年頃から 2010 年頃までの約 20 年間の**産業高度化**に伴う単純労働力不足がある。これが ASEAN 域内での国際労働移動の増加の原因である。

1.3 国際労働移動への視点——プッシュとプルの 2 つの要因

国際労働移動がなぜ起こり，その結果として受け入れ国にどのような影響が生じるのか。国際的な労働移動は，送り出す側である労働供給側の論理である**プッシュ要因**と，受け入れる側である労働需要の論理である**プル要因**の 2 つから決まるとされる。

プッシュ要因とは何だろうか。最大の要因として考えられるのは，先進国と途上国の間の賃金格差である。今，賃金格差はそのまま**所得格差**に反映されると考えておき，1 人当たり名目 GDP で世界とアジアの所得格差を見てみよう。アジアで最も 1 人当たり GDP の低い国の 1 つであるカンボジアは，1 人当たり GDP が約 5 万 2000 ドルのシンガポールの約 44 分の 1 である（2015 年）。このように国際間に横たわる巨大で圧倒的な所得格差が国境を越えた労働移動の第 1 の誘因となる。

次に**距離**である。シンガポールと隣りあうマレーシアは，1 人当たり GDP が 1 万ドル弱とシンガポールの約 5 分の 1 である。同時に，マレーシアとインドネシアも国境を接し，インドネシアの 1 人当たり GDP は 3600 ドルにすぎず，マレーシアの約 4 割である。アメリカやヨーロッパの一部の国のほうがシンガポールよりも 1 人当たり GDP は高いものの，マレーシア・インドネシア

とシンガポールの間は距離が比較的近いために，こうした国々からシンガポールへの労働移動の誘因が高まる。実際にマレーシアからシンガポールへ，インドネシアからマレーシアへ，という東南アジア島嶼部の国際労働移動のパターンが多く観察される。

　こうした国境を接する国々の間の国際労働移動は東南アジアの大陸部でも，タイを中心に観察される。タイに隣接するミャンマー，ラオス，カンボジアの3カ国から計300万人を超える労働者がタイへ移動している。その背後には，やはり賃金格差と地理的近接性があり，タイと国境を接するカンボジアの間の1人当たりGDPの差は約4.8倍，同じくタイとミャンマーの差も約4.6倍，タイとラオスの差は約3倍である。また，距離は直接の移動コストだけでなく，言語・宗教・食事も含めた文化的近接性にも関係するため，労働移動のコストを左右する。仮に文化的に近い国に移住すれば労働移動の不効用は小さいと考えると，距離が近い国への労働移動は**移動コスト**が小さい。

　こうして，移動後の効用を最大にすべく，距離の制約を受けながら各個人の移動先，労働供給が決まる。このように，所得・賃金格差と距離の2つが国際労働移動の代表的なプッシュ要因，つまり供給要因となる。

　次にプル要因とは何か。所得・賃金格差があり，国際労働移動から得られる便益が大きく，距離も近く移動が安価ということであれば，労働供給は大きいものになる。しかし実際に求人があるか，移動先の求人が自分の人的資本を活用できるものであるかによって，期待便益が変わってくる。このように，受け入れ国の労働需要の実態も国際労働移動の大きさを左右する。

　教育を受けた労働者が比較的豊富な先進国では，外国人労働力に期待される労働要件は，労働集約的な産業における未熟練労働の求人であることが多い。これまで，先進国（近年では新興国の多く）が，労働集約的な産業から資本集約的な産業に一国の産業構造を転換させていくとき，とくに農業や漁業といった労働集約的な産業や，製造業のなかでも大量に労働力を必要とする部門，あるいは「きつい，きたない，危険」な「3K労働」と呼ばれる職場で労働力が不足してきた。マレーシアのゴム農園や都市建設業でインドネシア人労働者が働く，あるいはタイの都市建設業や漁船，食品加工場でカンボジア人やミャンマー人が働く，といったことが伝統的かつ典型的な事例である。

こうした特徴をもつ労働需要・プル要因のため，国際労働移動の伝統的，典型的な主体は男性であった。グローバル・バリューチェーンから生み出される輸出製品の生産に携わる工場労働や，都市拡大期に必要とされる建設労働を男性の外国人労働力が担うことが多かった。しかしながらアジアを中心に急速な経済発展・社会変化が進行するにつれ，伝統的なプル要因の中身が質的に変わり，新しいプル要因が登場してきた。新しいプル要因はとくにサービス業や家事・介護・看護・福祉労働から生まれた。先進国経済のサービス化の進行に伴い，小売・卸売・飲食・宿泊といった労働集約的な非貿易サービス産業で安価な労働力への労働需要が増した。同時に先進国経済における女性就労の高まり，高齢化とともに家事・介護・看護・福祉労働の需要も増し，その結果，「**国際労働移動の女性化**」が1990年代から2000年代にかけて進行した。

アジアでも同様で，とくに香港や台湾，シンガポールといった地域ではもともと女性就労が一般的なうえに，そうした地域でいっそう高齢化が進み，家事・介護・看護・福祉労働における外国人労働者の需要が急激に増した。アジアでも，そうした新しいプル要因に対応し，域内各国の外国人女性労働者が労働移動を行うようになった。

同時に，アジアにおける高等教育の水準が上昇するにつれ，ヨーロッパやアメリカだけでなく，アジア域内で学ぶ留学生が増えてきた。留学生が増えるということは，将来のイノベーションの担い手の数が増えることにつながる。アジア地域内に留学し，そのまま現地で就職する留学生が増えれば，受け入れ国で高度人材が増え，受け入れ国のイノベーションに寄与しうる。アメリカの例であるが，就労ビザの発行減がアメリカへの留学生の質の低下をもたらすという，将来のイノベーションの担い手への影響を見いだす実証研究も現れたように，受け入れ国に異なった文化をもたらす留学生がイノベーションや発明の重要な触媒となるのである。

1.4　プル要因の質的変化がもたらしたこと

こうした外国人労働力へのプル要因の質的変化は，アジアの受け入れ国と送り出し国の双方にどのような含意をもたらすのか。ここで受け入れ国に焦点を絞りながら国際労働移動の帰結を理論的に検討する。第1に，外国人労働力の

参入によって代替されやすい労働者の賃金所得水準が低下する。仮に外国人労働力のほうが受け入れ国の労働者よりも留保賃金（労働者が労働市場に参加するか，不参加かが等しくなる賃金水準）が低く，かつ両者が同じ技能を持っていれば，企業は賃金費用の安い労働力に置き換えて業務を再編成し操業しようとするだろう。一方で，仮に両者の技能が補完的であれば，受け入れ国労働者の賃金所得水準は上昇する。外国人労働力が増加すると，受け入れ国労働者が担っている業務への労働需要が高まるため，賃金が上昇することによる。

　第2に，企業経営者の利害も**代替・補完関係**に左右される。仮に労働と機械などの資本が代替的であれば，外国人労働力が増加すると資本需要が低下し，資本所得（経営者の所得）が減少する。一方で，労働と資本が補完的であれば，外国人労働力の増加に伴って生産量を増やし，資本への需要を増加させ，結果として資本所得が増加する。[*4]

　最後に，所得再分配を担う政府の立場からは，次のように結論が明確である。外国人労働力の流入に伴う資本所得の増加分を用いて，賃金所得の低下分を補うような所得再分配政策がある限り，受け入れ国の国民全体は外国人労働力の参入からメリットを得る（佐藤・町北［2014]）。他にも，外国人労働力の流入が家事労働サービスの競争を促すことによるサービス価格低下を見いだす研究や，そうした家事サービスを利用できる消費者はわずかで消費者利益の増加は一部に限られるといった研究もある。

　つまり，受け入れ国に与える国際労働移動の影響を評価するためには，外国人労働力の流入によって産業高度化と旧技術・旧産業の**温存効果**のどちらがもたらされやすいのかが鍵となる。その判断のためには，①労働者同士の代替・補完性，②労働と資本の間の代替・補完性，③所得再分配政策の質の，3点の情報が不可欠である。

2　2000年代以降の労働移動についての ダイナミズムと制約

2.1　アジア域内でどの国が外国人人口比率を高めてきたか

　表6-2にアジア各国における外国人総数と[*5]，その人口比の推移，そして1

表6-2 アジア各国における外国人総数と人口比率の推移

	外国人総数（万人）				外国人人口比率（%）				人口比率の変化分（2015年/1990年）
	1990年	2000年	2010年	2015年	1990年	2000年	2010年	2015年	
日　本	107.6	168.7	213.4	204.4	0.9	1.3	1.7	1.6	1.8
韓　国	4.3	24.4	91.9	132.7	0.1	0.5	1.9	2.6	26.4
香　港	221.8	266.9	278.0	283.9	38.3	39.3	39.8	38.9	1.0
シンガポール	72.7	135.2	216.5	254.4	24.1	34.5	42.6	45.4	1.9
インドネシア	46.6	29.2	30.5	32.9	0.3	0.1	0.1	0.1	0.5
タ　イ	52.9	125.8	322.4	391.3	0.9	2.0	4.8	5.8	6.2
フィリピン	15.4	31.8	20.9	21.2	0.2	0.4	0.2	0.2	0.8
マレーシア	69.6	127.7	240.6	251.4	3.8	5.5	8.6	8.3	2.2
中　国	37.6	50.8	85.0	97.8	0.0	0.0	0.1	0.1	2.2
ベトナム	2.8	5.7	6.2	7.3	0.0	0.1	0.1	0.1	1.9
ラオス	2.3	2.2	2.1	2.2	0.5	0.4	0.3	0.3	0.6
カンボジア	3.8	14.6	8.2	7.4	0.4	1.2	0.6	0.5	1.1

（注）各年の外国人人口比率は総人口に占める外国人数の割合。労働者以外も含まれる。変化率は2015年と1990年の比。マカオ，ブルネイ，北朝鮮は除いた。
（出所）World Bank, World Development Indicators より作成。

番右の列に過去25年間の外国人人口比率の変化率を示した。香港，シンガポールは90年時点で外国人人口比率が高く，15年時点でも高い。これらの国・地域では少なくとも総人口の3分の1強が外国人である。香港は過去25年間，外国人人口比率にほとんど変化がないものの，シンガポールの外国人人口比率が過去25年間でほぼ2倍の約45％となった。

　水準は異なるものの，大きな変化を経験した国はシンガポールだけではない。アジアのなかで1990年からの25年間で最も外国人人口比率を高めた国は韓国で約26倍の2.6％，次いでタイが約6倍の5.8％となった。マレーシアでも2015年現在では外国人人口比率が2倍強の8.3％に至っている。日本も2倍弱であるが，外国人人口比率を高めてきた。一方，フィリピンやインドネシアは総人口の伸びのほうが，外国人の流入の伸びよりも大きいため，総人口に占める外国人数の割合は低下している。

　表6-2を集計すると，アジア各国における1990年時点の外国人総数は約637万人で，2015年には約1687万人と約2.6倍に増加した。うちタイ，マレーシア，日本，香港，シンガポールの5カ国の外国出身者総数は90年が525万人，15年が1385万人となり，過去25年間で約2.6倍となった。過去25年

図6-2 アジアの5大受け入れ国における外国出身者数の推移

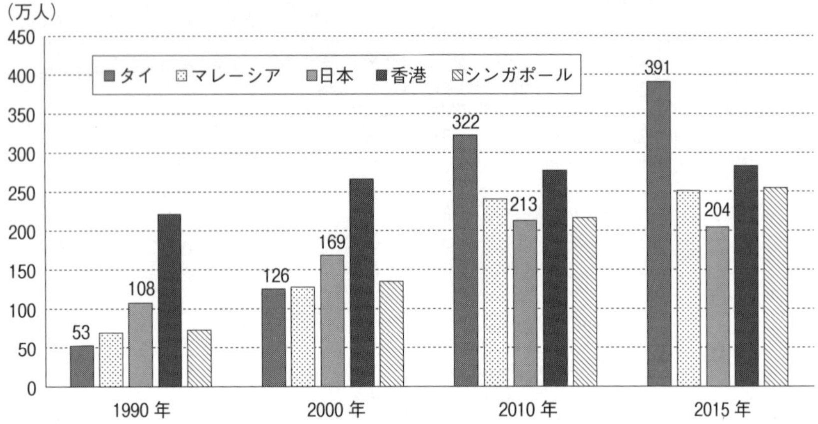

(万人)

(出所) World Bank, World Development Indicators より作成。

　間，これら5カ国で東・東南アジアの外国人総数の増加の約82%を占める。
　これら5カ国の外国人総数の推移を図6-2に示し，タイと日本については外国人総数を図の棒グラフ上に付記した。ここから，2000年までは日本の外国人総数がタイを上回っていたが，2010年以降タイが日本，香港，シンガポールに代わってアジア域内で最も外国人を受け入れている様子が鮮明にわかる。同時に，マレーシアが日本よりも外国人総数を増やし，香港，シンガポールの外国人総数に肩を並べつつある。

2.2　アジア域内の労働移動——距離と所得格差はどの程度影響するか

　タイは2015年には外国人総数が400万人近くに達し，アジアで最も外国人数が多い国となった。タイは近隣諸国のカンボジア，ラオス，ミャンマーの3カ国に比べて1人当たり名目GDPが3〜5倍高く，地理的近接性と所得格差の2つのプッシュ要因がこうした国々からの外国人労働力を惹きつけていると考えられる。図6-3に1990年から2013年までのタイにおける近隣諸国出身者数の推移を示した。タイの外国人総数の95%は，これら3カ国の出身者である。また，90年当時はこれら3カ国を合わせても50万人に届かない数字であったが，2000年にミャンマー出身者を中心に外国人が増え120万人弱に至

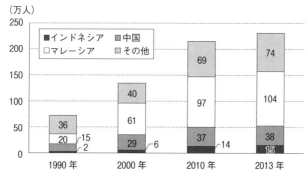

図6-3　タイにおける近隣国出身者数の推移

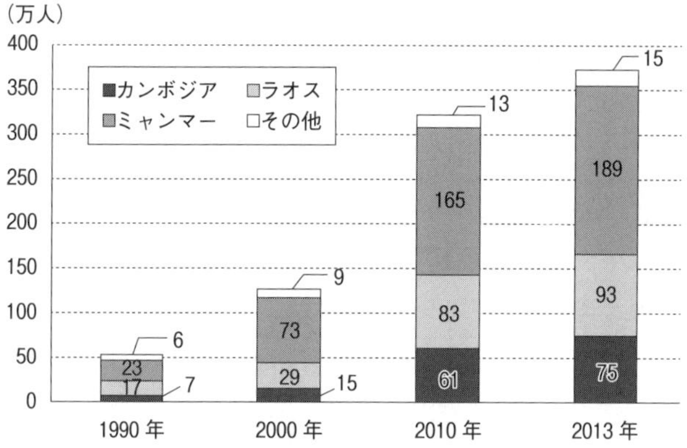

（万人）

凡例：
■カンボジア　■ラオス
■ミャンマー　□その他

（出所）United Nations［2013］より作成。

図6-4　シンガポールにおける近隣国出身者数の推移

（万人）

凡例：
■インドネシア　■中国
□マレーシア　■その他

（出所）United Nations［2013］より作成。

り，10年には300万人を超えた。

　次にシンガポールに注目し，東南アジア島嶼部の推移を見よう。図6-4に示すように，シンガポールにはマレーシア出身者が多い。これも東南アジア大陸部と同じく，所得格差に加えて地理的近接性で説明できるだろう。所得格差と同時に，文化的に近接している中国出身者もシンガポールに多く，マレーシアと中国の2カ国で，1990年当時，シンガポールの外国人総数の約5割を占め，2013年現在では，約6割を占める。90年当時，マレーシア出身者は20万

人に満たなかったが，13年には100万人を超えた。中国出身者は当初15万人程度で，その後の伸びはマレーシアに及ばず，13年が40万人弱である。プッシュ要因として，文化的近接性よりも地理的近接性の影響が強まってきたと推測される。

2.3　女性の労働移動──プル要因の変化

　過去二十数年で，プル要因はどれくらい変化してきたのか。また，受け入れ国によってプル要因はどれくらい異なるのか。女性の労働移動がこれらを知る手がかりを与えてくれる。図6-5にタイ，マレーシア，日本，香港，シンガポールの5大受け入れ国の各外国人総数に占める女性比率の推移を示した。過去約20年間で53万人から322万人にまで約6倍と急速に受け入れ数を増やしてきたタイと，1990年時点でも200万人を超えていた香港の棒グラフ上に女性比率を付記した。

　マレーシアを除くと，タイ，日本，香港，シンガポールでは過去二十数年間で女性比率が高まっている。1990年時点ではシンガポールを除くと，これらの国々は女性比率が5割に満たなかったが，タイでは49.6％まで女性比率が高まり，日本においても55.3％まで，そしてシンガポールでも55.8％まで外国人労働力の女性化が進んだ。香港では59.2％まで10ポイント近く上昇し，アジアで最も外国人労働力の女性化が進んだ。アジアのなかでも1人当たり所得の高い豊かな国々ほど，女性比率を高めた。

　最後に送り出し国に注目しながら，香港とシンガポールにおける外国出身の女性比率の推移を表6-3に示す。ここからは，香港とシンガポールでは外国人労働力の女性化の内訳が異なることがわかる。つまり香港もシンガポールもともに過去二十数年間で外国人労働力に占める女性の割合を増やしたが，外国人の出身国によって女性比率は異なっている。

　香港に向かう中国出身女性の比率は過去二十数年間で10ポイント以上女性比率が高まり，2013年時点で女性が55.8％である。香港のインドネシア，フィリピン出身者は中国出身者よりも数が少ないが，当初より女性比率が高く，さらにその比率を高め，女性比率は9割を超える。これらの国々の出身者は家事労働に従事する者が多いことが知られている。とくに香港では出身国と職種

図6-5　アジアの5大受け入れ国における外国出身者の女性比率

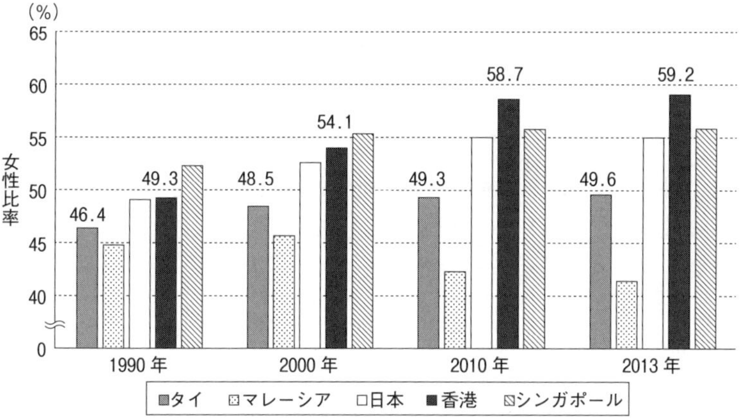

（出所）United Nations ［2013］より作成。

表6-3　香港とシンガポールにおける外国人女性比率の推移

（単位：％）

	1990年	2000年	2010年	2013年
	行き先：香港			
中国出身者	44.5	48.2	55.4	55.8
インドネシア出身者	81.2	82.2	89.8	90.5
フィリピン出身者	88.2	89.3	97.5	98.3
	行き先：シンガポール			
中国出身者	53.2	57.4	58.8	59.0
インドネシア出身者	36.1	43.5	42.4	41.5
マレーシア出身者	54.6	58.9	56.7	56.4

（出所）United Nations ［2013］より作成。

の間に強い関係がある。

　一方でシンガポールは香港と比較すると，インドネシア，マレーシア出身の女性比率が低い。

3 労働移動に関する政策・制度変化の役割

3.1 労働需要に対する現状追認型のプル政策——タイの例

次に，労働力受け入れ政策の各国事例を概観しよう。まずは，過去20年間で，近隣国からの外国人労働力の一大受け入れ国となったタイである。タイのプル政策を一言でまとめれば，ミャンマー，ラオス，カンボジアから流入してくる外国人労働力についての現状追認型，と呼ぶべきものである。1990年代初頭，輸出志向型工業化戦略によって経済成長を始めたタイではすでに未熟練労働力が不足し，外国人労働力の雇用が産業界から求められはじめた。92年にミャンマー人を皮切りとして発行された労働許可証はラオス人，カンボジア人にも適用された。これは立法によることなく時々の閣議決定で，入国手続きを経ずにすでにタイにいる外国人労働力を登録し，労働許可を与えるという制度である。

この労働許可制は入国管理法や外国人就労法と矛盾を起こすものであったが，近隣3カ国からの雇用を一時的かつ特定の業種においてのみ認めようと，運用で対応することを繰り返してきた。タイの未熟練の外国人の多くは，入国管理上は不法入国であるものの，登録さえすれば「半合法」であるとの立場を与えられた外国人労働力であった（山田編［2014］）。

そして2008年に，1978年外国人就労法が廃止され，2008年外国人就労法が公布される。これは労働許可を与えてきた労働力に対し，出身国政府からの国籍証明・渡航文書を取得するよう求め，すでにタイに在留し，就業しており，それまで半合法であった外国人労働力を合法化しようとするものであった。そこで，とくに国籍証明手続きに代表される合法化手続きを満たせない労働力を，不法移民として強制退去の対象とする意図があった。

ただしこの「合法化」政策は，近隣3カ国出身の労働者，とくにミャンマー人労働者と彼らの雇用者にとっては，手続きコストが大きかった。手続きにかかる取引コストの大きさから悪質な斡旋業者が活動する余地が生まれ，一時的にでも労働力を失う雇用者にとっても機会費用が大きかった（山田編［2014］）。

他方政府としても現実に増加する労働需要を無視できず，期限延長が繰り返された。さらに 2013 年にタイの法定最低賃金の上昇によって外国人労働力の供給が増えた（山田 [2015]）。17 年に入り，不法就労に対する罰則が強化され，外国人労働者が大挙してタイを出国し，労働力不足が懸念される事態となると罰則強化を一時的に凍結した。このように，2 国間覚書で定めた手続きでの就労・雇用が徹底される方向には向かっておらず，タイの事例は現状追認型政策の典型例といってよい。

3.2　政府が直接仲介するプル政策──韓国の例

　タイの事例と 1 つの対照をなすのが，韓国の雇用許可制度である。韓国では日本と同じく技能実習制度が存在していたが，2004 年に雇用許可制度に改められ，04 年以降，この制度のもとでの外国人労働力の受け入れが進んできた（今泉 [2014]）。雇用許可制度を具体的に述べると，不足する労働力を産業ごとに推計して，不足分を各産業に割り当てるもので，受け入れ外国人労働力の国内産業への割り振りと労働仲介・斡旋は政府によって直接行われる。つまり，求人と求職のマッチングが政府間によって行われる。

　そして送り出し国側と韓国政府の間では政府同士で標準契約書が交わされる。韓国側での受け入れは中小零細企業が対象である。外国人受け入れの条件として 2 週間韓国人を募集したけれども求職がなかった場合にのみ，外国人の受け入れが行われる。また語学研修もある。入職後，解雇されたのちも，許可された産業の中小企業という条件つきであるが，他の職場に移ることもできる。このように，韓国の労働力受け入れ政策は比較的精巧に制度が設計されている（高安 [2017]）。

　雇用許可制度は同胞ビザと一般ビザでの受け入れ手続きからなる。同胞ビザはおもに言葉を共有する中国の朝鮮族を対象としている。一般ビザはおもにASEAN 諸国を対象としている。この同胞ビザのもとで働く外国人労働力は製造業，介護サービス業，建設業に広がる。また韓国はタイ，ベトナムと協定を結び，一般ビザにて，おもに製造業が受け入れている。韓国の雇用許可制度は基本的に 3 年，それに加え 1 年 10 カ月までの延長が認められている。5 年に至れば，永住権を付与する必要が出てくるため，最長 4 年 10 カ月で外国人労

働者を本国へ帰す。

　ここまでタイと韓国を例に，両国の外国人労働力のプル要因について述べてきた。労働集約的産業を中心に不足する労働力を補いたいという発想が根本にある。本格的な移民の受け入れではなく一時的な労働力で十分という発想は両国でまったく共通である。しかしながら両国とも現状追認型であるとはいえ，その補い方や政府自身の関与，つまりゴールをめざすための制度設計がまったく異なる。このように政府の関与が異なれば，結果として外国人労働力，雇用者，斡旋業者等が得る各利益と社会全体の経済厚生が異なってくるであろう。

3.3　高度人材の移動の自由化──ASEAN 経済共同体の例

　最後にアジア版 EU の設立を目的として発足した「ASEAN 経済共同体」（ASEAN Economic Community：AEC）に関し，人の移動の自由化について何がめざされ，どの程度制度化されるようになったかを確認してみよう。AEC は[*6]ASEAN に加盟する 10 カ国で構成される経済共同体であり，単一市場・単一生産拠点の実現，インフラ開発を通じた競争力のある経済地域の実現，公平な経済発展の実現，そしてグローバル経済への統合といった目標を 4 本柱として2015 年 12 月末に発足が宣言された。[*7]

　AEC 発足から日が浅く，まだ時間が経過していないが，ここで AEC がめざす**高度人材**の移動の自由化が労働力の受け入れ国と送り出し国に与える影響を検討してみよう。まず，高度人材同士が完全に代替的であれば，労働供給増によって受け入れ国の熟練労働者の賃金所得が低下する。逆に受け入れ国の高度人材とも補完的であれば，受け入れ国の労働者への需要も増加するので，受け入れ国の熟練労働者の賃金所得は低下しない。また外国人高度人材が受け入れ国の未熟練，低熟練労働者とも補完的であれば，受け入れ国の労働者の賃金所得は低下しない。

　それでは送り出し国にとってはどうか。高度人材の移動が自由化されれば，頭脳流出の可能性が考えられる。本国に帰ってこなければ，それは頭脳流出となるが，高度人材の移動自由化は送り出し国にもメリットをもたらす。[*8]なぜだろうか。国内の外国人人口比率が 4 割を超えるシンガポールを例に考えよう。AEC 発足により，域内で最も所得の高いシンガポールに域内各国，たとえば

カンボジアの高度人材が移動したとする。母国に帰国しないとしても，カンボジアにとっては最新の知識・技術が随時，還流する可能性がある。なぜなら，こうしたカンボジア人がシンガポールに居住しつづければ，知識・技術はつねにシンガポールの標準を反映したものであるし，在外同胞のシンガポールにおけるネットワークの起点となる可能性が高いからである。さらにシンガポールへの移動の機会が開けているほど，カンボジアにおける教育投資が進み，それが外国知識の受容を促し，国内外における知識伝播，知識創出がより進む可能性がある。高度人材の移動の自由化からもたらされる，これらの利益が頭脳流出による損失を上回る可能性がある（Column ❻も参照）。

おわりに

　本章では労働移動がプル要因とプッシュ要因の2つから決まることを学んできた。そして労働移動の誘因として，所得・賃金格差と距離の2つを取り上げた。第1に国際間に横たわる巨大で圧倒的な所得格差がまず国境を越えた労働移動の誘因となる。これが国際労働移動による便益の大きさを左右する。第2に距離である。距離が近ければ移動にコストがかからず，所得格差が大きくなかったとしても移動率が高まる。期待所得と移動コストの2つによって，どの国からどの国へ移動するかという，国際労働移動のフローが決まり，過去のフローが移民の**ネットワーク効果**を生み，循環的に移動コストに影響する。

　それでは送り出し国と受け入れ国双方に不利益はないのか。それはプル要因とプッシュ要因の中身次第である。プル要因が良質であれば，移動する。しかし実際には急速な経済発展の裏側で，受け入れ国内の労働条件・労働環境の悪いセクターが中心となって外国人労働力需要が高まる。国内の労働力は相対的に労働条件・労働環境がよくないセクターには就きたがらず，こうしたセクターで労働力が不足するからこそ，外国人労働力の需要が生まれるのである。また他に選択肢がなく「やむをえず」出稼ぎをせざるをえないという状態や，親が出稼ぎし，子どもが残されるといった状況をどのように評価するか，詳しい検討が今後必要だろう。

　アジアが良質な市場・生産拠点であるためには，労働市場も労働環境も，ともに良質である必要がある。国際労働移動が労働市場のミスマッチを和らげる

可能性もあるし，国際労働移動の機会が悪質な労働環境を淘汰する可能性もある。良質な労働環境は効率的な生産活動の基盤でもあるため，アジアのように労働力が豊富な国が多い地域では国際労働移動を通じて良質な労働環境を得られるほど，経済全体の経済厚生を高めることができる。

〈注〉
＊1　世界銀行の Migration and Remittances Factbook による。
＊2　本来であれば，単純労働力と熟練労働力では労働需給のあり方が異なるので，外国人労働力の能力が不均一であることを織り込んだ分析枠組みが必要であるが，議論を簡潔にするため外国人労働力の能力は均一と考えておく。
＊3　IMF の World Economic Outlook Database による。
＊4　日本人労働者の賃金に対する外国人労働力の導入の影響は平均的には見られないものの（中村ほか［2009］），外国人技能実習生と非正規雇用労働者が代替的であることを日本の実証研究は示している（橋本［2011］）。そして，低賃金の外国人労働力・技能実習生の導入によって労働集約的な生産が維持され，産業高度化が遅れやすいことを日本の実証研究は示している（中村ほか［2009］，橋本［2010］）。
＊5　ここで，外国人総数と外国人労働力の数は異なることに注意されたい。
＊6　佐藤・町北［2014］には AEC 以前の ASEAN 諸国の受け入れ・送り出し政策が簡単にまとめられている。
＊7　その背後には，関税撤廃，越境時の諸手続きの電子的一元化，サービス貿易・航空自由化の進展，域外国との FTA 締結に基づく ASEAN のハブ化がある（福永・磯野［2015］）。このように，AEC では域内における財・サービスの貿易・投資の自由化を目的として発足した。このため，人の移動の自由化は，貿易・投資の自由化の実現に直結する貿易・投資従事者や専門職といった高度人材と，サービスを消費する旅行者に限定されており，AEC は低熟練・未熟練労働者の移動の自由化を扱うものではない（山田［2015］）。
＊8　高度人材の移動自由化は，母国への将来の帰国がなくとも，次の2つの経路で送り出し国にメリットをもたらす。まず高度人材の移動に伴う母国への知識・技術の移転であり，送金を通じた資金・資本の移転である。そして外国への移動の自由化が将来の賃金所得の増加を期待させ，送り出し国における人的資本投資を促し，正の外部性が生じることである（町北［2010］）。

Column ❻　「国際頭脳循環」とシリコンバレーのアジア人企業家たち

　近年の国際労働移動の特徴として，移民の高学歴化が進んでいること，高学歴移民の移動先が少数の先進国へと集中するようになっていることが挙げられる（Docquier and Rapoport［2012］, Kerr et al.［2016］）。高等教育を受けた人々の途上国から先進国への移動は，母国の経済発展を阻害し，国際的な経済格差の拡大を引き起こす「頭脳流出」として，長らく問題視されてきた。しかし，2000 年代半ば頃から実証分析が進むにつれ，高学歴者の海外移動は，一定の条件のもとで母国の経済発展に正の効果をもたらすことが明らかになってきた。

　なぜ，流出がプラスに働くことがあるのだろうか。移民たちは，海外に移動した

あとも，しばしば出身国とのつながりを持ちつづけ，知識や情報，海外の産業ネットワークへのアクセスの提供を通じて，母国の経済発展に貢献するからである。また台湾や中国では，母国の経済発展とともに，アメリカのハイテク企業で働いていたエンジニアたちが帰国して創業したり，企業や研究機関に就職したりするようになり，母国のハイテク産業の成長に重要な役割を果たしてきた。このような人材の国際移動を通じた知識や情報の還流は，「国際頭脳循環」という概念でとらえられている。

「国際頭脳循環」とアジアの経済発展の関係を見るうえで格好の事例が，シリコンバレーのアジア人移民企業家たちだ。カリフォルニア州サンフランシスコの南方に位置するシリコンバレーは，グーグル，フェイスブック，テスラといったハイテク業界のリーダー企業が集積することで知られる。また，「スタートアップ」と呼ばれるハイテク系新規創業企業の揺りかごとしても世界的に名高い。1970～80年代の半導体，コンピュータ産業から，2010年代のIoT，AI，自動運転といった新技術に至るまで，シリコンバレーはつねに世界のイノベーションの中心地でありつづけてきた。

この世界最強のハイテク・コミュニティの重要な担い手が，アジア系の企業家やエンジニアたちである。1995年から2005年の間にこの地で設立されたスタートアップのうち，16%がインド人，13%が華人の創業者を擁していたという（Wadhwa et al. [2007]）。グーグルをはじめとするハイテク大企業の経営幹部にも，インド系をはじめとする多数のアジア出身者が名を連ねている。

アジア系企業家のなかには，留学生として渡米し，アメリカで就職したのち，シリコンバレーで創業した理工系の「教育移民」が多い。留学生たちが国境を越えた企業家へと成長していった過程の具体例として，台湾の歴史を見てみよう。台湾では，1970年代から90年代にかけて，著名大学の理工系学部の卒業生の多くが，アメリカ留学へと向かった（Chang [1992]）。彼（女）らの多くは，学位取得後もアメリカにとどまり，ハイテク企業に就職する道を選んだ。そのなかから，仲間とともにシリコンバレーでの創業に挑み，成功を収める人々が続々と現れた。

彼らは，アメリカと台湾のハイテク・コミュニティの橋渡し役として，以下のような役割を果たしてきた。第1に，各種のフォーラムや国際会議を通じて台湾の科学技術政策に対して重要な助言や支援を行った。たとえば台湾の半導体産業の設立に果たした在米台湾人科学者・エンジニアコミュニティの役割は，非常に大きなものであった（佐藤幸人 [2007]）。第2に，1980年代半ば以降，台湾の電子・電機産業が発展を開始すると，シリコンバレーから台湾に戻って創業したり，ハイテク企業の要職に就いたりする人々が急増した。彼らは技術的なスキルだけではなく，経

営のノウハウ，市場知識，アメリカのハイテク産業の人脈などを持ち帰り，台湾の
ハイテク産業の発展に貢献した（サクセニアン［2008］）。第3に，アメリカにとど
まる道を選んだ企業家たちも，90年代以降，台湾に研究開発拠点を設けたり，台湾
企業との提携をしたりして，母国のハイテク産業の高度化に貢献した。同じような
「国際頭脳循環」のメカニズムは，インドや中国についても見て取れる。

　このように，留学のために渡米したアジア人たちは，その数十年にわたるキャリ
アを通じて，さまざまな形で，出身国の産業発展への関わりを持ちつづけてきた。
同時に，彼らの存在は，シリコンバレーのイノベーション力と成長著しいアジアの
生産能力や市場としてのそのポテンシャルを結びつけ，シリコンバレーに絶えざる
活力を吹き込む役割も果たしてきた。このように，「頭脳流出」として問題視され
る高学歴者の海外移動が，母国に豊かな経営資源を環流させることになるのか，そ
れとも経済発展やイノベーションの担い手の喪失に終わるのかは，長い年月にわた
る観察を経てはじめて明らかになる。

（川上桃子）

課題◆

□1　どこか2カ国を選び，労働力の送り出し・受け入れ人数について長期比較を
　　してみよう。また，外国人労働力政策の違いに注目し，それらが送り出し，受
　　け入れ人数の違いを説明するかを考察しよう。

□2　AEC発足後，高度人材の移動が自由化される方向である。各国の高度人材誘
　　致政策を取り上げて，その政策がプッシュ要因（移動コスト）とプル要因をど
　　れくらい変化させるのかを考察しよう。

□3　受け入れ国におけるプル要因の質的変化は，外国人労働力と自国労働者の代
　　替性と補完性をどの程度左右し，受け入れ国の労働市場に対して影響するのか
　　を考察しよう。

（町北朋洋）

第Ⅲ部

躍動するアジア

7 革新するアジア
中所得国化と成長パターンの転換

国際特許出願の一大拠点となった中国広東省深圳市南山区
（2017年，伊藤亜聖撮影）

Learning Goals
①アジア諸国の経済成長のパターンの変化を理解する
②イノベーションの源泉となる要因を理解する
③アジアの国々が採択している発展構想を学ぶ

はじめに

　第Ⅲ部「躍動するアジア」ではアジア経済の成長をもたらす要因としてのイノベーション，国内経済の生産と消費を牽引するようになった大都市圏，そして各国経済のなかで見落とせない役割を果たしているインフォーマル経済を取り上げる。これらの変化は第1章で述べた，「アジアの世紀」をもたらす主要なメカニズムと位置づけることもできる。

まず本章で取り上げるのはアジア地域で生じつつある革新，すなわちイノベーションである。半世紀前，「いうまでもなく低開発地域に属する」と位置づけられたアジアは，新製品を開発し，新サービスを生み出す時代を迎えている。過去半世紀にわたる経済成長は，多くの国々を中所得国の水準に引き上げた。同時にその事実は単なる低コストの優位性による経済成長が限界を迎えつつあることを意味している。

　本章の目的は第1に，経済成長のパターンの変化のメカニズムを理解したうえで，イノベーションと生産性向上の源泉と考えられる重要な要素を学び，アジア諸国が直面する共通の課題を理解することである。第2の目的は，共通の課題に直面しながらも，それぞれ自国の経済的条件の違いを反映して，多様な取り組みが見られつつあることを理解することである。

1　キャッチアップの成果と「中所得国の罠」

1.1　アジア NIEs とキャッチアップ型工業化

　第1章で整理したとおり，アジアの新興工業経済（アジア NIEs）は，1970年代以降，輸出志向型工業化を通じた経済成長を遂げた点に共通する特徴があった。その背後にあったメカニズムは，第1には初等教育の拡充と若年人口の多さを前提として，農業労働者が都市・工業部門へと移動することによって生じた生産性の向上であった。第2に，労働移動に加えて重要な点は，とくに途上国の製造業の現場では先進国からの設備機械を導入し，技術を消化・吸収することによって生産性が向上する余地が大きかったことである。すでに第1章で指摘した後発性の利益の存在である。しかしながら導入された設備を現地人材のみで操作し，さらにリバース・エンジニアリングと呼ばれる製品の分解を通じた内部設計と製造方法への理解を深める段階に進むためには，技術知識を持つ現地人材が不可欠となる。後発性の利益をいかに内部化し，成長するかは各々の経済に委ねられたのである。

　アジア NIEs では上記のような技術導入は，輸出加工区と呼ばれる特定の地域や大型のプラントで先行した。注目すべきことは，製品のリバース・エンジ

表 7-1　アジア諸国の成長要因

| | 1970〜85年 | | | | | 1985〜2000年 | | | |
| | GDP平均成長率(ΔY) | 資本投入の貢献(K) | | | 労働投入の貢献(L) | 全要素生産性の貢献(A) | GDP平均成長率(ΔY) | 資本投入の貢献(K) | | |
		小計	うち非IT資本の貢献	うちIT資本の貢献				小計	うち非IT資本の貢献	うちIT資本の貢献
日本	4.3	3.3	3.1	0.3	0.2	0.8	2.4	1.9	1.6	0.4
シンガポール	7.9	6.5	5.9	0.5	2.1	-0.6	7.3	4.2	3.4	0.8
台湾	8.9	5.7	5.3	0.4	1.7	1.5	7.3	3.7	3.2	0.4
韓国	8.5	7.0	6.6	0.4	1.4	0.1	7.7	5.0	4.4	0.6
香港	7.5	3.8	3.6	0.2	1.4	2.3	5.0	3.6	3.1	0.5
中国	7.3	3.9	3.9	0.0	1.6	1.8	9.1	4.1	4.0	0.1
マレーシア	7.0	6.2	6.1	0.1	1.2	-0.6	6.9	5.5	5.2	0.3
フィリピン	3.3	3.8	3.7	0.2	1.6	-2.2	4.0	2.3	2.0	0.2
タイ	6.1	3.3	3.1	0.2	1.8	0.9	6.1	4.1	3.7	0.4
ベトナム	3.7	0.8	0.7	0.1	1.7	1.2	6.6	4.4	4.1	0.3
インドネシア	6.9	5.0	4.9	0.1	1.5	0.4	5.1	4.2	4.0	0.2
モンゴル	6.1	5.7	5.6	0.1	0.8	-0.4	1.1	1.7	1.6	0.1
バングラデッシュ	1.6	1.0	0.9	0.0	1.0	-0.3	4.8	3.6	3.4	0.1
インド	3.6	1.5	1.5	0.0	1.6	0.5	5.5	1.8	1.8	0.1

（出所）Asian Productivity Organization（APO），Productivity Database 2016 より作成。

ニアリングを通じて技術への理解を深めた人材が自ら独立したり転職したりすることで，こうした知識が特定企業・プラントを超えて広まっていったことである。いわゆる技術や知識の**スピルオーバー**と呼ばれる現象である。このメカニズムを通じて，当初は少数の輸出志向の工場地域であった場所に，関連部品を製造する中小の工場が生まれ，徐々に裾野産業（**サポーティング・インダストリー**）の領域が広がっていくこととなった。こうした産業地域では，地理的な近接性ゆえに，より速やかに製造やマーケティングのノウハウが共有されるため，さらに生産性の向上に寄与することになる。

1.2　成長会計によるアプローチ

　上記で描写した経済成長のメカニズムは，ある期間に生じた国内総生産（GDP）の増加分を分解することで理解できる。**成長会計**の分野では，GDP およびその増加分は生産面では産業別に，支出面では消費部門，政府消費部門，

労働投入の貢献 (L)	全要素生産性の貢献 (A)	2000～14年					
		GDP平均成長率 (ΔY)	資本投入の貢献 (K)			労働投入の貢献 (L)	全要素生産性の貢献 (A)
			小計	うち非IT資本の貢献	うちIT資本の貢献		
-0.2	0.7	0.7	0.3	0.1	0.2	-0.2	0.6
1.8	1.3	5.2	2.7	2.1	0.6	1.4	1.1
0.9	2.7	3.7	1.9	1.7	0.3	0.4	1.4
0.9	1.8	4.0	2.4	2.1	0.3	0.1	1.5
0.7	0.6	3.7	1.6	1.2	0.4	0.3	1.8
1.1	3.9	9.4	5.4	4.9	0.5	0.5	3.5
1.2	0.1	5.1	3.0	2.4	0.6	0.9	1.4
0.7	1.0	4.9	2.3	1.9	0.4	0.7	1.9
0.9	1.1	4.0	1.4	1.1	0.3	0.1	2.6
0.3	1.1	6.7	5.7	5.2	0.5	0.8	0.2
1.2	-0.3	5.5	2.9	2.7	0.2	1.0	1.7
0.6	-1.2	7.8	2.7	2.4	0.3	0.9	4.2
1.6	-0.4	5.6	4.9	4.7	0.2	0.9	-0.2
1.2	2.4	6.7	3.4	3.2	0.2	0.8	2.6

投資部門，対外貿易部門に分解できる。加えて，生産要素の投入面からは推計を通じて，①資本投入（K）の効果，②労働投入（L）の効果，そして③それ以外の効率性の向上，いわゆる**全要素生産性**（A）の貢献，この3つに分解することができる。当該時期の経済成長の特徴を理解するのにそれぞれ有用である。

表7-1は1970年以降のアジア諸国の成長率を生産要素の投入の面から分解した結果である。まず70年から85年の時期を見ると，第1に，シンガポール，台湾，韓国，香港のアジアNIEsで軒並み資本投入の貢献度が高く，韓国の場合にはGDPの年平均成長率8.5％のうち，実に7.0％が資本投入によるものであった。これは経済成長の82％が固定資産投資や設備導入といった資本の増加によって生じたことを意味する。もう1つ，この時期の特徴は労働投入の増加による貢献が日本を除く各国でおおむね1～2％程度の貢献をしていたことである。生産年齢人口が増加する時期に，新たに労働市場に参入する労働者の存在が，経済成長に貢献していたことがわかる。そして第3に，資本と労働

の投入によって説明されない全要素生産性の貢献を見ると，ばらつきがあるものの効果は限定的であった。資本投入が成長を牽引し，労働投入の効果がそれを下支えした時期であったといえ，85年から2000年の時期にも類似のパターンが持続していた。

　ここで2000年以降に目を向けてみると，経済成長のメカニズムに大きな構造転換が生じつつあることがわかる。第1に，資本投入の効果は引き続き高いが，アジアNIEsではすでに3%以下に低下しており，1970年代と比べるとその効果は半減している。第2に，労働投入の効果は，積極的な移民政策を採用して人口増加が続くシンガポールを除いてアジアNIEsは0.1～0.4%に低下している。労働人口減少がすでに始まっている日本では労働投入の効果はマイナスになっている。第3に，経済成長への全要素生産性の貢献の度合いが高まっていることである。全要素生産性の貢献率自体はアジアNIEsでも1.1～1.8%であるが，再び韓国を例にとると，平均4.0%成長のうちの1.5%が生産性の向上によって生じており，これは当該時期の経済成長の37.5%をもたらしたことを意味している。

　1994年に著名な国際経済学者ポール・クルーグマンはアジア諸国の全要素生産性の伸びが低い点を強調し，高度経済成長は続かないと指摘した。いわゆる「幻のアジア経済」論である。その後97年のアジア金融危機の勃発によって，インドネシアやタイをはじめとしてマイナス成長を記録する事態が生じたため，この議論は注目を集めたが，結果的に見ると，その後多くのアジア諸国は短期間のうちに金融ショックから立ち直った。図7-1ではアジアとラテンアメリカの一部の国の1人当たりGDPの推移を示しているが，97年から99年にかけてアジア諸国は下振れしたものの，その後再び成長軌道へと回帰した。むしろその後顕在化したのは，ラテンアメリカ地域の成長率の相対的な低さであった。また，90年代当時のアジア経済は引き続き中・低所得国に属し，先進国へのキャッチアップ段階にあったため，資本投入と労働投入によって経済成長が牽引されるのはある意味で当然でもあった。この意味で全要素生産性の向上の必要性を指摘したクルーグマンの議論は時期尚早であった（大野［2013]）。

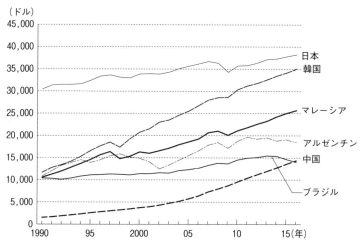

図7-1　アジアとラテンアメリカにおける1人当たりGDPの推移

（ドル）

（注）購買力平価，2011年ドル価格表示の1人当たりGDP。
（出所）World Bank, World Development Indicator より作成。

1.3　アジアは成長を持続できるのか

　経済危機を超えて中長期的な成長が続いたアジアでは，2007年から10年にかけて，中国とタイが世界銀行の基準で上位中所得国水準に，ベトナムとインドが下位中所得国に入るなど，地域全体の所得水準の向上が明確となった。その結果，今後さらに成長を維持できるのか否かをめぐって議論が起きた。安価な賃金による輸出志向型工業化により，低所得国から中所得国へと成長したものの，さらに中所得国から高所得国へと転換するためにはこれまでとは異なる成長産業や成長パターンを実現する必要があるためである。この問題は**中所得国の罠**と呼ばれており，1人当たりGDPで測った場合に，中所得国水準から高所得国水準へと転換できた国が少ないことが根拠となっている（Gill and Kharas［2007］）。すでに取り上げた図7-1を見ると，韓国の成長が著しいが，1990年時点では同水準の発展水準にあったアルゼンチン，ブラジルはその後伸び悩んでいる。

　こうした成長率低下の背景にあるメカニズムも，上記の成長会計をもとに理解することができる。1990年代まで成長を牽引してきたのは資本投入（K）と

労働投入（L）であるが，1単位当たりの資本への投資による収益は，一般に投資が進むほどに徐々に減少する（資本の限界生産性の逓減）。また，経済成長に伴い，人口構造が徐々に多産多死を経て多産少死，そして少産少死社会へと転換することで，少子高齢化が進展することになる（第10章参照）。これは労働市場に新たに供給される労働投入（L）の減少を意味するため，労働投入の増加による経済成長は実現しえない。アジア諸国は，段階の違いはあるものの，労働人口の減少と資本投入の効率性の低下という課題に直面しており，とりわけ生産性の向上による経済成長が重視されはじめている。

2 イノベーションと成長の源泉

2.1 人的資本と研究開発

生産性の向上の方法は都市化とサービス化，対外開放や経済連携協定の構築など，多岐にわたるが，以下では人的資本と企業による研究開発活動，IT資本の効果，そしてクラスターとネットワークに注目して検討を加える。

第1に取り上げるのは人的資本と研究開発の効果である。経済の効率性を高め，企業のイノベーションを引き起こす源泉として**人的資本**（human capital）に長らく注目が集まってきた。工業化とキャッチアップの時代には，工場労働の前提となる知識と労働慣習を理解するための初等中等教育の役割が重視された。実際に1970年の時点で，韓国，台湾，香港といったアジアNIEsの初等教育への進学率はほぼ100%に達しており，中等教育の普及も70年代以降に進展した。これに対してマレーシアやタイといった後発国でも初等教育は70年代時点で80%に達し，その後，90年代以降に中等教育の進学率が急上昇し，2015年時点では軒並み80%程度に到達している。この意味で，15年時点のアジアでは，カンボジアやミャンマーといった経済開発が遅れた国々を除けば，教育の普及率が問題となるのは高等教育のみとなっている。

進学率に加えて重要な論点は，教育の中身であるが，この点については国際学力試験の結果や，アジアの有力大学を見ることからその一端を把握できる。表7-2は，『タイムズ・ハイアー・エデュケーション』が公表している「世界

表7-2 『タイムズ・ハイアー・エデュケーション』世界大学ランキングにおける
アジアの上位校（2018年）

世界ランキング（カッコ内は2013年）	大学名	国名・地域名	評点（各項目100点満点）				
			教育	国際化	研究	論文引用	産業収入
22(29)	シンガポール国立大学	シンガポール	77.4	95.8	88.2	81.3	61.9
27(46)	北京大学	中国	83.0	53.0	85.1	74.2	100.0
30(52)	清華大学	中国	80.2	41.0	93.2	71.4	99.8
40(35)	香港大学	香港	68.8	99.5	77.9	74.2	54.0
44(65)	香港科技大学	香港	55.2	83.4	68.4	93.1	58.1
46(27)	東京大学	日本	79.5	32.2	85.2	63.7	52.7
52(86)	南洋理工大学	シンガポール	49.5	95.9	63.0	90.7	94.0
58(124)	香港中文大学	香港	57.0	86.6	64.4	80.6	56.8
74(54)	京都大学	日本	71.8	28.8	78.6	50.9	93.8
74(59)	ソウル国立大学	韓国	69.3	34.1	71.2	60.6	79.8
95(68)	KAIST（韓國科學技術院）	韓国	56.3	35.6	59.2	70.4	100.0
111(201-225)	成均館大学	韓国	54.1	44.7	55.1	69.5	93.7
116(201-225)	復旦大学	中国	59.5	38.7	57.5	65.1	53.0
119(182)	香港城市大学	香港	40.8	84.4	48.6	79.4	65.9
132(201-225)	中国科学技術大学	中国	52.7	27.9	49.1	76.9	81.7
137(50)	浦項工科大学	韓国	47.9	34.3	49.8	76.4	99.8
169(251-275)	南京大学	中国	49.6	54.4	47.0	64.9	77.8
177(301-325)	浙江大学	中国	57.0	25.2	63.7	45.1	89.4
182(251-275)	香港理工大学	香港	39.1	79.9	48.1	67.7	45.8
188(276-300)	上海交通大学	中国	53.5	33.4	62.5	44.1	88.9

（出所）『タイムズ・ハイアー・エデュケーション』ウェブサイト（https://www.timeshigher
education.com/world-university-rankings）より作成（2018年1月12日アクセス）。

大学ランキング』2018年版から，アジア地域に属する上位20校を抜粋したも
のである。シンガポール，韓国，香港，台湾といったアジアNIEsに加えて，
中国の大学も数多くランクインしている。一方で，ASEAN諸国の大学はシン
ガポールを除いてランクインしていない。アジアNIEsと中国で研究のスコア
の高い大学が目立ち，国際水準の人材を供給することが可能になっていること
がわかる。

　教育システムが人的資本を高めることで生産性向上に寄与するのと同時に，
おもに企業部門と政府関連部門が実施する**研究開発**（R&D）も新技術や製品の
開発を通じてイノベーションをもたらす。一国の研究開発への投資の程度を見
るうえでは，GDPに対する研究開発支出が最もシンプルな指標である。世界
銀行のデータによれば，日本は2000年代以降にも対GDP比で3.00%（2000

図7-2　1人当たり GDP と特許・商標申請数（2014年データ）

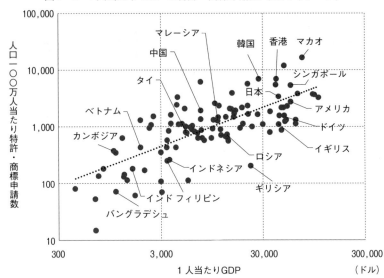

（注）データが入手できた109カ国をプロットしており，特許には居住者と非居住者による申請をともに含む。
（出所）World Bank, World Development Indicator より作成。

年）から3.58%（2014年）へと研究開発投入比率を増やしており，世界でも高い水準を記録している。アジア地域でこれを超える比率を記録しているのは韓国で，2014年データによれば同4.29%，中国が2.04%，マレーシアが1.26%となっている（World Bank, World Development Indicator）。

　こうした研究開発支出の成果の1つと考えられるのが，特許および商標の取得である。一般に知識やノウハウは共有されやすく，個人や個別企業の占有可能性が低い。コストをかけて研究開発された成果が，他の市場参加者に容易に利用される場合には，新たな研究開発が行われなくなる可能性がある。このために特許制度は発明者に対して一定期間内のロイヤリティ（発明報酬）を保証する制度である。図7-2は，横軸に世界109カ国の1人当たり GDP を，縦軸に人口100万人当たりの特許および商標申請数を見たものである。ここでも韓国，香港，中国，シンガポール，マカオといった国々は世界平均の傾向線よりも上に位置しており，経済発展水準に比べて特許・商標の申請数が多くなっ

ている。

　このように教育機関の水準と研究開発の度合いから見ると，明らかにアジア
NIEs と呼ばれた国々は高い水準となっており，シンガポールを除く ASEAN
諸国とは大きな差が生じている。

2.2　IT 資本への投資とデジタル化

　第 2 の論点は資本の効果をいかに高めるかである。近年では，アジアのみな
らず全世界でインターネットが普及し，経済の**デジタル化**が急速に進展してい
る。IT を活用することで製造業に加えて，サービス業の効率化が進展しつつ
ある。すでに指摘したとおり成長会計のフレームワークでいえば，一般に資本
投入からの収益は逓減するが，同じく固定資産（資本）への投資のなかでも，
経済への波及効果の高い IT 設備・資本への投資は，相対的に見て投入に対し
て高い収益をもたらしうる。

　実際に IT への投資は経済成長に寄与している。経済成長率の要素分解を示
した表 7 - 1 を再び見ると，資本投入の効果を非 IT 資本の貢献と IT 資本の貢
献に分けて示してある。なお，ここでの IT 資本の貢献とはコンピュータ，複
写機，通信機器，およびソフトウェアへの投資を意味し，他の投資と区分され
ている。IT 資本の効果はこれまでのところ各国で 1％を超えることはなく，
依然として一般的な固定資産への投資（非 IT 資本）の効果が大きいことは指摘
できる。ただ同時に，経済成長率が徐々に低下していくなかで，IT 資本への
投資の貢献度が高まっていることも事実である。シンガポールと香港を例にと
ると，1970〜85 年の時期には IT 資本の貢献が経済成長率（ΔY）に占める割合
は 6％と 3％にすぎなかったが，2000〜14 年の時期にはそれぞれ 11％へと上昇
している。[*1] 他の国々でも，IT 資本の効果は徐々に高まっており，2000〜14 年
の時期には中国で 5％，マレーシアで 12％，タイで 8％，ベトナムで 7％と
なっている。

　IT 設備への投資は，経済全体のデジタル化をもたらしている。図 7 - 3 は，
アメリカとアジアの一部の国々における，インターネット通信回線に占める
4Mbps 以上の回線の比率を示したものである。[*2] 4Mbps は一般的なウェブサイ
トの閲覧や動画視聴に十分な通信速度といわれる。タイでも 2012 年に第 4 世

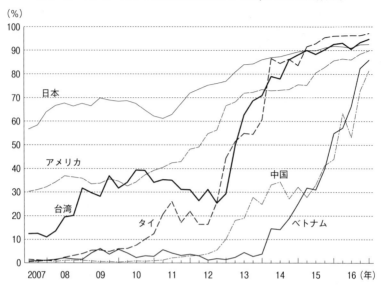

図7-3　インターネット通信回線に占める4Mbps以上の回線比率

（出所）Akamai Technologies 社データベースより作成（https://www.akamai.com/uk/
en/about/our-thinking/state-of-the-internet-report/state-of-the-internet-connectivity-vi
sualization.jsp）。

代（4G）のモバイル通信サービスを開始したこともあり，急速に通信速度が高
速化し，ベトナムでも17年の第1四半期には普及率が80％を超えた。世界銀
行のデータから，アジア諸国における携帯電話の契約比率を見ても，2000年
代の時点ではシンガポール，韓国，日本で普及率が人口100人当たりで50件
を超えていたものの他の国々での普及率は低かった。しかし05年から10年に
かけて，各国の普及率は軒並み向上し，10年にはタイでは100人当たり108
件，ベトナムでは125件に急増した。経済開放が遅れたミャンマーでは10年
の1.1件から，15年には75.7件へと劇的な変化が生じた。

　かつて携帯電話では音声通話のほかには通信回線の限界から文字情報をメッ
セージとしてやりとりする程度であったが，現在では4Gの通信インフラを活
用して，写真や電子ファイルをやりとりできる通信速度が確保されている。こ
の結果，GPSセンサー（全地球測位システム）を搭載したスマートフォン上のア
プリケーションを通じた，個人タクシーの配車や自動車のシェアリング等が技

術的に可能になり，途上国でも希少な財がITを活用することでより効率的に配分される可能性が生まれている。こうしたITの活用の場合，コア技術やビジネスモデルは先進国，たとえばアメリカ・シリコンバレーのモデルを活用しながらも，途上国においても「デジタル化のボーナス」(Digital Dividends) とも呼ばれる生産性向上につながる可能性がある（World Bank [2016c]）。

2.3 産業クラスターとネットワーク

第3の論点は地理的空間とネットワークの効果である。1990年代以来，経済活動やイノベーションに果たす特定の地域の重要性が指摘されるようになっている（園部・大塚 [2004], Yusuf et al. [2003]）。特定地域に関連企業や専門人材が集まると，関連部品の生産規模が大きくなることによる効率化（中間財の規模の経済性）が生じ，また生産やマーケティングに関わるさまざまな知識やノウハウが伝播しやすいといったメリットが生じる。これが**集積の経済性**（economies of agglomeration）と呼ばれる現象で，人口と経済活動全般が集中している地域を都市（urban area）と呼ぶのに対して，特定産業の経済活動が集中している地域を産業クラスター（industrial cluster）と呼ぶ。経済活動の集中化に伴い，交通渋滞や地価の高騰といった混雑コストも発生する一方でとくに製造業の地理的集中化が明確に観察されてきた。空間経済学の分野では，とくに人口が集中する都市部では消費者の多様で差別化された財への需要が高まることを重視し，域内市場の需要によって経済活動の集中が生じると考える（いわゆるホームマーケット効果）。アジアの場合には，歴史的には輸出志向型工業化を起点とした産業クラスターの形成が見られ，この場合には需要は域外に存在した形で産業クラスターが形成された。

日本では京浜工業地帯や東大阪地域が製造業の拠点として著名であるが，台湾の新竹地域には電子・電機産業の集積が形成され，半導体製造ファウンドリ大手の台湾セミコンダクター・マニュファクチャリング・カンパニー（TSMC）が本拠を構えている。タイやインドネシアといったASEAN諸国では，日本企業を筆頭とする外資企業が大規模な工場を建設することによって，部品サプライヤーの進出が促進され，産業クラスターの形成も促進された。タイのバンコク郊外のイースタン・シーボード工業団地には，日系，アメリカ系の自動車

完成車メーカーが進出し，さらに自動車の生産に必要な関連部品を供給するサプライヤーも進出することで，東南アジア最大の自動車産業クラスターが形成された。中国では，東部では上海を中心とする長江デルタ地域，南部では深圳市を中心とする珠江デルタ地域に多くの産業クラスターが生まれている。

　注目が必要な事実は，知識の生産においても産業クラスターが重要な役割を果たしていることである。世界知的所有権機関（WIPO）が公表する国際特許出願のデータによれば，世界で最も国際特許を出願している地域はアジアとなっている。なかでも日本の東京・横浜地域は地域別世界1位，中国の深圳・香港地域が世界2位，一般にシリコンバレーと呼ばれるアメリカのサンノゼ・サンフランシスコ地域が3位，そして韓国のソウル地域が4位となっている（Cornell University, INSEAD and WIPO [2017]）。中国の深圳・香港地域には通信機器の大手，華為科技（ファーウェイ），中興（ZTE）が，韓国のソウル地域にはパネルディスプレイ大手のLG集団，通信機器大手のサムスン電子といった世界的企業が立地し，それぞれの地域の研究開発を牽引している。

　知識の生産において，地理的な集中が重要な役割を果たすことは事実であるが，同時に，域外の有力な産業クラスターや研究機関とつながる**ネットワーク**も重要である。台湾の電子・電機産業の成長をもたらしたのは，エイサーグループ（宏碁股份有限公司）の成功を典型とする，アメリカ・シリコンバレーとの密な関係であり，企業家たちがパソコン機器製造の分野で国境を越えたコミュニティを形成したことにあった（サクセニアン [2008]，Column ❻も参照）。多様なネットワークを持つ個人が研究開発の面でもより高いパフォーマンスを発揮する傾向も指摘されており，地理的な集中のみならず，ネットワークも重要である（戸堂 [2015] 第8章）。研究機関での成果を事業化するうえでは，企業と連携して研究を実施し，その後の製品化を進めることも重視されており，産官学連携と呼ばれている。

　また近年，非上場でなおかつ10億ドルを超える企業価値を持つ，いわゆるユニコーン企業が注目を集めている（Column ❼参照）。産業クラスターのなかから，いかに企業家（アントレプレナー）が生まれやすい環境を作り出すかも課題となっている。アジア域内のトップレベルの大学を卒業した人材が，アジア域内のクラスター内で新規創業し，短期間に新興産業の開拓者となる事例が

徐々に生まれている。たとえば無人航空機（ドローン）世界最大手の大疆創新（DJI）は，創業者フランク・ワンが香港科技大学を卒業後に中国本土の深圳市で創業した企業である。こうした企業家の誕生を契機として，ベンチャー企業育成モデルがアジアでも広がりつつある。事業構想や試作機（プロトタイプ）を持つ企業家の卵に対して，最初期の段階で出資するエンジェル投資家やメンター，低コストでの事務所を提供するインキュベーション・センターやコワーキング・スペースも，アジアの大都市で観察されるようになっている。

3　アジアのイノベーション政策

3.1　イノベーション政策の論拠

　第4章のグローバル・バリューチェーンの議論で強調されたとおり，アジアの企業は長らく先進国企業へのキャッチアップを課題として，電子製品製造受託企業（EMS企業）に代表されるように付加価値の薄い業態に従事してきたことも事実である。いわゆる「下請け」を脱し，アジア発の製品やサービスが世界へと展開する時代が来るのだろうか。

　この点を考えるうえでも，すでに検討を加えてきた人的資本と研究開発，そしてクラスターとネットワークが重要な役割を果たしていくことに疑いはない。とくに，これまで蓄積されてきた製造業のバリューチェーンを基盤とした新製品や新産業の創出，そして経済のデジタル化に注目が必要であろう。

　そのうえで検討が必要な論点は，イノベーションをめぐる政策的支援の役割である。少なくとも，アジアNIEs各国の政府や中国は重点研究分野への研究資金の供給，企業の研究開発への補助金を筆頭として，イノベーションを推進する政策を立案し，新たな産業の育成をめざしている。政策的支援の論拠となっているのは次のような**イノベーションの外部性**である。つまり，新たな知識の創出，新製品の開発やサービスの提供といったイノベーションの成果は，他の企業や個人にも同様に効果をもたらすという波及効果があるため，その社会的価値は個別企業が単独で享受する価値よりも大きい。しかしながら，個別企業としては成果が無償で模倣される危険性があるため，そもそもイノベー

図7-4 イノベーション政策と研究開発プロジェクト数の関係

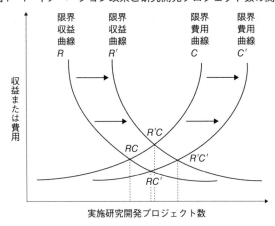

（出所）David, Hall and Toole［2000］.

ション活動が本来望ましい水準よりも過小になってしまうことが生じうる。

　個別企業の研究開発プロジェクトとイノベーション補助政策との関係をシンプルなモデルから考えてみよう（図7-4参照）。企業が実施する研究開発活動は，研究開発から得られると予想される収益とコストが均衡する水準で決定されると考えることができる。有望分野が限られていることを想定すると，実施プロジェクトを増やすにしたがって，優先順位の低いプロジェクトでは，1プロジェクト当たりの研究開発のコストは増大するはずである。これに対して，1プロジェクト当たりから得られると予測される収益は，当初の有望なプロジェクトでは高いものの，実施プロジェクト数を増やすにしたがって減少すると考えられる。横軸に実施プロジェクト数，縦軸に金銭価値をとると，研究開発による限界的な費用曲線 C は右肩上がりに，限界的な収益曲線 R は右肩下がりとなる。この状況下で政府が企業の研究開発活動を促進するためには，供給面ではある分野の研究開発費への補助金を通じて研究開発コストを低下させたり（限界費用曲線 C'，プロジェクト数は RC から RC' へと増加），需要面では新エネルギー車への補助金に代表される特定の新興産業分野への需要の創出による開発成果への報酬を引き上げたりすることが考えられるのである（限界収益曲線 R'，プロジェクト数は RC から $R'C$ へと増加）。

アジア各国で生産性の向上による成長が喫緊の課題となっているなか，興味深いのは，人的資本と研究開発，IT とデジタル化の振興，そして産業クラスターとネットワーク，こうした論点を含む形で各国が成長戦略を立案していることである。以下では中国とタイの事例を見てみよう。

3.2 製造強国，そしてイノベーション大国をめざす中国

2008 年にアメリカを発端に生じた世界金融危機は，外需の急減を通じてアジア各国に影響を与えたが，なかでも中国の輸出型工業に大きなダメージを与えた。外需の急減は短期的な現象ではあったが，加えて 2000 年代後半から労働市場での供給不足が生まれ，賃金上昇が続いたことは，低賃金を競争力とする時代がすでに終わりつつあることも意味していた。このため「中所得国の罠」を避けねばならないという認識は中国では広く見られ，市場化改革を推進することで成長を維持することの重要性が中国国内でも指摘されてきた (World Bank and Development Research Center of the State Council, PRC［2013］)。改めて表 7 - 1 を見ると，2000 年から 14 年にかけて，中国経済は年平均 9.4％という驚異的な成長を遂げたが，そのうちで 3.5％は全要素生産性の向上によるものだった。

生産性向上の背景には人的資本の向上，積極的な研究開発投資があるが，加えて中国政府はイノベーションに関連する一連の政策を立案している。2015 年に公表された**メイド・イン・チャイナ 2025** 計画では，中国製造業の現状は「製造大国」ではあるが「製造強国」ではないと指摘し，建国 100 周年の 49 年までに「製造強国」となるべく，独自の研究開発力の形成およびマーケティング・ブランディング力を持つ企業の育成を目標として掲げた。同計画は具体的な数値目標として製造業企業の収入に対する研究開発支出を 13 年から 25 年にほぼ倍増させることや，営業収入当たりの特許数を約 3 倍とすることを掲げている。

同計画ではドイツの「インダストリー 4.0」計画の影響も受け，インターネット産業と製造業の融合もめざしている。もっか，人件費の高騰に悩む中国企業は，工場の自動化に加えて，在庫管理の電子化に代表される IoT 化（モノのインターネット化）を進めつつある。2017 年にはさらに人工知能（AI）産業を

振興する政策が公表され，言語，画像，地図データの処理と認識技術の振興や，AIを活用したスマート家電や自動運転，ロボットへの応用の促進が明記されている。[*3] 中国政府は新規創業の支援と，それを通じたイノベーションの推進もめざしている。13年に提起された「大衆創業，万衆創新」政策では，若者の起業を支援し，新世代の企業家を通じたイノベーションを重視している。こうした中国の中央政府の振興政策は多くの場合には総花的であり，重点が必ずしも明確ではない。しかしながら研究開発費への補助金を筆頭に，イノベーション政策を享受した企業は，他の同等の政策補助を受けていない企業に比べて特許をより多く出願する傾向が報告されている。また，計画に記載された産業分野では銀行融資を得られやすくなるなどといった経路を通じて，実際に企業活動に影響を与えている。

中国発のイノベーションを考えるうえでは，中央政府の計画だけでなく，民間企業の動向にも注目が必要である。すでに国際特許申請数で世界的拠点となっていると指摘した中国南方の広東省深圳市には，世界的通信設備機器メーカーのファーウェイやZTEが本拠を構えている。2017年第1四半期時点で，1カ月当たりの利用ユーザー数が9.38億人に達しているメッセージアプリ・ウィーチャットの運営会社・騰訊（テンセント）も深圳に本社があり，杭州Eコマース大手のアリババとともに，中国国内とASEAN諸国を含む地域での電子決済網を競って拡大している。企業別の国際特許申請数ランキングでもファーウェイやZTEが世界の最上位にランクインし，また国全体としても研究開発支出額が急増していることを念頭に置くと，中国企業が新興産業で大きな役割を果たす時代が来ることが予感される。

3.3 「タイらしさ」から新興産業の振興へと舵を切るタイ

タイにおいても，「中所得国の罠」をめぐる危機感は見られ，近年大きな政策的な転換が観察されている。2006年の軍のクーデターによるタクシン政権崩壊以降，タイでは長い間政治不安が続いてきた。表7-1を見ると，2000年から14年の平均成長率は4.0％でASEAN諸国のなかで最低水準を記録している。各要素の成長率への貢献を見ると，資本投入の効果が1.4％，労働投入の貢献が0.1％，そして全要素生産性の向上が2.6％であった。生産性の向上

自体は比較的順調であったが，この間，大型のインフラ整備計画は見送られ，これが資本投入の貢献の低さに現れている。長期的なビジョンも必要性は認識されつつも提示されることはなかった。

　2014年以降，軍事政権であるプラユット暫定政権による政治運営が続き，意外にも長期的な視野に立った国家再編への取り組みも見られはじめている。プラユット政権が作成している「20カ年国家戦略」は，新憲法を根拠とする計画であり，「タイランド4.0」はそのビジョンを示したものである。タイ政府によれば，タイ経済のバージョン1.0，すなわち第1段階は，「農村社会」「家内工業」をキーワードとする戦前の工業化以前の段階であった。戦後の工業化によってタイは第2段階に移行し，「軽工業」「輸入代替」「天然資源と安価な労働力」をキーワードとした段階に突入した。そしてプラザ合意以降，外資企業の進出の本格化を背景に，「重工業」「輸出志向」「外資導入」がキーワードとなる第3段階に入った。第1章で確認したアジアNIEsの工業化パターンを採用したことを意味する。2016年時点で，タイは世界第2位のハードディスクドライブ（HDD）の生産国であることはあまり知られておらず，この他にもゴムタイヤでは世界第6位，コンピュータ製品では世界第7位，自動車では世界第12位に位置づけられている。[*4]

　そして，今後20年間にタイがめざす第4段階，すなわち**タイランド4.0**とは「イノベーション」「生産性」「サービス貿易」をキーワードとする付加価値を持続的に創造する経済社会である。国家戦略に沿って経済成長を加速させ，先進国入りを果たすという野心的なビジョンである。タイの中長期経済開発構想を策定する国家経済社会開発庁（NESDB）が過去に作成した「国家経済社会開発計画」を見ると，第9次開発計画（2001〜06年）からは前国王の哲学である「足るを知る経済」をビジョンとする経済社会政策が重視されてきた。この時期に重視された産業のなかには薬草ハーブを用いた化粧品，バイオ・エネルギーの分野ではキャッサバやサトウキビ，パームオイルなどのエネルギー植物の栽培拡大など，「タイらしさ」に重点を置かれた点に特徴があった。

　これに対してプラユット暫定政権下でスタートした第12次開発計画（2017〜21年）のビジョンは「先進国入りをめざすタイ」であり，大きな構想の転換と位置づけられる。[*5]

「タイランド 4.0」も，ドイツの「インダストリー 4.0」の影響を多分に受けており，先進技術，とりわけデジタル技術を外資企業の誘致を通じて導入し，産業構造の高度化と先進国入りを実現することをめざしている。重点産業は①次世代自動車，②スマート・エレクトロニクス，③医療・健康ツーリズム，④農業・バイオテクノロジー，⑤未来食品，⑥ロボット産業，⑦航空・ロジスティック，⑧バイオ燃料とバイオ化学，⑨デジタル産業，⑩医療ハブ産業である。

むろん，タイ政府はただちにこの 10 業種を育成できるとは考えておらず，当面は，①〜⑤の「既存産業」の競争力を強化し，その間に⑥〜⑩の「未来産業」の育成をめざすとしている。軍事政権からの民政移管に伴い，将来的にこのような計画が順調に実施されるか否かは不透明である。しかしタイが示しつつある「タイらしさに基づく構想」と「先進国化をめざす構想」との間の葛藤は，他の中所得国にも共通する悩みであろう。

おわりに

アジアを見渡せば，依然として基礎的インフラや設備機械への投資による成長余地があることも事実である。また第 4 章で確認したように，グローバルな分業体制のなかで，得られる付加価値を高める取り組みは容易ではない。しかしながら，趨勢としてアジア諸国は徐々にキャッチアップ型の経済発展だけでなく，新たな製品やサービスの開発というイノベーションをも担いはじめている。生産性の向上と経済のデジタル化という共通の課題を抱えながら，発展段階と自国の条件に基づいて多様な取り組みを見せはじめているといえる。

本章末尾では中国とタイの政策構想を取り上げるにとどまったが，このほかのアジア諸国でも興味深い発展構想が立案されている。マレーシアでは 2017 年 3 月，ナジブ政権のもとで，クアラルンプールを中心に E コマースと IT 系企業の東南アジア最大の拠点を作ろうとするデジタル自由貿易区が発足している。また，アジア域内で最先進地域となっているシンガポールでは，リー・シェンロン首相が 2014 年 8 月に「スマートネーションビジョン」を提唱している。都市国家全体の IoT 化を進め，交通インフラ，ヘルスケア，環境対策，行政手続きの各面で IT を世界最高水準で活用することで，経済全体の効率性

を高めようとする計画である。すでに自動車の自動運転実験や官僚へのデータサイエンス教育を実施するといった取り組みが始まっている。

このように、デジタル化やITの活用は政策ビジョンの類似性として指摘できるものの、産業基盤の違いを反映して、各国の対応はそれぞれに異なる。とはいえ、ドイツで、そして日本でロボット政策やAI産業の育成が議論されるとき、もはや同時期にアジア諸国でこうした政策が議論されている。またモバイル技術を活用した新サービスでは、日本よりもむしろアジア諸国で活用が進む例も観察されはじめている。イノベーションの観点でも、日本はアジアのなかで並走する時代を迎えているということができ、今後はアジアと競争しながらも、連携と共創ができるかが課題となる。そしてアジア諸国が取り組む新たなイノベーション政策やデジタル経済構想が、どのような成果を挙げるかについては、今後、私たち自身が確認していかねばならない。

〈注〉
＊1　表7-1には掲載されていないが、2013年から14年への単年の成長率の貢献では、IT資本への投資が、シンガポールでは全体の23.8%、香港では14.4%を占める。
＊2　4Mbps（4 Mega bit per second）は1秒間に4Mビット（4,000,000ビット）の情報を通信できる速度を意味する。
＊3　「メイド・イン・チャイナ2025」計画の原文は中華人民共和国中央人民政府ウェブサイトを参照（http://www.gov.cn/zhengce/content/2015-05/19/content_9784.htm）。中国の「新世代の人工知能発展計画」の原文は同ウェブサイト http://www.gov.cn/zhengce/content/2017-07/20/content_5211996.htm を参照。
＊4　BOI（Board of Investment, Thailand）, "Opportunity Thailand"（ドゥアンチャイ事務次官 2017年4月講演資料）。
＊5　National Economic and Social Development Board（NESDB）, The Twelfth National Economic and Social Development Plan（2017‐2022）, 2017.

Column ❼　アジアから生まれるユニコーン企業

　株式市場に非上場にもかかわらず、企業価値が10億ドル（約1100億円）を超える企業は、ユニコーン企業と呼ばれる。希少であることを反映した呼称であるが、近年、ユニコーン企業は決して珍しいものではなくなった。CB Insightsのデータによれば、2017年8月時点で全世界に215社のユニコーン企業が存在する。その半数に当たる106社がアメリカに本拠を置いているものの、アジアからもユニコーン企業は誕生している。ユニコーン企業の台頭の背景には、世界的にモバイルネットワークが急速に普及したことで、新たな事業機会が生じたことがある。加えて、ア

メリカ・シリコンバレーを中心として有望なベンチャー企業への投資や助言を行う仕組みが整ってきた。

　アメリカに次いでユニコーン企業数が多いのは中国で，57社に達する。2010年に創業した小米科技（シャオミ）は，スマートフォンの開発製造を主要業務とする。現在では多様な電子・電機製品を開発し，「家電の無印良品」とも呼ばれ，450億ドルの企業価値を記録している。ウェブサービスを見ると，中国最大手のタクシー配車アプリを展開するディディ・クアイディ，グループ購入サイト美団網など，中国国内市場でのサービス展開で一気に大規模化する企業が少なくない。

　小米科技が興味深いのは，インターネットと接続する家電，いわゆるスマート・ハードウェアを中心に，多くのベンチャー企業に対して投資も行い，小米エコシステムとも呼ばれる企業グループを形成している点である。ユニコーン企業1社の成長は，さらに連鎖的にベンチャー企業の成長をもたらしうる。経済発展で先行した日本（1社），韓国（3社）よりも，中国のユニコーン企業数が圧倒的に多いことの背景には，国内市場の規模に加えて，ベンチャー企業が成長する環境（エコシステム）の差にも一因があると考えられる。

　東南アジアでもユニコーン企業は生まれている。配車アプリではアメリカ発のUberの市場シェアが高いものの，シンガポールに本社を置くGrabに加えて，インドネシアではバイクタクシー予約システムのGO-JEKが急拡大を見せている。GO-JEKは2010年設立，現在20万人を超えるドライバーと契約し，16年時点での時価評価額は13億ドルとされる。人の移動だけでなく，マッサージ師の派遣，フード・デリバリーや小物の宅配にサービスを展開し，決済も手がける。

　アジアを旅するときに日本では知らないアプリをダウンロードしたら，それはもしかしたらアジア発のユニコーン企業のサービスかもしれない。

（伊藤亜聖，大泉啓一郎）

課題 ◆

□ 1　なぜ生産性の向上が課題となっているのか，複数の投入要素の効果に言及して説明しよう。

□ 2　イノベーションの源泉として考えられる要因を1つ挙げ，アジアの具体的事例に即して，事例を選び説明しよう。

□ 3　身の回りにある製品やサービスのなかで，アジア諸国で生み出されたものがあるか検討しよう。

（伊藤亜聖）

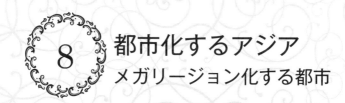

8 都市化するアジア
メガリージョン化する都市

タイ・バンコクにある大型商業施設，サイアム・パラゴン
（2017 年，遠藤環撮影）

Learning Goals
①アジアの経済発展と都市化の関係を理解する
②アジアのメガ都市・メガリージョンの形成要因とその機能を理解する
③アジアの都市が抱える新しい問題を理解する

はじめに

　21 世紀は「アジアの世紀」だけでなく，「都市の世紀」ともいわれている。世界の都市人口が 2008 年に 50％を超え，農村人口を上回ったからである。とくにアジアにおける都市人口の増加は著しい。今後の世界の都市人口の増加はアジアとアフリカが中心となって起こると予想されている。2000 年代にはアジアの都市人口はすでに世界の都市人口の半分以上を占めるようになっている。

振り返れば，1950年の東・東南アジアにおいて都市人口比率（都市化率）は17.4％にすぎなかった。つまり大部分の国では農村社会が中心であり，多くの人々は農村に住み，農業により生計を立てていたのである。戦後，多くの国では首都を中心に急速な都市化が進むものの，国全体で見れば都市化率は低位であった。しかし，20世紀後半に都市化率は急上昇し，2007年に50％を超え，15年には56.5％の水準に達した（図8-1参照）。アジアは，農村主導社会から都市主導社会へと短い期間で移行した地域である。

　都市化率の上昇は，①都市の人口の**自然増**，②都市への人口移動（**社会増**），③都市区分の変更の3つの影響を受けるが，初期のアジアの都市化率の上昇はおもに②都市への人口移動によるところが大きかった。シンガポールや香港などの都市国家を除けば，アジアの都市化は，戦後に急速な都市化のピークを迎えた日本や韓国，1990年代までに顕著な社会増で巨大な首位都市（primate city）が誕生したタイやマレーシア，同じく上海など巨大な都市を持ちつつも全国に多くの都市拠点を持つ中国など，いくつかの類型に分けられる。それでも，首都を中心とした**メガ都市**[*1]（メガシティ）が，経済発展の牽引役として，各国で生み出される付加価値の大きなシェアを握っている点は多くの国に共通している。

　さて，都市化の進展のなかで都市の機能や注目される側面も大きく変化してきた。第二次世界大戦後に始まったアジアの急速な都市化は，おもに社会増によって引き起こされたため，農村部からの大量な人口移動は都市の雇用創出力やインフラ整備に先行して進んでいるとみなされ，それは先進国の都市化とは異なる，「過剰都市」化現象と名づけられた。ただし，多くのアジア諸国の都市は，先進国と同様に経済成長の牽引役として機能しており，1980年代末には，新興国のメガ都市もその経済牽引力が評価され，過剰都市論は下火となった。その頃から，アジアの都市とその近郊は工業化の担い手として注目されるようになった。大都市近郊には輸出加工区や工業団地が建設され，若年層の就業場所として活気づいた。さらに，新興国のメガ都市がグローバル化の結節点としての機能を強化しはじめると，その中心部ではサービス化・先進国化が進んだ。そして，メガ都市はその経済領域を拡大し，周辺地域を飲み込んだ「**メガリージョン**」と呼べる新しい経済単位を形成するようになっている。メガリ

ージョンは自国企業だけでなく，海外の企業の進出拠点ともなり，国内外の高学歴者の居住地域になった。

　近年は，このメガリージョンの競争力を高めることや，気候変動などの災害リスクを回避するためのインフラ整備を進めることが成長戦略で重要なものと位置づけられる一方で，メガリージョンとその他の地域との格差，またメガリージョン内部の所得格差の拡大にどう対処するかが社会問題になっている。本章では，アジアの都市に対する議論の変遷を確認したうえで，アジア経済の変化を牽引する地域としての都市のダイナミズムを描く。ただし，メガ都市・メガリージョンは地域間格差の拡大からインフラ整備まで，さまざまな諸課題を抱えている。これらの諸課題と今後の展望についても検討してみたい。

1　「過剰都市」から生産拠点としての都市へ

1.1　アジアの都市化の動向

　まずアジアの都市化の特徴を概観しておこう。第1に，アジアの都市化率は，長らく世界平均を大幅に下回っていた（図8-1）。ところが，東・東南アジアは1990年代から急速な都市化率の上昇を見せはじめる。そして2010年代には世界平均を上回るようになった。南アジアを含むアジア全体の都市人口は，05年には世界の都市人口の50％以上を占めるようになっている。それでは東・東南アジアのどの地域で都市人口が増えているのであろうか。図8-2からは中国の都市化がアジアの都市人口の増大に大きく寄与していることがわかる。

　第2の特徴は，**首位都市**（おもに首都）のメガ都市化と経済力の集中である（詳細は，第2節を参照）。アジアでは，国全体の都市化率が低位にあった時代も，多くの国では首位都市に限れば，1960年代以降に急速な人口増大を見せた。逆にいえば，アジアの途上国の都市化は，先進国の歴史的経験に比べて，農村人口比率の高い段階で都市化が進行する「**圧縮した都市化**」であった（田坂編[1998]）。現在では，突出した経済力と人口が集中するメガ都市の諸機能は，次第に周辺地域へと染み出し，地理的に連続したメガリージョンを形成するようになっている。第3に，アジアの都市は，世界の他地域に比べて人口密集度

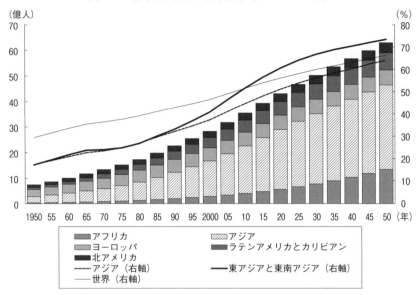

図 8 - 1　都市人口比率と都市化率（1950～2050 年）

（注）「アジア」には南アジア地域を含む。
（出所）UN, World Urbanization Prospects: the 2014 Revisions より作成。

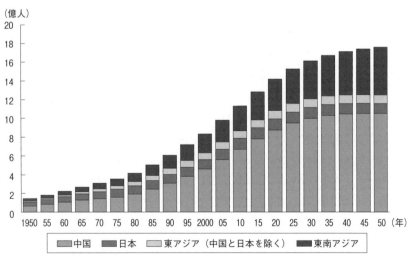

図 8 - 2　アジアにおける都市人口（1950～2050 年）

（出所）UN, World Urbanization　Prospects: the 2014 Revisions より作成。

が非常に高い。アジアの都市は 1km² 当たり 1 万～2 万人の密度を見せるが，これはラテンアメリカの約 2 倍，ヨーロッパの 3 倍，アメリカの都市の 10 倍である（UN Habitat［2010］）。

　アジアの諸都市は，圧縮した工業化により急速な変化を見せた。次に第二次世界大戦後からの都市化を振り返ってみよう。

1.2　過剰都市と首位都市への注目

　前述のとおり，戦後長い間アジアの国々では総じて都市化率が低く，農村と区分される地域が支配的な社会であった。それゆえに，早い段階で都市化が進んだ日本や，都市国家のシンガポール，香港などを除いて，アジア経済論の主眼は都市よりも，農業の生産性や農村の変容に向けられてきた。そのなかで，農村から都市への人口移動と経済成長の関係に注目したアーサー・ルイスの「二部門モデル」では，農村は伝統部門／農業部門，都市は近代部門／工業部門と等値され，都市と農村を対比的にとらえることが多かった。そして，経済発展とは「余剰労働力を抱えて低い生産性にあえぐ伝統部門が支配的な経済のなかに，高い生産性をもって拡大再生産を続ける近代部門を創成し，後者が前者の余剰労働力を吸収しながら経済全体に占めるその比重を次第に増大していく過程を指す」と考えられていた（渡辺［1986］55 頁）。

　当時の議論では，アジアの都市化は農村から都市へ押し出される人口移動の結果として論じられていた。農村からの大量の人口移動は，都市の雇用創出力を超え，失業者やスラムを生み出す要因になっていると考えられていた。都市の許容限度を超えて人口が流入しているとみなし，新興国の都市は「**過剰都市**」（over urbanization）と呼ばれた。「過剰都市化」とは，「都市化が工業化（経済発展）と無関係に進行する状況」であるとも定義された（早瀬［2004］201 頁）。「過剰都市論」を最初に提示したキングスレイ・ディビスらが注目したのは，都市化率（総人口に対する人口 10 万人以上の都市人口比率）と，工業化率（男性総人口に対する非農業者比率）の相関であり，途上国では欧米諸国と比べて都市化が工業化に先行していると指摘した（Davis and Golden［1954］，田坂編［1998］）。このように人口分布から議論した過剰都市論はその後，人口移動と都市の雇用・労働市場の連関を検討するハリス＝トダロ・モデル（第 9 章参照）に依拠

表 8-1　アジア各国の都市化率と都市人口成長率

(単位：%)

	都市化率 (2014年)	都市人口成長率		
		1965～70年	1990～95年	2010～15年
アジア	47.5	3.18	3.12	2.50
東アジア	58.9	2.50	3.28	2.53
日本	93.0	2.42	0.54	0.56
韓国	82.4	6.63	1.92	0.66
香港	100.0	1.11	1.27	0.74
マカオ	100.0	4.04	2.07	1.78
中国	54.4	1.93	4.36	3.05
モンゴル	71.2	4.23	0.94	2.78
北朝鮮	60.7	6.45	1.71	0.75
その他	76.5	6.42	1.52	0.82
東南アジア	47.0	4.16	3.63	2.53
シンガポール	100.0	1.97	2.87	2.02
マレーシア	74.0	4.86	4.82	2.66
タイ	49.2	3.60	1.40	2.97
インドネシア	53.0	4.13	4.96	2.69
フィリピン	44.5	3.79	2.21	1.32
ベトナム	33.0	4.91	3.79	2.95
カンボジア	20.5	9.42	5.61	2.65
ラオス	37.6	5.31	5.12	4.93
ミャンマー	33.6	4.16	2.23	2.49
東ティモール	32.1	4.50	4.41	3.75
ブルネイ	76.9	7.88	3.60	1.79
世　界	53.6	2.63	2.34	2.05

(注)「アジア」は南アジア，中央アジアも含む。
(出所) UN, World Urbanization Prospects: the 2014 Revisions より作成。

する論者へと引き継がれていく。

　この時代の議論の特徴は，言い換えれば，第1に農村の貧困と人口移動など，プッシュ要因から都市の拡大を説明したこと，また，第2に急速な都市化を都市問題の観点，とくに貧困・スラムやインフォーマル経済の創出から議論したことである。第3に，地方都市の成長は限定されていたため，議論の対象は首位都市であった。

　表8-1はアジア各国の都市化率（2014年）と都市人口の成長率である。シンガポールなどの都市国家を除くと，日本や韓国など80～90％の都市化率を見せる国，50％強であるASEAN4や中国，まだ30％前後のその他の後発国

図8-3　バンコクの人口とスラム・コミュニティ人口／地区数の増大

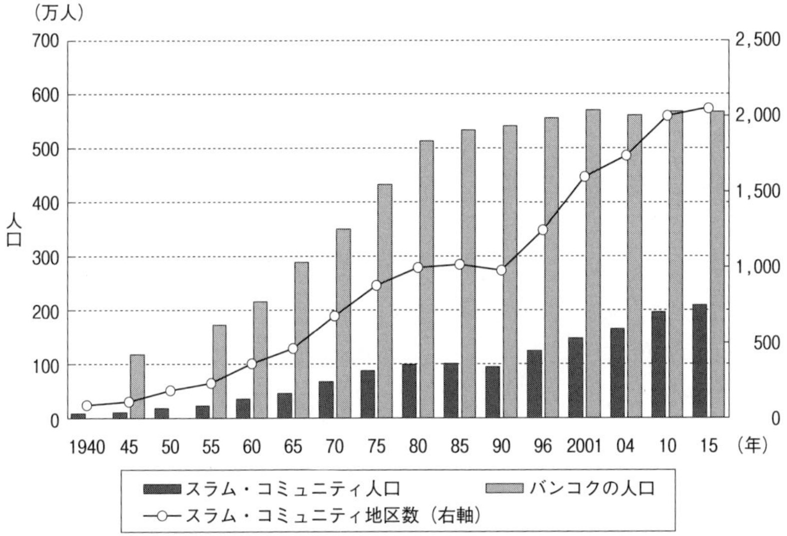

（注）「スラム・コミュニティ地区数」には中間層用の「分譲住宅地区」が一部含まれる。
（出所）遠藤［2011］およびBMA［各年度版］より作成。

という違いが見える。急速な都市化の進展のピークは日本では1960年代，韓国は70年代であったが先発ASEAN諸国は80～90年代，中国は90年代である。アジアでは首位都市（多くは首都）に一極集中することが多い。たとえば，図8-3はバンコクの人口とスラム・コミュニティの増加を表している。バンコクの急速な人口拡大は1990年代まで続き，これはおもに社会増でもたらされた。過剰都市論が注目したのはそのような傾向であった（なお，統計上は約600万人となっているが，地方に戸籍をおいている人が多く，政府の推計値では2000年代前後には約1000万人に達しているという[*2]）。近年はバンコクの膨張は一段落しているが，周辺地域の都市化や地方の都市化が進んでいる。たとえば，90年はバンコクの人口は全国の10％にすぎなかったが，都市人口全体の約58％を占めていた。ところが，2000年には人口全体に対するバンコクの人口比率は10％台で大きな変化が見られないものの，都市人口全体に対するバンコクの人口比率は約34％へと低下した（NSO［1993］［1994］［2001］［2002］）。ただし，バンコクが約1000万人の人口を抱える一方で，第2都市は40万人程度にすぎず，

その首位性は現在でも突出したままである。バンコクほどではないが，他のアジアの都市も首位都市への人口集中が現在でも顕著な国が多い。たとえば，2010年の時点で，東京は全都市人口の32%，ソウル25%，クアラルンプール29%，マニラは28%である。一方で，中国は30万人以上の規模の都市が実に398都市あり，北京の全都市人口に対する比率は約2.4%，1000万人都市である上海でも3.0%にすぎず，これらの都市以外にも多くの都市拠点を持っている（United Nation［2014］）。

1.3 アジアの過剰都市の抑制政策

都市化の初期段階では，このような大都市への急激な人口移動を抑制する対策をとる国が出てきた。たとえば，中国では，1958年という早い時期に「戸籍制度」を導入した。これは，戸籍を農村戸籍（農業戸籍）と都市戸籍（非農業戸籍）に区分するものであり，「『農業戸籍』を持っている者は，都市で就職ないし就学することが決まっている場合を除き，都市に移住できないこと」とするものであった（丸川［2013a］79頁）。

タイでは，経済格差が人口移動の要因としてとらえられ，投資そのものを地方に分散化する政策がとられた。「第3次経済社会開発計画（1972～76年）」のなかで，バンコクの急速な都市化が問題視され，人口抑制策を実施する一方で，バンコク以外への工場移転については税の軽減などの優遇措置を設けることで，工場の地方分散化を進めようとした。インドネシアでは，厳密には都市化の抑制策ではないが，地方への入植により都市部からの人口移動を促そうとした。ベトナムにも同様の人口移動抑制策がある。

結果からいえば，いずれの政策も人口移動抑制に対してたいした成果を挙げることができなかった。しかも，過剰都市論自体は次の理由から次第に下火となる。第1にアジアのみならず，他地域の新興国・途上国で次々とメガ都市が登場するなかで，その議論が都市の「許容限度」の基準などで曖昧であったこと，第2に，1980年代末以降，アジアNIEsやASEAN諸国の急速な経済成長の牽引役が都市であることが認識されるようになったことである。つまり，農村の貧困化が都市の膨張の原因だとする議論は視点の転換を迫られた。さらにはグローバル経済と結びついたアジアの経済発展のパターンは，都市化の動

態を，一国内の人口移動の観点だけから分析することの限界を提示した。過剰都市論が注目していたアジアの都市の諸課題を緩和したのは，経済成長による都市インフラ整備の進展や，周辺地域への都市圏の拡大であった。ただし，依然として多くの問題も残されている。また，都市に向かう人口移動は抑制もされず，近年はさらに加速しているようにも見える。

国連の調査によると，人口 500 万人を超えるアジアの都市は，1950 年の 2 都市（東京と上海）から 2015 年には 28 都市（東アジア 22 都市，東南アジア 6 都市）に増加している（United Nations [2014]）。また同調査で，1000 万人を超える都市は 15 年で 29 都市あるが，そのうちの 10 都市がアジアにある（南アジアを含めると 16 都市になる）。

1.4　工業化と生産拠点としての都市

都市問題を緩和したのは，人口移動の抑制策ではなく，各国の経済成長であった。経済のグローバル化が進展するなかで，都市への流入人口は安価で豊富な労働力として外資企業に注目された。各国政府も，1980 年代以降，外資企業を誘致するための税制優遇（法人税や関税の減免税措置），電力や道路，港湾など工場建設に必要なインフラを事前に整備した輸出加工区や工業団地の設置，労働者の斡旋や行政手続きを一括処理する事務所の設置などに取り組んだ。

このような外資企業の進出が農村から都市への人口移動をさらに加速させた。戸籍制度により人口移動を厳しく規制してきた中国でさえ，沿海都市部での労働力不足を補うために人口移動を暗黙に了解した。中国では，農村からの出稼ぎ農民は「**農民工**」と呼ばれ，2000 年初頭にはその数は 2 億人を突破したといわれる。たとえば，香港の対面にある広東省深圳市は，1980 年はたった 6 万人の都市であった。それが対外開放政策で外資企業の進出先として注目され，2000 年に 655 万人，15 年には 1075 万人の大都市に成長した。深圳市は人口移動によって生まれた大都市といってよい。

このように外資企業の進出によって大都市は，輸出生産基地から工業地帯に，さらに特定産業の集積地へと発展していった。都市化をめぐる諸議論も，プッシュ要因ではなくプル要因に注目しはじめ（第 6 章も参照），それと同時に人口学や開発経済学のみではなく，経済学の諸分野が都市を分析対象とするように

なる。

2 グローバル化時代のアジアの都市論
──グローバル・バリューチェーンの結節点へ

2.1 グローバル・シティとしてのメガ都市の機能

　アジアの大都市は，グローバル化の果実を享受し，突出して成長してきた。
図8-4は，タイ・バンコク，中国・上海の1人当たりの地域総生産（GRP）
の変化を示したものである。バンコク，上海のそれは，ほぼ右肩上がりの成長
を持続しており，2015年はそれぞれ1万4991ドル，1万6753ドルと高水準に
ある。2015年のタイと中国の1人当たりGDPはそれぞれ5799ドル，8167ド
ルであるから，2〜2.5倍の水準ということになる。タイと中国は，国レベル
では世界銀行の基準で「中所得国」に属するが，バンコクや上海は「高所得
国」と同水準の経済力を持つ地域になっている。このことは，実際に同地に足
を踏み入れれば実感できることであろう。これら大都市は，国内において経済
成長の牽引役であり，同時にグローバルな生産拠点として，また金融のハブ拠
点として，重要な役割を果たすようになっている。

　サスキア・サッセンは，国際都市を「**グローバル・シティ**」とそれ以外の国
際都市とに区別している。彼女は，グローバル・シティの要件として，①多国
籍企業など世界の事業に対する司令塔的役割，②金融を含めた専門的サービス
の提供，③イノベーションの促進機能，④それらの財・サービスを消費する市
場であることを挙げている。そして，これに該当するニューヨーク，ロンドン，
東京，パリなどを「グローバル・シティ」と呼んだ（サッセン［2008］）。

　これに従えば，バンコクや上海などのアジアのメガ都市は先進国のグローバ
ル・シティと同じではないが，その要件を少しずつ備えはじめていることは明
らかである。これらの都市は，一方ではグローバルに展開されるバリューチェ
ーンの結節点として管理中枢機能を担っている。他方で，周辺地域に広がるメ
ガリージョンは顕著な産業集積を形成し，国内の大部分の経済力を集中させて
いるのである。その過程をもう少し詳しく見てみよう。

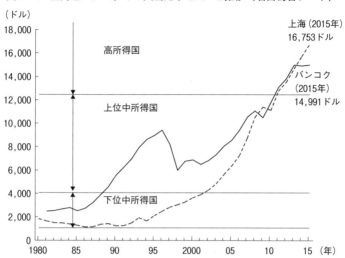

図 8-4　上海とバンコクの 1 人当たり GRP の推移（名目為替レート）

（ドル）

上海（2015年）
16,753ドル

高所得国

バンコク
（2015年）
14,991ドル

上位中所得国

下位中所得国

1980　　85　　90　　95　　2000　　05　　10　　15　（年）

（注）高所得国は 1 万 2476 ドル以上，上位中所得国は 4036〜1 万 2475 ドル，下位
中所得国は 1026〜4035 ドル（World Bank, World Development Indicators 2016）。
（出所）上海統計年鑑，NESDB 資料より作成。

2.2　グローバル・バリューチェーンの結節点としてのメガ都市と産業集積

　第 2 章と第 4 章で見たように，グローバル・バリューチェーンの進展はフラグメンテーションを核とするが，それは同時に**アグロメレーション**（**集積**）を推し進めるダイナミズムをも内包している（木村 [2003b]）。すなわち，フラグメント（分割）された生産工程のなかで同じような生産要素集約度（資本・労働の投入比率）を持つ機能が，特定の場所に集積するという現象である。こうした機能・生産ブロックのアグロメレーションが，グローバル・バリューチェーンにおける結節点としての都市を形成し，その重要性を高めるのである。このような結節点としての都市の具体例としては，たとえばタイのバンコクおよびその周辺地域の自動車関連産業の集積や，中国の珠江デルタにおける電子・電機産業の集積などがある（第 7 章も参照）。

　こうした，グローバル・バリューチェーンのなかの特定機能の集積地としての都市の生成と展開を理解するには，**規模の経済性**（規模に関して収穫逓増）が

1つのキーワードとなる。ここでいう規模の経済性とは，地域（都市）内の生産規模が拡大すればするほど平均総費用が下がり，そのため生産性が上がることを意味している。この規模の経済性が働く背景には，同じような機能を担う企業同士が隣接することで，関連する知識や技術を入手しやすくなったり，そうした企業に適した技能・技術を持つ労働者を確保しやすくなったりするなど，正の外部性が働くことがある。そのため一度集積が始まると，その都市の結節点としてのポジションはますます高まることが多い。

　実際に，こうした結節点として機能するアジアの多くの都市では，グローバル化による国際市場への接続と海外との分業化が成長要因になっていた。地方の発展の遅れから，メガ都市と周辺部がその機能を担うことになったのである。メガ都市とその周辺部への経済の集中度は依然として高い。たとえば，2010年の東京と首都圏（東京，神奈川，千葉，埼玉）は GRP18.4％と 32.4％を創出し，中国の北京は 3.5％にすぎないものの長江デルタ経済圏（上海，江蘇省，珠江省）は 21.5％，韓国のソウルは 23.2％で首都圏は 47.8％，タイのバンコクは 29.1％であるが拡大バンコク首都圏は 66.2％，マニラは 23.5％で拡大マニラ首都圏は 51.1％である（日本貿易振興機構・アジア経済研究所［2015］）。

　これらの現実をふまえて，途上国政府は，単に外資企業を誘致するだけでなく，世界中に張り巡らされたバリューチェーンの一角に参加するための戦略が必要だと認識し，その拠点を大都市に定めている。そして個別企業のみならず産業集積地の形成を積極的に促進することを，都市の競争力の強化としてとらえるようになっている。

　とくにハーバード大学のマイケル・ポーターが国家競争力の要として提示した「クラスター論」は，アジア各国政府の都市競争力強化の戦略に強い影響を及ぼした（ポーター［1992］）。ポーターのクラスター論（ダイヤモンド理論）に倣って，人材育成や裾野産業の育成，競争的な環境（規制緩和）などのシステム作りを具体的な政策に取り入れるようになったのである。国際機関もアジアの都市の役割を見直すようになった。たとえば，アジア開発銀行は 2008 年に，*City Cluster Development*（『都市クラスター開発』）を出版している（ADB［2008］）。同時に，メガ都市により高度な管理中枢機能を集中させる動きも強まっている。国内の金融やサービスの中心としてだけでなく，グローバル・バ

リューチェーンのなかでより高次・高付加価値な機能を担えるよう，海外から
の本部機能や研究開発（R&D）部門の誘致を促すための減税措置やインフラ整
備が進められるようになった。

　経済がグローバル化し，IT が急速に発展する今日においても，大都市は拡
大しつづけている。そのため，これまでの経済学に輸送コストと集積の効果を
取り入れる空間経済学の対象としても，アジアの都市は注目されるようになっ
た。そして，これらの大都市の連結性（コネクティビティ）は，成長を促進する
要素として注目され，国境を越えた輸送インフラの整備の加速につながってい
る。たとえば，大陸インドシナ半島（メコン地域）の南北経済回廊，東部経済
回廊，南部経済回廊は，その１つである。

2.3　アジアの都市化とメガリージョンの形成

　以上のようなメガ都市とその周辺部における産業集積の形成は，外延的に都
市が広がっていくという地理的，空間的な特徴を生んだ。マイク・ダグラスは，
1990 年代に，アジアの空間的秩序の形成は一極集中とメガ都市圏（Mega-
urban region，もしくはメガリージョン）の出現にあるとして，外延部へと工業地
帯が広がっていく状況に注目した。たとえば，ある国が国際的な生産システム
に組み込まれている場合，国内の地域形成は多国籍企業の意思決定の影響も受
けざるをえず，そのため，コア地域にある十分に発達した交通と通信システム，
および都市的アメニティ（学校，病院などからインフラまで）が必要になるから
である（Douglass [1995]，遠藤 [2016]）。アジアの多くの都市は，前述のとおり，
首位都市がグローバル経済の結節点として組み込まれ，外延的には製造業の空
間的分散化と，都心への管理中枢機能の集中が見られた（田坂編 [1998]）。

　この傾向は 2000 年代にますます強化されている。そのため，世界銀行は都
市のとらえ方の見直しを提案しはじめた。つまり従来の行政区域を越えて大都
市の領域が染み出すかのように拡大しているため，それを連続し一体となった
地域ととらえ，ガバナンスの単位を再考する必要があると指摘する（World
Bank [2015]）。

　また，トロント大学のリチャード・フロリダはティモシー・ギルデンと共同
で，行政区分にとらわれない経済圏としてのメガリージョンをとらえるために，

アメリカの国防気象衛星プログラムと海洋大気局（NOAA）のデータを使用し，夜間の光量から経済規模を測定する方法を用いた。そして彼らは，「グローバル経済はおおむね 20 から 30 のメガリージョンが担っているという結論を導いた。これらメガリージョンの世界人口は 5 分の 1 にも満たないが，経済活動の 3 分の 2 とイノベーションの 8 割を産出している。また，メガリージョンの上位 10 地域の人口は全世界の 6.5 パーセントにすぎないが，経済活動の 4 割以上とイノベーションの半分以上を独占している」としている（フロリダ [2009]）。彼らのリストを見ると，アジアからは第 1 位「広域東京圏」，第 5 位「大阪 - 名古屋圏」，第 13 位「ソウル - プサン圏」，第 16 位「九州北部」，第 23 位「香港 - 深圳圏」，第 24 位「広域札幌圏」，第 31 位「上海市」，第 32 位「台北」，第 34 位「広域北京圏」，第 35 位「デリー - ラホール圏」，第 38 位「シンガポール」，第 40 位「バンコク」と 12 カ所がランキングされている。アジアにおいてメガリージョンは，顕著に拡大しているのである（末廣・大泉編 [2017]）。

3　アジアの都市が直面する課題と展望

3.1　メガリージョンと地域間の階層性

　圧縮した変化を経験したアジアの諸都市は，経済の中心でありながらも，格差問題から，頻発する災害に対する脆弱性まで，さまざまな課題に直面している。いくつかの点を取り上げてみよう。

　まず地域間格差と都市内格差について考えてみよう。1 つ大事な点は，「地域」のとらえ方自体も変更を迫られている点である。これまで都市と農村というとらえ方が一般的であったが，第 2 節の議論をふまえれば，この見方は現実を把握するのに十分ではない。同じ都市と呼ばれる地域でも首都と地方都市は異なるし，行政区分としては農村でもメガ都市近郊の農村と地方の農村では，大きく異なる。

　まずメガリージョンと他の地域を比較してみよう。図 8 - 5 は，2014 年のタイの県別 1 人当たり GRP（地域総生産）をその水準で区分したものである。驚くことに，バンコクだけでなく，近隣 7 県の 1 人当たり GRP が 1 万ドルを超

えている。その居住人口は 1600 万人
に達する。[*3] タイは中所得国であるが,
1600 万人は「高所得国」の入り口に
あるような地域に居住しているのであ
る。他方, 1 人当たり GRP が 3000 ド
ル未満の地域も多く, 居住者は 2700
万人に達する。

　このような地域間の経済格差の拡大
に伴って, アジアの中間層・富裕層は
おもに都市で増大している。高賃金職
種はおもに都市に集中するからである。
その結果, 21 世紀に入ってアジアの
都市は消費市場としても注目されるよ
うになっている（Column ❽参照）。

　これらメガリージョンは, 若年人口
を引きつけてやまない。これは, 第
10 章で指摘するように, 地方・農村
の高齢化を加速させる要因となる。図
8-6 は, 2010 年のバンコクとタイ東
北部の人口ピラミッドを比較したもの
であるが, 同じ国のなかにありながら,

図 8-5　タイの県別 1 人当たり GRP（2014 年）

バンコク

10,000 ドル以上
1,600 万人

3,000 ドル未満
2,700 万人

（出所）NESDB 資料をもとに作成。

まったく異なっていることがわかる。バンコクは 20〜30 歳代の人口が多く,
東北部は逆にその世代が極端に少なくなっている。若年人口が都市に移行する
ことのインパクトが確認できるだろう。

　言い換えれば, これは国全体では高齢化が加速しても, 大都市は成長を持続
できることを示すものである。他方, 若年層を送り出すことで, 地方・農村は
人口面での潜在的成長力を弱めていることがわかる。メガリージョンとそれ以
外の地域の経済格差は拡大せざるをえない状況にあり, 日本で起こっている地
方消滅のような状況が形を変えてアジアでも起こっている可能性は高い。

　メガリージョンとその他の地域の経済・所得格差を拡大させるのは, 人口構

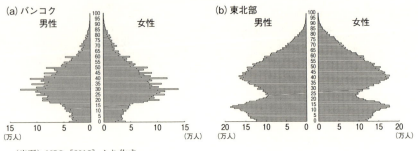

図8-6　タイの人口ピラミッド（2010年）

(a) バンコク　男性　女性

(b) 東北部　男性　女性

（出所）NSO［2012］より作成。

成の違いだけではない。人的資本の偏在にも注意しなければならない。いずれの国においてもメガリージョンには大学をはじめとする高等教育機関が多く設置されている。その高等教育機関における地方出身の卒業者の多くは，その後もメガリージョンに住みつづける。その結果，人的資本の地域間格差が拡大しているのである。たとえばバンコクの労働力のうち，大学・専門学校の卒業生は222万人で，これはタイ全体の大学・専門学校卒業生の27.7％を占める。つまり人的資本の高い労働力がバンコクに集中しているということである。このような状況に対して何らかの措置を講じなければ，地域間の経済・所得格差をさらに拡大させてしまうことになる。

3.2　アジアのメガ都市が直面する課題

　以上のようにメガ都市・メガリージョンは突出した経済力とリソースの集中する場となったが，しかし，メガ都市内部に目を向ければ，「圧縮した都市化」は，さまざまな経済社会リスクを生じさせる。たとえば，メガ都市は環境汚染の主要な排出源となり，今後の環境問題の解決の鍵を握っている。ここでは，2点に絞り，詳しく見てみよう。

　第1に，多くの国では地域間格差よりも都市内の格差のほうが拡大している（第11章を参照）。また，多くの都市ではその繁栄の陰で，いわゆる「スラム」コミュニティも存続しつづけており（図8-3も参照），都市の貧困問題が完全に解消したわけではない。たとえば，2014年のデータでは，東アジアの都市

人口の 26.2%，東南アジアの 28.4% がスラム居住者である。国別データが入手可能な国のなかでは，カンボジア（55.1%），ミャンマー（41.0%），フィリピン（38.3%）の比率がとくに高い（UN Habitat［2016］）。都市に経済活動・サービスが集中すると，高賃金職種のみならず，都市の機能を維持するために，さまざまな低賃金職種も創出される。たとえば，飲食店やホテルといったサービス業で働く従業員から建設労働者，富裕層の自宅で働く家事労働者などである。都市はつねに，このような都市下層の労働を必要とするが，他方で，生産拠点としてのインフラ整備を優先してきたこれらのメガ都市では，人々が必要とする生活インフラの供給・整備が十分ではないことが多い（Column ⑨ も参照）。都市内格差を背景に，住宅問題（都市下層用の住宅が不足している一方で，不動産価格の高騰など）や，都市の再開発に伴って進展するジェントリフィケーション（低所得地域の再開発によって，階層の入れ替えや富裕化が起こること）は，階層間の新たな政治的対立を生む政治リスクにもなりうる。近年では，都市の労働市場の最下層に，社会的排除の対象となりやすい外国人労働者が多く従事している点にも留意が必要である。

　第 2 には，インフラの脆弱性である。たとえば，公共交通の不足や総合的な計画に欠いた道路網の整備の結果，現在でも渋滞問題は解消されていない。頻発する災害への対応も必要である。2011 年にタイを襲った 100 年に一度といわれる大洪水が，世界のサプライチェーンを一時停止に追い込んだことは記憶に新しい。また，フィリピンをしばしば襲う台風の被害は，同国の成長の足かせになっている。経済の牽引役となった都市では，これらの新しいリスクへの対応が必要となっている。その脆弱性が持続的な成長を損なう可能性があるからである。したがって，このような自然災害の被害を最小限に食い止めるためのインフラ整備も今後課題になってくる。また，1 つめの点とも関わるが，不十分なインフラは災害被害を拡大する人為的要因となり，都市住民の生活基盤を損なう。

3.3　メガリージョン時代の政治社会リスクと政策のジレンマ

　メガリージョンはアジアの経済成長，そしてイノベーションの牽引役になっており，とくに中国や ASEAN 諸国では「中所得国の罠」の回避のための戦

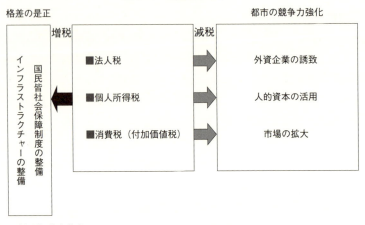

図8-7 政策のジレンマ

格差の是正   都市の競争力強化

増税   減税

国民皆社会保障制度の整備 / インフラストラクチャーの整備

■法人税   外資企業の誘致

■個人所得税   人的資本の活用

■消費税（付加価値税）   市場の拡大

（出所）筆者作成。

略の拠点と考えられている。2010年代以降，アジアの多くの国ではそれまで
の地域間格差是正政策からメガリージョン重視の政策へと，明白な方向転換が
図られた。他方で，格差の是正などの諸課題を放置すれば，政治社会のリスク
として政治の不安定化につながる可能性を持っている。また，インフラ整備に
も多くの財源が必要となるが，地域間格差が大きく，さらに財政制約に直面す
る中所得国では，都市のインフラに多くの財源を振り分けること自体が政治的
な論争点となりうる。図8-7は，中所得国の政策のジレンマを表している。
政府は，一方では，メガリージョンの競争力を強化するために，限られた財源
のなかから都市のインフラ整備を優先したり，外資企業を誘致するために減税
を中心とした競争力強化策をとりたいと考える。他方で，地域間格差や都市内
格差の問題など，対応すべき国内の諸課題も多くある。たとえば，メガリー
ジョンの成長力を地方に波及させるためには，地方の経済活性化に向けたイン
フラ整備などの財源も十分に確保しなければならない。加えて，急増する高齢
者の生活を支える社会保障制度の整備も同時に求められる。現在は，中国やタ
イ，マレーシアなどの中所得国では，地方・農村の住民や都市に居住する低所
得層には，給付・サービス水準の低い医療・年金制度で対応しているのが現実
である（第10章，第11章も参照）。しかし，これだけでは高齢者の生活を支え

ることはできない。社会の安定のためには社会保障制度の充実に向けた財源確保も必要になる。

　つまり，アジアの中所得国は，「中所得国の罠」を回避するための減税を中心とした競争力強化策を図るなかで，所得格差の是正と福祉国家への移行に向けた社会保障を実現する財源を確保しなければならない。財源の確保には，固定資産税や相続税の導入，それらの税率の引き上げが必要となるが，メガリージョンの居住者からの同意を取りつけることは容易ではないだろう。また，法人税や個人所得税，消費税の税率の引き上げには，メガリージョンの競争力強化策との調整が必要であり，とくに企業からの同意をいかに取りつけるかが問題となる。つまり，メガリージョンの競争力強化策と，所得格差是正・社会保障制度の整備などの社会安定化策を両立することは容易ではない。アジアの未来を考える際に，メガリージョンをめぐる政策運営のあり方は，今後のアジア社会の展望の1つの鍵を握っているといえるだろう。

おわりに

　アジアでは，圧縮した経済発展と並行して，圧縮した都市化が進んできた。とくに，グローバル経済と接続するなかで発展してきた中所得国のメガ都市，およびメガリージョンは，一見，先進国の都市とさほど変わらない景観を見せるようになっている。グローバルに経済活動を展開する多国籍企業や投資家の頭のなかにあるのは世界地図であり，そのなかでは，上海，バンコク，ジャカルタ，東京，シンガポールなどは類似性を持つ空間として，立地戦略のなかでつねに比較されている。また，多くの産業集積地が一国内では特定のメガリージョンに集中している現実をふまえれば，国境をまたいだ生産ネットワークは，国家間というよりも，実はメガ都市，メガリージョンのグローバルなネットワークである。デジタル化が進み，移動のコストが下がるにつれ，これらの都市のネットワーク化や人材の集中はますます進む可能性がある。

　本章は，第I部・第II部で検討してきたアジア経済のダイナミクスを，ある国や地域の側からとらえ直すものでもあった。ある国の地域経済を規定するのは，もはや国内要因や政策だけでない。国外要因もが，国内の産業構造・労働市場の再編から地域的な機能の立地・配置にまで大きな影響を与える。メガリ

ージョンは，地元の住民や労働者，企業だけでなく，グローバルアクターの活動拠点でもあり，それぞれのニーズは多様で，ときに対立している。見方を変えれば，一見とらえどころのないグローバルな経済のダイナミクスは，地域経済の空間編成や機能の配置において個別具体的に現れる。たとえば，グローバル化時代においても，企業や住民にとっては，地域は生産活動や生活の基盤であり，その地域の構造と特色は企業の競争力や住民の生活の質に直結する。ただし，各地域が直面する諸課題への対応は，各国や地域の経済社会事情や合意形成過程に依拠し，必ずしも一様ではないだろう。

　中所得国の政策のジレンマが示すように，メガ都市は，途上国型の課題と先進国型の課題を併せ持っており，世界の縮図ともいえる。たとえば，労働市場を見ても，上位層にはグローバルアクターを含むホワイトカラー層を抱える一方で，非正規雇用労働者，インフォーマル経済従事者，3K労働に従事する外国人労働者も広範に存在している。またメガ都市・メガリージョンと地域との格差，都市内部の格差，追いつかないインフラ整備・生活基盤の強化など，数多くの諸課題は，多くの国が直面する政策運営の困難を端的に表している。これらの課題にどう対応するかは，持続可能なアジア，より豊かなアジアを実現する鍵になる。

〈注〉
＊1　国連は1つの目安として，1000万人以上の都市をメガ都市（mega city）としている。ただし，論者や政策文書によっては，1000万人未満でも巨大な都市を指して使用していることがある。
＊2　たとえば，原則として悉皆調査である2010年の人口センサスでは，バンコクの人口は約830万人である。
＊3　2014年現在，タイの人口は，約6800万人である。

Column ❽　消費するアジア

　経済産業省『通商白書2008』のサブタイトルは，「新たな市場創造に向けた通商国家日本の挑戦」であった。同書では，世界市場を「50億人市場」と表現した。50億人とは，10億人の先進国市場に，40億人の新興国・途上国市場を加えたものである。これ以降の『通商白書』は，新興国・途上国の消費市場について多くの紙面を割くようになった。他方，メディアも，とくに世界金融危機以降は，新興国・途

（単位：％）

	中　国		インドネシア		タ　イ		ベトナム	
	安価な労働力	現状の市場規模	安価な労働力	現状の市場規模	安価な労働力	現状の市場規模	安価な労働力	現状の市場規模
2003	74.9	19.7	67.7	17.7	57.4	17.0	74.1	5.9
2004	66.1	23.9	68.9	20.0	49.3	20.5	75.9	6.5
2005	62.8	27.0	68.9	28.9	50.3	20.7	81.7	4.0
2006	57.2	24.9	54.1	27.0	45.9	24.1	71.4	5.2
2007	50.3	30.1	55.6	26.7	48.5	28.5	71.0	6.8
2008	44.9	37.1	56.1	39.0	38.7	25.8	61.3	6.0
2009	44.0	32.8	46.0	22.0	41.7	25.0	57.7	9.4
2010	35.3	38.1	51.4	24.8	44.7	22.0	61.2	10.3
2011	32.8	46.4	46.1	27.7	41.5	25.2	63.1	13.4
2012	26.6	46.8	40.4	26.0	36.3	27.5	58.8	10.0
2013	16.9	61.2	38.1	30.7	32.4	34.6	57.5	12.3
2014	17.8	57.0	28.6	37.3	28.3	42.2	53.0	17.9
2015	13.0	67.9	35.0	38.7	36.7	35.9	49.0	15.5
2016	12.7	62.4	30.5	43.3	26.1	37.7	42.2	19.5

（出所）JBIC［各年度版］「わが国製造業の海外事業展開に関する調査報告」。

上国の消費市場の特集を競って掲載するようになった。企業レベルでも，日本において人口減少や少子高齢化の進展を背景に国内市場に大幅な拡大が期待できないことから，新興国・途上国の消費市場の開拓・確保が不可欠な戦略であるという認識が浸透してきた。その中心がアジアの新興国・途上国である。

　日本企業にとって，アジア新興国・途上国は1980年代までは天然資源の供給地であった。90年代以降は，これに安価な労働力の供給地としての役割が加わり，そして21世紀に入って消費市場としての魅力が加わった。

　中国の自動車販売台数は，2005年の580万台から16年には2800万台に急増した。これに比べると色あせるが，ASEANでの自動車販売台数も同期間に190万台から310万台に増加した。

　このような日本企業のアジアの消費市場への期待は，国際協力銀行（JBIC）の企業アンケート調査結果からも確認することができる。表8−2は，中国，インドネシア，タイ，ベトナムを投資有望国と回答した企業のうち，「安価な労働力」と「現状の市場規模」をその理由と回答した割合を抜き出し，示したものである。

　注目したいのは，いずれの国においても，時間とともに「安価な労働力」とした回答率は年々低下傾向にあり，「現状の市場規模」への期待が高まっていることである。中国を例にとってみると，「安価な労働力」と回答した企業の比率は2003年の74.9％から16年には12.7％に低下している。逆に「現状の市場規模」と答えた企業の比率は19.7％から62.4％に上昇している。つまり中国における事業展開の

目的は従来の安価な労働力の活用から消費市場の開拓・確保に移ったといってよい
だろう。タイでもインドネシアも同様に「現状の市場規模」と回答した企業の比率
が「安価な労働力」を上回るようになっている。ベトナムでは「安価な労働力」の
回答比率がまだ高いもののトレンドは前3カ国と同じである。

　これは各国の所得水準が高まったことに影響を受けたものであるが、なかでも都
市で高所得層が急速に拡大している。たとえば、中国の国家統計年鑑によれば、
2016年の同国の都市住民の可処分所得上位20％の水準は1人当たり7万348元（1
万595ドル）であり、たとえば世帯構成人数を3人とすれば、世帯可処分所得が3
万ドルを超えることになる。16年の都市化率は50％を超えていることを考えると、
都市住民の20％は1億5000万人を超えることになる。つまり日本の人口と同等以
上の高所得層が中国大陸には存在するのである。

　こうしたことをふまえれば、近年の中国を中心とした訪日アジア観光客の増大と
その旺盛な購買力（中国人のそれは「爆買い」とも呼ばれた）も理解できよう。ア
ジアからの観光客数は2010年の653万人から16年には2043万人に増加した。そ
の支出額は約3兆円と推計され、日本経済を支える一要因になっている。

　同時に、アジアの人々の購買スタイルは、小売店を介したものから、インター
ネットを通じた電子商取引（EC）へと変化している。中国のネットサイト大手で
あるアリババは、毎年11月11日は「独身の日」として大キャンペーン（多数の割
引）を実施してきた。2016年11月11日の売上げはたった1日で1207億元（1兆
9000億円）に達した。

　また、スマートフォンを介した決済も急速に普及している。アジアといえば小売
店で店員と交渉して価格を決める、という慣習はおろか、屋台でさえも現金で支払
うという行為が駆逐される勢いである。　　　　　　　　　　　　　　（大泉啓一郎）

課題 ◆

□ 1　なぜアジアでは一極集中型の都市やメガリージョンが形成されてきたのか、
　その要因を考えてみよう。

□ 2　関心ある地域・国を選び、都市の規模や都市化の最新の動向を統計から調べ
　てみよう。

□ 3　都市に産業が集積したり、人口が集中することのメリットとデメリット、そ
　れに対する対応策を考えてみよう。

（遠藤環・大泉啓一郎）

9 インフォーマル化するアジア

アジア経済のもう1つのダイナミズム

ミャンマー・ヤンゴンの道ばたで衣料品を売る男性（2010年，後藤健太撮影）

Learning Goals

① インフォーマル経済とは何か，またどのような機能と意義を持っているのか理解する

② インフォーマル経済のアジア経済への影響と役割を理解する

③ インフォーマル経済が抱える可能性，課題・制約を理解し，今後の展望を考える

はじめに

　アジアの国々を訪れると，露天商やバイクタクシー運転手，廃品回収人，小さな修理工房など，さまざまな零細・小規模の経済活動を見かけるだろう。これらは**インフォーマル経済**（Informal Economy）と総称され，マクロな経済統計では十分に把握されていないことが多いが，アジア経済の活気の一部となって

いる。アジアは，工業化によって急速な経済発展を実現したため，アジア経済を語る際には，おもにその担い手である大企業が注目されてきた。しかし，多くの途上国の就業構造に目を向ければ，フォーマルな大企業で働く労働者は一部であり，インフォーマル経済に従事している人は少なくない。

　初期の開発経済学は，インフォーマル経済を途上国特有の現象とみなし，経済が発展すれば，労働者は近代部門に吸収され，インフォーマル経済は縮小，消滅すると想定していた。しかし，その想定に反し，圧縮した発展・変化の進む多くのアジアの国では，今もなお，インフォーマル経済が広範に存在している。一方，先進国においても，フォーマル部門の「インフォーマル化」が見られるようになってきた。

　さて，インフォーマル経済として定義される職業には，実は多様な職種が含まれている。その定義や理論は時代ごとの政策的関心に沿って変化してきており，いまだ確立した定義があるとはいえないのが現状である。それは，工業化と近代化を優先的な課題とした第二次世界大戦後のアジアにおいて，その直接の担い手となる一部の職業以外が「非近代部門」として1つに括られがちであったためであり，発展理論の関心の外にあったためである。しかし，現在においても，インフォーマル経済はアジアの人々にとって，またマクロ経済にとっても重要な機能を担っている。本章ではフォーマルな，大企業主導の経済発展のみでは語れない，アジア経済のもう1つのダイナミズムを考えてみよう。

1　インフォーマル経済の定義と理論的変遷

1.1　インフォーマル経済とは何か

　インフォーマル経済とは，大まかにいえば，社会保障や課税の対象にならず，公式に登録されていないような職業・生業の集合体のことである。したがって，マクロ統計でも把握されていない場合が多い。従来の議論が想定していたのは，途上国に広く見られる行商人・露天商，靴磨き，廃品回収人，バイクタクシー運転手，家事労働者，家内工業従事者，日雇い労働者などであり，零細規模の商業・運輸・サービスの自営業者や製造業従事者，もしくは臨時労働者として

生計を立てている者のことであった。言い換えれば，近代の「産業」分類に当てはまらないと考えられたさまざまな職業の総称でもあった。

国際労働機関（ILO）は，インフォーマル経済には職種別に次の3つが含まれると整理している（農業従事者を除く）。第1に，自営業者（非登録，零細・小企業を含む），第2に，賃金労働者（社会保障，雇用契約などを持たない者），第3に，家内労働者（内職労働者）である。制度や法律の外にあるために，それぞれの国の法体系のもとでは，「非合法」とされる経済活動もあるが，ここで留意すべき点は，ドラッグや人身売買などの犯罪とされる非合法活動とは区別される点である。本章での「インフォーマル経済」は，未登録であったり，法規に違反していると「みなされる」活動であっても，生み出す財・サービス自体は合法的なものとする。

1.2 初期の議論
——概念の登場，否定的見解から肯定的見解へ（1960年代〜）

インフォーマル経済に対する見方は，否定的・消極的なものから，肯定的なものへと変化してきた。伝統的な開発経済学における「**インフォーマル・セクター**[*1]」論は，単線的近代化論として特徴づけられる。従来の議論は，インフォーマル・セクターを，潜在的な失業者の一時的な待機地とみなし（偽装失業），工業化や近代化が進めば，縮小，もしくは消失するはずの「遅れた部門」であると考えていた。当時の議論の特徴は，第1にフォーマル・セクターとインフォーマル・セクターを二分法的にとらえたこと，第2に農村から都市への人口移動の観点からインフォーマル・セクターの生成と拡大を説明したこと，第3にインフォーマル・セクターがフォーマル化し，近代化していくことが「発展」であるととらえられていたことである。

偽装失業からインフォーマル経済をとらえた端緒的研究としては，1954年に出版されたアーサー・ルイスの**二重経済論**が重要である（Lewis [1954]）。これは，農業部門と都市部門を，それぞれ共同体原理に基づく慣習経済的な伝統部門と，利潤最大化公準に従う市場原理が支配する近代部門として区別し，農村から都市への労働移動に注目したものである。その際，ルイスは農村では労働の限界生産性が限りなくゼロに近い多くの労働者が存在しているが，共同体

原理が働くことで，彼らにもその限界生産性を超える生存に必要な賃金（生存賃金）が実質的に支払われており，これが偽装失業を生んでいるとした。そして，こうした多くの偽装失業状態にある労働者を，近代的な都市部門が吸収することで経済発展が実現されるとした。

　また，都市における偽装失業の問題に関する理論的枠組みの代表は，**ハリス＝トダロ・モデル**である（Todaro [1969], Harris and Todaro [1970]）。このモデルは，ルイスの二重経済論のように農村と都市を異なる経済原理が支配するものではなく，ともに市場原理に基づくものととらえた。そして，労働者の主体的な意思決定の結果，それぞれの部門における「期待賃金」が同じレベルで均衡するまで，農村から都市への労働移動が起こるとした。こうした均衡状態としての都市労働市場は，農村・都市間の実際の賃金格差ではなく，都市で失業したりインフォーマル経済に従事したりする確率を含んだ「期待賃金」によって決まるため，結局フォーマルな仕事に就けなかった人たちの偽装失業を内包するものとなる。これが都市におけるインフォーマルな経済活動を生むメカニズムの1つの説明である。

　こうした状況は，政策の観点からは，さまざまな都市問題（スラム，交通渋滞，犯罪など）の原因になっているとして否定的な見方がされていたが，これを肯定的な見方へと転換させたのは，ILO の「ケニア雇用調査団」であった。第二次世界大戦後の先進国においては，「貧困」とは「失業」のことであった。ところが，失業している余裕もない途上国の貧困層は，さまざまな仕事を作り出し，日々の糧を得ていた。ILO は，「働いているのに貧しい人々」（working poor）に焦点を当て，問題は「失業」ではなく，「雇用」の中身であることを認識したのである。そして，所得稼得機会としてインフォーマル・セクターの積極的な意義を評価した（ILO [1972], Hart [1973] など）。

　1970 年代に ILO が提示した定義は，その後 2000 年代に ILO が自己批判を行い，見直すことになるが（後述），90 年代の東南アジアでの政策を含めて長らく影響力を持った。その重要な特徴は下記の3つである。第1に，60 年代の二分法的議論を受け継ぎ，フォーマル・セクターとインフォーマル・セクターを対照的に定義し，両者を分断したものとしてとらえた。第2に，フォーマル・セクターに当てはまらないものが一括りにされたという点では，残余概念

であった。第3に，インフォーマル・セクターは公的なルールに規制されていないため完全競争的であると想定した。経済的には効率的で収益を生み出すものであるが，さまざまな経済・社会構造の制約がその発展を阻み，雇用上の問題を生じさせているとした。

　以上の定義は，その後さまざまな批判を招くことになるが，それでも ILO の問題提起によって，それまで排除・黙視されていた生業や職業群が，インフォーマル・セクターとして注目され，さまざまな政策支援の対象になるようになった。ただし，おもな政策対象は時代によって変わっていく。1970 年代は貧困問題解決の視点から零細な自営業（たとえば，露天商や廃品回収人など）が主要な政策対象であったが，80 年代以降，新自由主義の影響を受け，発展可能性の高い零細・中小企業の生産性向上に政策的関心が移っていく。

1.3　二分法的議論を超えて——初期開発経済学への批判（1990 年代〜）

　インフォーマル経済は，多様な職種を含むため，一様の定義を規定するのが難しい。1 つには，近代化論がインフォーマル経済を議論の外に置いたからであり，2 つには，公的な制度整備が追いつかないほど，人々は日々，新たな仕事を作り出していたからでもある。ただし，それは必ずしも特殊な職業ではなく，先進国においては類似の職業が公的に登録され，課税の対象になっていることもあった。インフォーマル経済の理論や実態の把握は，その時々の理論的，政策的関心によって変わってきた。定義を見直すことが，政策「対象」を規定し，政策手段も規定するからである。

　ILO が提示した二分法的議論への代表的な反論は，インフォーマル・セクターを完全競争的とする視点や多様な職種を一様に扱う点にあった。たとえば，中西徹は，マニラのスラムにおける長期調査から，第 1 に農村からの移住者は近代部門をめざして都市に移動するわけではなく，「都市インフォーマル部門」での就業を目的にしていること，第 2 に，その内部構造の分析から，参入障壁がなく自由に参入できるという，新古典派経済学の完全競争の想定は当てはまらないことを明らかにした（中西 [1991]）。インフォーマル部門は決して一様ではなく，高生産性部門と低生産性部門があることや，パトロン・クライアント関係に規定されて非競争的な現実があるためである。その他，バンコク

の調査からも，高・低生産性部門の存在が明らかになっている（パスク・糸賀編 [1993]）。

インフォーマル・セクターの多様性や階層性を指摘する実証研究はその後も増加するものの，中西らの議論は，インフォーマル経済の生成を農村からの人口移動の視点から説明した点，および慣習経済の存在を指摘し，フォーマル部門との対照性に注目した点においては，従来の開発経済学の延長上にあった。一方で，グローバル化の進展や新自由主義の浸透が見られた 1990 年代には，インフォーマル経済の生成と再生産のメカニズムに対して異なる見方をするいくつかの理論的な潮流が登場する。代表的な 3 つの議論を，WIEGO（「インフォーマルな雇用における女性：グローバルな組織化」）の整理も参照しながら紹介しよう[*2]。これらはいずれも，分析の単位を都市に置き，農村からではなく都市の視点からインフォーマル経済をとらえようとしている点で共通している。第 1 に，マニュエル・カステルやサスキア・サッセンに代表されるような構造主義者である。カステルらは，インフォーマル経済の生成要因を，個人の貧困や人口移動に求めるのではなく，グローバルな競争の激化や工業化に伴う産業構造の転換の過程にあると考えた（Portes, Castells and Benton eds. [1989]）。つまり，インフォーマル経済とは，生産関係の特定の形態であり，フォーマル経済を規制する法体系や社会的文脈に規制されていない活動であるとした。インフォーマル経済を，フォーマル経済と分断した特殊な部門としてではなく，むしろ両者が構造的に連関していることを指摘した点において画期的であったといえる。このようにとらえることにより，サッセンは先進国の大都市にもインフォーマル経済が創出されていることを明らかにした（Sassen [1999]）。

第 2 は，法規や制度のあり方に注目する議論である。エルナンド・デ・ソトは，ペルーに関する研究から，インフォーマル部門はフォーマル部門よりも発展可能性に満ちているが，政府による規制がむしろそれを妨げていると主張した（De Soto [1989]）。フォーマル化のコストが高いがために，人々はインフォーマルな所得創出活動や住宅を獲得せざるをえなくなるのである。したがって，政策的には規制緩和が重要であるとした。市場主義派にも受け入れられやすいこの議論は，その後の規制緩和やマイクロクレジット（小規模融資制度）の奨励などにつながっていった。

第3は，インフォーマリティ（インフォーマル性）は，個人の自発的な選択であるとみなす立場である。代表的な論者は世界銀行のウィリアム・マロニーなどである。フォーマルとインフォーマルの間で費用便益の比較を行う点では，デ・ソトの議論と類似性があるが，法規・制度側に制約要因があるというよりも，社会保障や課税の負担を逃れようとする，自営業や零細・小企業の企業家の選択の結果であるとしている（Maloney［2004］など[*3]）。つまり，コスト最小化のためにあえて自発的に選択している，という見方である。

　以上の議論は，重視する職種や側面が異なるため，政策的な含意が異なっていた。二分法論者は，生存のための小規模な自営業職種に注目したし，構造主義者は零細な商業や生産者，もしくは下請け労働者に着眼し，法規・制度主義者や自発性論者が見ていたのはインフォーマルな企業体や企業家だった。

　アジアの多くの国では，これらの国際的な議論の変遷と連動して具体的な政策が展開された。否定的な見方が中心だった1960年代は，多くのインフォーマル経済の職種が撤去や排除の対象になっていた（タイ，マレーシア，シンガポールなどの屋台撤去政策，タイのサリット政権によるセックスワーカーの取り締まりなど）。支援政策が出てくるのは，80年代後半から90年代にかけてであり，ILOや国連の積極的な政策提言を通じてであった。たとえば，タイでは，92年からの第7次国家経済社会開発計画ではじめて，「インフォーマル・セクター」という用語が公式の政策文書に登場し，94年に最初の公式統計書が国家統計局（NSO）から発表された。一方で，デ・ソトの議論の影響は規制緩和やマイクロクレジットを重視する政策立案者に影響を与えた。

　とはいえ，1990年代までは，インフォーマル・セクターやインフォーマル経済という概念は，各国にとってはおもにILOや一部の研究者が提唱する概念にすぎなかった。当事者にとっては，さまざまな職業は自身の生業の1つにすぎず，概念は共有されていなかった。その状況は，2000年代以降に大きく変化する。1つは，程度の差はあるものの，各国の政府がインフォーマル経済を政策対象としてとらえ直し，さまざまな政策が具体化したためである。2つには，ILOのみならず，世界銀行やアジア開発銀行などのさまざまな国際機関が異なる関心から注目しはじめたためである。

2 アジアにおけるインフォーマル経済の動向とその機能（2000年代〜）

2.1 グローバル化の進展と定義の再検討

アジアの急速な経済発展と工業化にもかかわらず，2000年代に入っても，インフォーマル経済は多くの国で広範に存在していた。むしろ，グローバル化の進展によって，近代化論が発展のモデルとしていたはずの先進国においても，フォーマル部門の雇用形態の不安定化や「インフォーマル化」が進みはじめた（Standing [1999]）。そのような現実から，ILO は「ケニア雇用調査団」から30年を経た2002年の年次総会において，『ディーセント・ワークとインフォーマル経済』を発表し，1970年代のインフォーマル・セクター論に対する自己批判と定義の修正を行った（ILO [2002]）。インフォーマル経済とフォーマル経済は分断されておらず，連動して動くものであるとし，分断を強調するインフォーマル「セクター」ではなくインフォーマル「経済」という呼称に改めると宣言したのである。ただし，従事者は脆弱な基盤，法の保護の外，不安定性などの特徴を持っているため，「ディーセント・ワーク」（働きがいのある人間らしい仕事）の促進が重要だと主張した。生産性上昇とディーセント・ワークの同時達成を明確な目的としたその後，インフォーマル経済を統計的に把握するための基準作りが進められ，アジア各国の労働省や統計局にも国際的な標準マニュアルとして採用されつつある。

2000年代の議論の大きな変化は2つである。特定の職種というよりも全体を包含するような概念が議論されはじめたこと，そして先進国にも「インフォーマル化」の現象が見られるとの認識から，インフォーマリティの源泉を貧困問題に見るのではなく，グローバル化などのマクロ経済のダイナミクスとの関わりで考える視点が普及していったことである。それに伴って政策においても包括的アプローチの必要性がいわれるようになった。

2.2 アジアにおけるインフォーマル経済の規模と動向

2000年代のアジアにおけるインフォーマル経済の規模と動向を確認しよう。

図9-1　東南アジアにおけるインフォーマルな雇用と1人当たりGDP

図9-1　東南アジアにおけるインフォーマルな雇用と1人当たりGDP

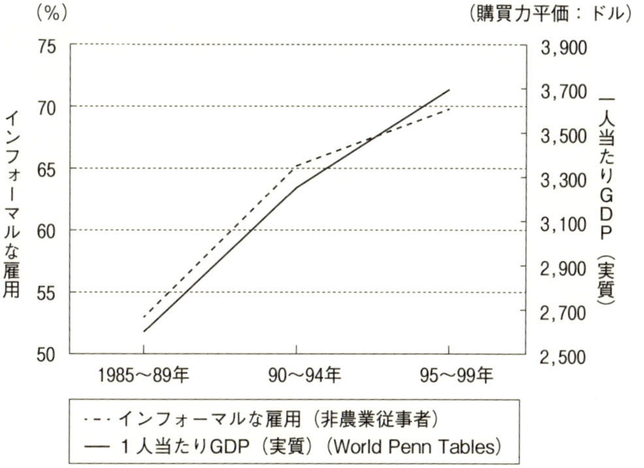

（出所）Jütting and Laiglesia［2009］.

　経済協力開発機構（OECD）は，2008年のリーマン・ショックののち，*Is In-formal Normal ?*（『インフォーマルはノーマルか？』）という刺激的なタイトルの報告書のなかで，東南アジアのデータを示している（Jütting and Laiglesia［2009］）。1990年代まで，1人当たりのGDPは順調に伸びているが，インフォーマルな雇用も，緩やかになったとはいえ伸び続けていたことがわかる（図9-1）。本報告書は，インフォーマリティは常態化しているのではないか，と問うた。

　表9-1は，ILOの定義による，アジアにおける，「インフォーマルな雇用」の規模を示している。その規模は，2004／10年の段階でも，東・東南アジア（中国を除く）で非農業従事者の約65％を占めており，決して小さくない。国別のデータ（それぞれ2000年，また2009／2010年のもの）は，わずかに減少しているものの，中国で約3分の1，それ以外の国は40〜70％台と大きな規模を占めている。

　また，インフォーマル経済のマクロ経済に対する貢献度は決して小さくはなかった。少し古いデータではあるが，表9-2は1990年代におけるインフォーマル経済の，農業部門を除いたGDPに対する貢献を推計したものである。ア

表9-1　非農業従事者（就労者）におけるインフォーマルな雇用の比率

（単位：％）

地域・国	インフォーマルな雇用 （1994/2000年）	インフォーマルな雇用 （2004/10年）
アジア	65	–
東・東南アジア：中国を除く	–	65
南アジア	–	82
インドネシア	78	76
フィリピン	72	70
タイ	51	42
中国	–	33
インド	83	84
北アフリカ	48	45
サブサハラアフリカ	72	66
ラテンアメリカ	51	51

（注）各国データは，1994/2000年列が2000年，2004/10年列が09年，もしくは10年の数値である。
（出所）1994/2000年はILO［2002］，2004/2010年は，地域別はVanek et al.［2014］，国別はILO［2014］より作成。

表9-2　インフォーマル経済のGDP（非農業部門に限定）に対する貢献（推計）

（単位：％）

地域・国	GDPに対するインフォーマル経済の貢献
アジア	31
インドネシア（1998年）	31
フィリピン（1995年）	32
韓　国（1995年）	17
インド（1990〜91年）	45
北アフリカ	27
サブサハラアフリカ	41
ラテンアメリカ	29

（出所）ILO［2002］.

ジア（南アジアを含む）ではそれが約30％の規模であると推計された。

　ここで，こうした統計データの算出に使用されているILOによる定義を確認しておこう。かつては，労働・貧困問題に注目する議論は労働者や就労地位に，そして生産性の議論をする場合は企業体に注目するなど，目的に応じて現象の一側面を切り取る形で定義づけがなされており，一貫性と包括性を欠いていた。しかしインフォーマル経済への関心が高まると，国民経済計算（System of National Accounts: SNA) と整合的な統計指標を整備する必要性が高まった。

　定義の概要は次のとおりである。インフォーマル・セクター (Informal Sector) は「事業所」を対象とした概念であり，インフォーマルな雇用 (Informal Employment) は「仕事」を対象としたものである[*4]。つまり，自営企業や登記されていない企業など，事業所を調査・分析対象とした議論はインフォーマル・セクター論，仕事・雇用における就労地位を問題とした議論はインフォーマル雇用論に分類された。これに対してインフォーマル経済は，これら経済主体としての「事業所」に焦点を当てた「セクター論」と，そうした各事業所に「仕事」を通じて関わる「雇用論」の両側面から，経済構造や特質をとらえようとした，包括的な概念である。したがって，インフォーマル経済の定義は，1つの軸に「セクター論」の分類カテゴリーを置き，もう1つの軸に「雇用論」の分類カテゴリーを置くことで描けるマトリックスで規定されている。このマトリックスによる定義は，2003年に開かれた第7回国際労働統計家会議において，上述のSNAと整合性を持つ形で規定された。

　このようなマトリックスを提示することで，たとえばフォーマル企業におけるインフォーマルな雇用（経営者の家族がフォーマルな企業内で仕事を手伝っている，あるいは非正規な雇用契約で雇われた労働者がいる等）や，インフォーマル企業におけるフォーマルな雇用（事業規模により，統計的にインフォーマル企業と分類されていながら，フォーマルな雇用形態で仕事に従事している等）といった，これまでの一側面のみからのアプローチでは捕捉できなかったインフォーマル経済の全体像をとらえることが可能となったのである[*5]。

　この定義に基づいてアジア各国の統計制度は見直しが進んだ。ILOは2015年に国連アジア太平洋統計研究所 (SIAP) とWIEGOとの共催でアジア13カ国（インドなど含む）の統計局や労働省の担当者を集め，各国の進捗状況と課題を共有するセミナーを開催した。タイでは1994年から『フォーマル・インフォーマル労働市場（労働力調査）』，2005年からは『インフォーマルな雇用調査』を刊行してきた。マレーシアでも，セクターに注目した『インフォーマル・セクター労働力調査』を09年から発刊している。それ以外の国でも，中国は労働統計に関連項目を追加し（15年より），フィリピンではパイロット事業としてGDPにおけるシェアの推計が行われた（08年）。ただし，産業統計と

労働統計の両方を組み合わせた正確な推計を行うのは容易ではなく，各国では試行錯誤が続いている。

　2010年に世界銀行の支援によって中国で開催された学術セミナーでは，中国6都市を対象にILOの定義を活用した推計作業の結果が報告された。「インフォーマルな雇用」を，①社会保障（年金，健康保険，失業保険）を享受していない者，②雇用契約法（09年施行）の定める契約を結んでいない者，③どちらかに当てはまる者，④両方に当てはまる者，の4つの定義から見ている。それぞれ規模が異なるが，全体の傾向は共通している。たとえば，③の定義を用いれば，インフォーマルな雇用は全体の37.2％であるが，都市出身者では29.6％であるのに対して移住者（農民工）では65.9％になる。また，都市出身者の84.1％はフォーマル・セクターに属するが，農民工は54.4％のみである（雇用形態がインフォーマルな者を含む）。参考までにその他の特徴も見てみよう。インフォーマルな雇用には若者が多く，16〜34歳は定義①で約74％，定義②で約65％になる。賃金水準はいずれもフォーマルな雇用と比較すると約6割程度であった（Park, Wu and Du [2012]）。以上のように，新しい定義を用いて実態を把握しようとする試みは，各国で続いている。

2.3　グローバル化・都市化とインフォーマル経済のダイナミズム

　インフォーマル経済は，グローバル化や都市化の帰結として，またそうした大きな環境変化を要因とする人々のリスク対応の結果として，生成・変化・消失・再生を繰り返す（遠藤 [2011]）。

　インフォーマル経済の生成・拡大の事例を紹介しよう。1つめは，都市化とそれから派生するサービス需要の変化がもたらす，インフォーマル経済の展開事例としてのバンコクのバイクタクシーである。バイクタクシーが最初に登場したのは，急な都市化とインフラ整備の遅れにより，交通渋滞が深刻化した1980年代後半であった。バンコク近郊に住む1人の男性が，渋滞に悩む人々を対象にしたニッチ市場にサービスを提供することを思いつき，始めたといわれる。88年の調査では，バイクタクシーの数は約1万6000台だったが，その後，瞬く間に台数が増え，2005年に登録制度が導入された際には11万台が登録した。バンコクがグローバル都市になるにつれ，2000年代には類似の職業

としてバイク便（メッセンジャー）も登場している。露天商もまた，撤去や規制が厳しい国を除けば，都市人口の増大に伴って増えた自営業の1つである。

2つめは，景気変動や危機時に見られるインフォーマル経済の拡大である。1997年のアジア金融危機では，タイやインドネシアなどのフォーマル企業で大規模な解雇が実施され，インフォーマル経済のなかでも参入障壁がより低い自営業職種が一時的に増大したことが観察された。90年代後半からの国有企業改革によって何千万人もが解雇された中国でも，同時期にインフォーマル経済への参入が顕著だったといわれる。2008年のリーマン・ショックでも同様の研究結果が発表されている（Horn [2009]）。これはリスクへの対応の結果でもあり，生計を維持するために必要な戦略的参入でもある。

3つめは，制度的制約や競争環境の変化がもたらす零細・小企業の起業の事例である。1つの典型的な事例がベトナムの地場市場向けのアパレル産業に見られる。ベトナムでは，それまでの社会主義計画経済の行き詰まりを打破すべく，1980年代後半から市場メカニズムの本格的導入が始まった。しかし国有企業に有利な制度環境や，金融・流通制度の著しい未発達が，長い間，民間部門発展の阻害要因となってきた。しかし，そうした制度的未整備が著しいなかでも，ホーチミン市を中心に小規模で零細なインフォーマル企業が，地縁や血縁関係などの社会的ネットワークに強く依存した複雑な下請け生産関係を構築し，一大産業を築いてきた。そうしたインフォーマルな経済活動は，やはり公式統計に表れる以上の付加価値を生み，多くの人々の暮らしを支えてきたのである（後藤 [2005]）。一方で，タイのアパレル産業に見られるように，グローバルなレベルでの競争が激化するなかで同産業の賃金水準が，生産性上昇率を超えるスピードで上昇すると，それまでフォーマルな企業内で行われていた生産工程の一部がインフォーマルな事業者に外注されたり，フォーマル企業のなかでインフォーマルな雇用が増えるなど，そのネガティブな側面が露わになることもある（Goto and Endo [2014]）。

2.4 インフォーマル経済の機能と意義

それではこれらの職業は，従事者にとってはどのような機能と意義を持っているのだろうか。インフォーマル経済には多様な職種が含まれており，内部は

階層化されているため，その点に留意しながら詳しく見てみよう。

　さまざまな理論的相違にかかわらず，先行研究がインフォーマル経済の機能を積極的に評価する際には，共通した2つの観点があったといえる。1つは従事者，労働者からの観点である。貧困層にとってインフォーマル経済は重要な雇用や所得の創出機会であり，「生存の経済」である，というような見方である。景気後退期においては，マクロ経済の調整弁になっているともみなされた。もう1つは，零細・小企業からの観点であり，柔軟な生産を可能にするといった見解や企業家精神の表れだとする見方である。前者はどちらかといえば「必要」による選択であると考えられ，後者は「企業家精神」や企業発展のダイナミズムの文脈で議論されることが多かった。いくつかの論点を取り上げてみよう。

　まず「貧困」との関係である。学歴による制約や，限定的なリソースしか保有していない貧困層にとって，多くのインフォーマル経済に属する職種は重要な生業の手段であり，稼得機会である。全体としては，低収入の職種が多く，不安定でさまざまなリスクにさらされることも多いが，なかには，リスクにうまく対応しながら安定的に事業を拡大し，中間層と同等に稼いでいる人もいる。

　第1節で紹介したとおり，インフォーマル経済には多様な職種が含まれており，階層性がある。高生産性部門では，必要とされる技能水準がより高く，投資金額も大きいため参入障壁が高いが，より高い所得を期待できる。経済危機時などの「必要」によるインフォーマル経済の拡大は，たとえば，家内労働者（内職）や行商人など，参入障壁の低い低生産性部門で起こり，従事者間の競争を引き起こす。貧困の悪循環は，競争が激化する低生産性部門の従事者や，事業の失敗や低迷（自営業者）といったリスクに遭遇した際にうまく切り抜けることができない場合に起こりやすい。

　2つめは，企業などの経済主体から見た議論である。フォーマル部門が小さく，制度的未発達が特徴である途上国においては，インフォーマル経済はさまざまな障壁を克服する1つの合理的な戦略の結果として生まれることもある。先にも述べたベトナムのアパレル産業はその典型例である。そのホーチミン市に広がるインフォーマルな生産・流通関係は地場経済にとって貴重な雇用も生むが，同時に下請け生産関係を通じて新たな経済主体の起業も可能にする。ま

た，一般的にインフォーマル企業の生産性は低いとされているが，規模の経済効果が発揮しづらいアパレルの縫製工程を担う場合，規模が小さなインフォーマル企業でも高い収益力を持つ場合もある。インフォーマル経済は，多くの制約を抱える途上国にとっては，条件さえ揃えば，その経済を発展軌道に乗せて高度化させるダイナミズムの源泉ともなりうるのである。

3つめは，社会上昇の経路としての機能である。途上国の労働市場は完全競争的ではなく，学歴などで分断されている。たとえば，都市化の初期段階に農村から移住してきた第一世代は，大企業（いわゆる近代部門）に参入するための学歴を持ちあわせていなかった。多くの人は，インフォーマル経済をおもな生業とし，そのなかでキャリアを築いていった。自営業職種であっても，たとえば，ベトナムの例で見た零細・小企業のみならず，雑貨屋やコミュニティ内の美容院，小規模な修理工房，もしくは繁華街で繁盛している露天商などは，投資金額や日々の運営経費こそ，他の自営業職種よりは大きいが，それなりの利益をあげることができる。大企業で働く被雇用者とは異なり，投資のリスクも事業失敗の責任も自身の肩にかかっており，貧困の悪循環から抜け出せない者も少なくはないが，それでも高生産性部門の職種に参入し，うまくリスクを切り抜けながら事業を安定させたり，拡大させたりすることに成功すれば，そこでの利益を再投資に回したり，第二世代の教育資金や日々の生活水準の向上に使うことができた。社会上昇は，都市で生まれ育つ第二世代において実現する可能性を持っていたが，それも第一世代の一部のインフォーマル経済従事者の成功によるものであった。したがって，従事者はこれらの職業を必ずしも消極的なものとは見ていない（遠藤［2011]）。

3　インフォーマル経済の今後の展望とジレンマ

3.1　インフォーマリティと制度——課税，リスクと社会保障

2000年代以降，「インフォーマリティ」とは何か，という議論が再び活発化している。また，すでに見たとおり，ILOだけでなく，世界銀行，アジア開発銀行，OECDなどの国際機関が相次いで報告書を出版し，インフォーマル

経済の計測法のマニュアル整備も進んでいる。先で紹介したILOの新しい定義は，途上国のみならず先進国にも適用できる共通基準によって，インフォーマリティをとらえる試みでもあった。同時に「フォーマル化」に関する議論も活発化している。ここでいう「フォーマル化」は，1970年代のような「近代部門」への参入のみを指しているわけではない。むしろ，インフォーマル経済職種の積極的な意義を損なわずに，いかに脆弱性を低下させ，制度化するのか，といった論点を含んでいる。これらの関心の背景は，たとえば，「中所得国の罠」の回避と人的資源の質の向上に関する関心から，高齢社会の到来に関する懸念まで，さまざまである。アジアの労働市場の大部分を占めるインフォーマル経済従事者はさまざまな制度の外にいるためである。今後もアジアのインフォーマル経済は縮小しない可能性があること，また政策アプローチの違いによってその程度が大きく変わりうることを複数のシミュレーションから示した研究も出てきているが（Loayza [2016]），そのような認識を各国政府や国際機関が共有しはじめたことも関係しているだろう。ここで争点になっている制度化，もしくは「フォーマル化」の動きは，課税するということ，そして社会保障制度をどうするか，の2つである。

インフォーマル経済に対する明確な政策を打ち出した代表例はタイである。1990年代は，ILOや国連の助言を受け，貧困削減と成長を同時に実現する手段として，「インフォーマル・セクター」支援を提唱していたものの，それほど目立った成果があったわけでない。ところが，2001年に登場したタクシン政権以降，その状況は一変する。タクシンは，自営業者や農業従事者を，「制度外経済」「制度外雇用」と定義し（いわゆるフォーマル部門は「制度内経済」「制度内雇用」と呼ばれた），大規模な実態調査を実施し，インフォーマル経済の個別職種に対する諸政策（たとえば，バイクタクシーの登録制度など）や，マイクロクレジット政策，中小企業支援政策などを矢継ぎ早に実施した。タクシン政権の目的は2つあったといえる。

1つは，徴税システムを整え，課税ベースを広げることである。制度外経済を制度「内」に取り込むことで，非正規な手続きや背後にいるマフィアなどを一掃することが可能となる。犯罪との線引きが難しい賭博や売買春などについても，その経済規模が大きいため，実現はしなかったが合法化して課税の対象

にすることが検討され，論争を巻き起こしたりした。

　2つには，社会保障制度の外にある大部分の労働者についてのセーフティ
ネットの観点であった。労働省は自営業者や内職労働者に対する社会保障制度
の設計に着手し，財務省は下層に対する年金制度の検討を始めた。国民全体を
カバーする医療保険制度は実施されたものの，年金や雇用保険など，その他の
社会保障制度でカバーされている労働者は，ILO の推計によれば27.5％と非
常に低かった（ILO［2004］）。社会保障制度の未整備は，多くの中所得国の共
通課題である。急速な少子高齢化の進展への関心が高まった2000年代には，
中国をはじめ他国でも，自営業者に対する社会保障制度の検討が始まった。

　先進国の経験では，経済発展に伴って自営業者は徐々に縮小し，社会保障制
度が段階的に整備されるなかで高齢化が進んだ。それに対して，現在の中所得
国では自営業者の比率が依然として高い。圧縮した変化に直面しているこれら
の国では，かつての先進国のような制度整備と高齢化が段階を追ってやってく
ることを必ずしも期待できないため，インフォーマル経済従事者のための早急
な制度設計が大きな論点となっている。インフォーマル経済従事者の多くは，
これらの職業の柔軟性や調整の機能を生かしている一方で，さまざまなリスク
に対して脆弱で不安定性に直面しているからである。たとえば，社会保障制度
の不在より，投資リスクだけでなく，健康を害した際に働けなくなるなどの健
康リスクや安全上のリスクを抱えている。また，積極的意義に対する理解が高
まったとはいえ，一部の職種は政府による取り締まりや強制撤去のリスクにつ
ねにさらされている。実際に，地価の高騰や再開発の活発化により，ジャカル
タ，バンコクやホーチミンでは2015年前後から，露天商の営業許可地域が著
しく縮小され，移転政策や取り締まり政策が強化された。

3.2　21世紀の新しいダイナミクス（1）
──インフォーマル経済の国際展開

　さて，財政制約などから容易ではないとしても，社会保障制度を整備しうま
く制度内に取り込んでいく方法を見つければ，インフォーマル経済は順調に縮
小していくのであろうか。実際には，グローバル化の進展に伴って，新しいイ
ンフォーマル経済のダイナミクスも生まれつつあり，単線的な発展経路が描け

るわけではない。以前は局所的であった現象が大規模に展開されたり，新しい現象が生成されたりしている事例を紹介しよう。

　第1に，中所得国において注目されているのは，インフォーマルとフォーマルの境界の揺らぎと，零細・小企業などのインフォーマル企業の興隆，およびその国際的な展開である。これらの企業は，市場の底辺に位置し，国内市場向けの低品質の商品を作っているとみなされていた。しかしグローバル化は，大企業のみならず，一部のインフォーマル経済従事者にも部分的に国際展開の機会を開いた。かつてのような，先進国―途上国のヒエラルキー的な貿易関係ではないダイナミクスの登場ともいえるだろう。

　具体的には，縫製品や靴など労働集約度の高い財の生産を担うインフォーマル経済従事者が中心となって，もともとローカルだったバリューチェーンの国際的な展開が見られるようになっている。たとえばアパレル産業において，国際的なブランドを手がける先進国のフォーマルな企業のみならず，中国，タイ，ベトナムなどの零細・小企業が周辺諸国やアフリカ諸国のニッチ市場に対して，安価な商品を輸出しはじめたような事例である。ただし，2.3項で述べたとおり，海外ブランドの生産を担っている大手企業による，コスト削減のためのインフォーマル企業への外注化や，下請け生産関係のインフォーマル化を通じて，グローバル・バリューチェーンに接続される企業があるのも確かである。前者は，自ら企画・生産した安価な商品を国際的なニッチ市場に販売するという意味で後者と異なっている。

　第2の例は，上記の事例に関連するが，インフォーマルな商業ネットワークの国際的な展開である。たとえば，中国や香港に買い付けに来るアフリカ商人と，アジア中所得国のインフォーマルな生産者をつなぐ集散地と商業ネットワークが出現しつつあり，そこでは正規品とコピー品を包括した商品流通が大規模に起こっている（小川 [2016]）。これをゴードン・マシューズはより自由主義的な経済で，「下からのグローバル化である」と規定した（Mathews, Ribeiro and Vega eds. [2012]）。

3.3　21世紀の新しいダイナミクス（2）
──フォーマルからインフォーマルへ

　前述の OECD の報告書『インフォーマルはノーマルか？』は，インフォーマリティは 1970 年代には低所得国の議論であったが，今や途上国特有の現象ではなくなり，中所得国どころか高所得国でも拡大していると指摘した。

　発展のモデルであったはずの日本など先進国に入り込む「インフォーマリティ」は逆転現象のようでありながら，多くの国で観察される。国際的に注目されているのは，労働市場の変化であり，日本でいえば，小泉政権の改革以降の非正規雇用の顕著な拡大に象徴される。とくに，若者，女性の非正規雇用労働者の増大が著しく，これらの層の貧困問題が注目されるようになった。メディアでは，「派遣切り」や「ブラック企業」が取り上げられ，また 1970 年代にアフリカの「インフォーマル・セクター」を定義される際に使用された「ワーキングプア」という用語が，現代の日本の新しい貧困層を表現するために広く使用されるようになっている（第 11 章も参照）。このような現象をどのように理解したらよいのだろうか。

　もちろん，先進国の非正規雇用は，いわゆる途上国のインフォーマル経済従事者（とくに自営業者）とは異なっている。日本であれば，非正規雇用であっても，当然ながら公的に登録されており，契約関係もあり，直接の雇用主から提供されないとしても何らかの社会保障制度の対象になっている。したがって，先進国で進むこれらの現象を同質なものとして扱えないにもかかわらず，国際機関を中心に，インフォーマリティの概念を用いて同じ議論の土俵に上げようとする動きが広がってきた。ILO の定義の再検討は，これらの非正規雇用労働者を，フォーマル部門のなかにあるインフォーマルな雇用として，視野に入れる動きでもあった。

　これらの動きの背景には，第 1 に先進国での派遣労働などの増大が，企業側のコスト切り下げ行動の結果であり，それが新たな貧困問題を生みつつあることが挙げられる。第 2 に，その背景にグローバル化や技術体系の変化など，途上国のインフォーマル経済の生成・変化と共通する源泉を持つことがある。そして第 3 に，これらのフォーマル部門の「インフォーマル化」は，すでに中所得国のフォーマル部門でも起こっている点が挙げられる。たとえば，東南アジ

アの中所得国では，1997年の金融危機ののち，日系の人材派遣会社の進出などが観察され，今日では大企業の職場で派遣労働者が雇用されていることは珍しくなくなってきた。元来，フォーマルな雇用自体が中所得国の労働市場では少数派であり，経済発展とともにそれが増加していくことが想定されていたにもかかわらず，先進国型の現象と考えられていた，よりインフォーマルな「派遣労働者」の増大がすでに見られるようになってきているのである。

おわりに

　奇跡的といわれた第二次世界大戦後の経済発展により，フォーマル経済はつねに脚光を浴びてきたが，そうした輝かしいフォーマルな経済世界の陰には，多様でとらえどころがはっきりしないインフォーマル経済もつねに同居していた。そしてこのインフォーマル経済は，実態としてはフォーマル経済よりも多くの人々の生計を，長い間支えてきたのである。それはときには後発性の象徴ととらえられたが，実際には制度環境から生ずるさまざまな制約やリスクに直面したアジアの人々が，日々の暮らしを成り立たせるために知恵を絞り，努力を積み重ねた結果の産物でもある。もちろんインフォーマル経済の課題は，フォーマル経済のそれと比較すればより深刻で，質的にも異なっていることも多く，そのためそれを無条件に称賛したり，推奨したりするものではない。しかしアジア経済をとらえる際には，力強く，ある意味で革新的でもあり，またアジアの人々が生活を営んでいくうえで「最後の砦」としての役割も果たしてきたような経済のありようが，形を変えながらいつの時代にも底流にあったことを認識しなければ，アジア経済を理解したことにはならないだろう。

　インフォーマル経済を扱う難しさは，そのきわめて高い多様性にあり，定義が確立されてこなかった点に大きな理由がある。フォーマルとインフォーマルの境界は，国家と社会の関係，また市場や諸制度のあり方によってつねに変動する。しかし，政策対象とするためには実態を把握しなければならない。実際には，それぞれの時代の政策目的や意図に影響を受けながら，操作的定義を規定することで，経済的ダイナミズムを理解しようという試みやさまざまな開発課題への対応がされてきた。

　今後もインフォーマル経済が完全に消失することは想定しにくいが，どのよ

うなタイプの職業が生成され，拡大していくのかによって，今後のマクロ経済への貢献や従事者にとっての意義も変わってくるだろう。かつての途上国のインフォーマル経済は，初期の開発経済学からは消極的な評価をされていたが，むしろ，法律に守られておらず，リソースなどへのアクセスがない貧困層や労働者にとって，重要な機能と役割を持っていた。本章で見たとおり，フォーマル部門の規模が限られている国・地域で，さまざまな制約があっても，インフォーマルなものを作り出す人々の主体性や営為があり，一部の人にとっては社会上昇の契機となったり，零細・小企業の起業と発展の経路にもなったりと，積極的な役割を担ってきた。

　一方で，先進国で 1990 年代以降に拡大する非正規雇用（フォーマル部門の「インフォーマル化」）は，従事者にとっては可能性に開けたものではなく，むしろ労働条件の悪化や雇用関係の不安定化を伴っており，貧困につながるなど，社会問題化している。これらの動きはむしろ，「底辺への競争」（race to the bottom）につながる消極的なものとしてとらえられている。2 つの現象は，そもそも出発点が異なっている。先進国は，競争力が落ちるなかで「インフォーマル化」の局面が出てきた。発展の過程でフォーマル化が進んだはずが，再び，インフォーマル化の局面が前面に出てきたのである。近代化，工業化の到着点であったはずの先進国モデルの揺らぎともいえるだろう。

　アジアの経済発展がますますグローバルな文脈に埋め込まれるようになる一方で，それがローカルで多様な課題への対応から発出したインフォーマル経済と交わることで，今後どのようなダイナミズムが生まれるのだろうか。そうした将来像をはっきりと予測することは，きわめて難しい。しかし，アジアの多くの国々が開発の初期段階にあった 20 世紀の過去の現象として片づけられるものではなく，その時々の社会的課題に応じ，今後も姿を変えてアジアで生きる私たちの前に現れる可能性は高い。インフォーマル経済がもたらす課題や意義，可能性を見極め，個別具体的に対処するには，それを規定するインフォーマリティがどのような文脈から出てきたのかを冷静に分析することから始まるのである。そうした視点を持つことが政策を作成する際にも，アジア経済を理解する際にも，重要となる。

〈注〉

＊1　長らく，「インフォーマル・セクター」という呼称が使用されてきたが，後述のとおり，現在では，「インフォーマル経済」が一般的に総称として使用されている。1990年代までの議論を紹介する本節においては，当時の呼称を必要に応じて使用する。

＊2　WIEGO（Women in Informal Employment: Globalizing and Organizing）は，1997年に創立された，研究者・国際機関・当事者組織（廃品回収人組合，露天商組合など）の国際ネットワーク組織である（http://www.wiego.org/）。ハーバード大学に事務局がある。

＊3　世界銀行は「貧困」をテーマに取り上げた1990年の『世界開発報告』から，貧困問題の当事者（都市貧困層，インフォーマル経済従事者）に注目するようになった。貧困層が最も豊富に所有する資産は自身の「労働」であり，その生産的，効率的な活用が，経済成長と貧困削減の両立を実現するとされた。脆弱性やリスク対応能力を向上させれば自助能力を高めることにもつながるため，セーフティネット整備の必要性も議論された。

＊4　ここで注意すべき点は，1970年代の「インフォーマル・セクター」は全体の総称として使われていたが，現在においては，包括的概念であるインフォーマル経済のもとでの，事業所の観点からのサブカテゴリーの1つにすぎず，使用法が異なることである。

＊5　詳細は，Vanek et al.［2014］を参照。「事業所」は3カテゴリー（フォーマル・セクター，インフォーマル・セクター，世帯），「就労地位」は5カテゴリー（自営業者，雇用主，家族労働者，被雇用者，組合員）であり，家族労働者（家計補充者）を除き，それぞれがインフォーマルとフォーマルに分かれる。そのクロス表のなかでインフォーマル経済に該当するカテゴリーの組み合わせは10種，抽出できる。

Column ❾　インフォーマルな居住空間？
——都市下層民から見た「スラム」コミュニティの機能

　「スラム」コミュニティと聞くと，どんなイメージを思い浮かべるだろうか。筆者がコミュニティで調査していると言うと，「危なくないですか？」「衛生条件はどうですか？」と聞かれることがある。馴染みのない人には，労働でいう3K（きつい，きたない，危険）の空間に思えるのだろう。

　実際のコミュニティは，都市下層民が都市生活に適応し，都市を生き抜くために必要な諸機能を備えたしなやかな空間である。職業における「インフォーマリティ」の議論と同様に，「スラム」コミュニティをインフォーマルな居住としてとらえれば，そこでの生活はさまざまな制度や法律の保護の外にある人々にとって，都市での経済活動や生活における制約への対応の結果であり，創意工夫が形として現れたものである。

　では，コミュニティはいかに形成されるのだろうか。都市に流入した人々にとって最初のハードルは，住まいの確保である。まとまった資産を持たない人々が購入可能な安価な住宅は民間市場では十分に供給されてこなかった。賃貸市場においても，一部屋のみのアパートでさえ，最低賃金水準の月収の半分以上ということが少なくない。そのため，多くの人にとって現実的な選択肢は，親戚・知人宅に居候するか，自力で住宅を建設することであった。仕事を求めて多くの人が流入した都市

拡大期に，「スラム」コミュニティが急増するのは，多くの人が線路沿いや湿地などの条件不利地で，開発が十分にされていない余った土地を見つけては自力建設で居住地を構えたからである。人々は，簡易な住宅であれば 10 日程度で作ってしまう。

このような自力建設のコミュニティはさまざまな機能を持っている。第 1 に，居住空間としての柔軟性である。農村と比べると都市の居住コストは高く，土地は希少である。3 世代や親戚が狭い空間に同居していることも少なくない。自力建設の住宅であれば，家族構成の変化，時々のニーズに合わせて，増築・改築をすることが容易である。家計の観点からは，「累積的投資」が可能になる点が重要である。予算制約の大きい家計のなかで，家族のライフサイクルの各段階（出産，育児，就学など）に生じる課題をもとに世帯の支出優先事項を決定し，経済的に余裕のある時期には住宅にも少しずつ資金を注入していく。そのような，居住空間としての柔軟性を持っている（遠藤［2011］）。

第 2 に，コミュニティは生活空間であるだけでなく，生産，消費活動の場でもある。コミュニティのなかでは，屋台，雑貨屋，洗濯屋，美容院，修理工房など，さまざまな経済活動が展開されている。インフォーマル経済従事者にとっては労働の場でもある。

第 3 には，都市生活でのリスクや制約による影響を吸収する機能である。住民のニーズに沿ったサービスが提供されているだけでなく，セーフティネットとして機能を発揮することもある。たとえば，急に失業した人が軒先でお菓子を売りはじめたり，雑貨屋や屋台は付け払いに対応してくれたりする。雑貨屋は薬を 1 錠から，お酒も量り売りしてくれる。1 人暮らしの高齢者や親の帰宅が遅い近所の子どもには屋台のおばちゃんが食事をサービスしたりもする。いざというときのための頼母子講や貯蓄組合を運営しているところもある。

コミュニティにはさまざまな事情を抱えた人がいる。住民は必ずしも最貧層ではないが，身寄りのない高齢者もいれば，多くは日々真面目に働いているものの，犯罪に手を染めている人もいる。日々，さまざまなリスクにさらされる下層の生活は変化が激しい。住民にとってのコミュニティとは，住宅費の節約，仕事の創出，住民同士の相互扶助など，都市を生き抜くために必要な手段を可能としてくれる空間である。

現代では，新しいインフォーマルな居住形態も出てきている。たとえば，上海では，土地が余っていないだけでなく，政府による撤去圧力が強いため，中間層用のコンドミニアムの一室をブローカーが借り上げ，内部をコンクリートで 20 ブロックほどに分割して貸し出している。これは，「現代版スラム」として「群租」と呼

ばれている。日本でも，2013年に東京で「脱法ハウス」と呼ばれる類似の居住形態があることが『毎日新聞』によって報道された。都内のアパートを12ブロックほどに仕切り（12㎡），1ブロック1200円で貸していたという。興味深いのはその後の対応であった。日本では1カ月もしないうちに取り締まる規制ができ，追い出された人々がどこに行ったかについてはあまり語られていない。少なくとも，上海やバンコクでは，開発プロジェクトと衝突しない限りにおいては，インフォーマルな居住空間は黙認されていることも多い。

　都市はつねに下層の労働を必要とする。ただし，都市で提供されるサービスは資本や富裕層を優先しがちである。中所得国で見られる，このようなある種の制度のルーズさや柔軟性は，人々が都市で生き延びるための隙間を与えてくれる。さまざまな社会保障制度が整っているとはいえ，制度硬直的な日本は，むしろ下層にとっては生きづらい社会かもしれないと感じる。　　　　　　　　　　　　　（遠藤環）

課題◆
□1　インフォーマル経済とは何か，またどのような機能と意義を持っているか説明しよう。
□2　インフォーマル経済が拡大するメカニズムについて説明しよう。
□3　インフォーマル経済はフォーマル化すべきか。脆弱性を克服しつつその機能を強化する道筋はあるだろうか。

（遠藤環・後藤健太）

第Ⅳ部
岐路に立つアジア

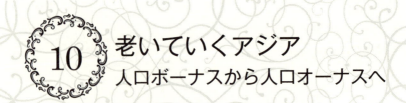

10 老いていくアジア
人口ボーナスから人口オーナスへ

台湾の高齢者の介護をする外国人労働者（2013年，時事通信フォト）

Learning Goals
①アジアの人口動態（少子化と高齢化）が理解できる
②人口構成の変化が及ぼす経済社会への影響が理解できる
③アジアの高齢社会政策の課題が議論できる

はじめに

　アジアはかつて出生率の高い，世界でも最も「子だくさん」な地域の1つであった。たとえば1950～60年代の**合計特殊出生率**（**TFR**：1人の女性が生涯に出産する子どもの数に相当）は5.7と世界平均の5.0を大きく上回っていた。しかし，現在は多くのアジア諸国の同出生率は，人口が安定的に推移するのに必要な水準（置き換え水準）の2.1を下回るようになっている。アジアは共通して

「少子化問題」を抱えるようになった。

　この出生率の低下はのちに高齢化を加速させる原因になるが，他方でアジアを世界の成長センターに向かわせる原動力にもなった。出生率の急速な低下により生産年齢人口（15～64歳）の比率が急上昇し，経済成長を後押しする効果，**人口ボーナス**（demographic dividend）を享受できたからである。もちろん，人口ボーナスを十分に享受するためには，人口動態に即した政策が必要となる。そのような政策の有無が，社会が高齢化を迎える時点の所得水準に大きな影響を与える。たとえば，中国政府が危惧する未富先老（豊かになる前に老いる）は，人口ボーナスを十分に活用できなかったことを示すものである。

　そして，生産年齢人口比率が低下に向かうと人口ボーナスが失なわれるとともに，**人口オーナス**（demographic onus）と呼ばれる負の効果が高まる。しかもアジア各国の高齢化のスピードは，世界でも例外的に速いとみなされた日本と同様か，それを上回るため，社会保障制度を含む高齢社会政策のあり方が経済社会に及ぼす影響は大きい。

1　人口増加と経済成長

1.1　人口急増と貧困問題

　第二次世界大戦後長い間，アジアを含め途上国の人口問題は人口急増であった。1965～70年のアジアの年平均人口増加率は2.6％と世界で最も高い地域の1つであった（世界平均2.1％）。当時は，この人口急増の背景と経済社会への影響に強い関心が寄せられていた。たとえば，開発経済学の教科書において人口急増の背景を示すものとして，マルサスの人口原理がしばしば引用されてきた。これは人間が生きていくためには食糧（生存資源）が必要であるが，制限がなければ，人口は際限なく増えつづけるというもので，人口は25年ごとに「1，2，4，8……」と幾何級数的に増加するのに対して，人を養う食糧生産は「1，2，3，4……」と算術級数的にしか増加しない。マルサスの観察対象はヨーロッパであったが，急激なアジアの人口増加の考察にも援用された。

　また，**人口転換モデル**を用いた説明も数多くなされてきた。人口転換モデル

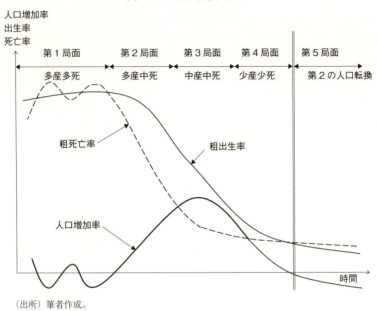

図 10 - 1　人口転換モデル

人口増加率
出生率
死亡率

第1局面	第2局面	第3局面	第4局面	第5局面
多産多死	多産中死	中産中死	少産少死	第2の人口転換

粗死亡率

粗出生率

人口増加率

時間

（出所）筆者作成。

とは，人口の変化を出生率と死亡率の時間的変化により説明したものであり，その特徴から「多産多死」「多産中死」「中産中死」「少産少死」の4つの段階に区分されるものである（図10 - 1）。

このモデルからアジアにおける人口急増は，「多産多死」から「多産中死」の過程で死亡率が急速に低下したことにより生じたと説明された。この死亡率の急速な低下は，国際社会からの支援を通じた医療サービスの拡充，栄養の改善によるところが大きい。とくに乳幼児死亡率が急速に低下した。出生率が高止まりするなかで，外生的な要因で乳幼児死亡率が急速に低下したことが人口急増をもたらしたのである。

1.2　貧困の悪循環と人口抑制策

死亡率が急速に低下するなかで高止まりする出生率に伴う人口の急増が，途上国を貧困に押しとどめつづける原因の1つとする見方が広がった。たとえば，人口増加に生産や所得の増加が追いつかないため，その国の所得水準が低いレ

ベルで均衡せざるをえないことを示したモデルとして低位均衡の罠がある（第1章参照）。また，ラグナー・ヌルクセの貧困の悪循環（vicious circle of poverty）という枠組みも人口と貧困の関係を説明するものといえる。人口が急増する社会では貯蓄が高まらない。それは投資を抑制し，生産性を低いままにとどめる。このような状況では所得は高まらず，当該国は貧困状況から脱することができないという循環を示したものである。

　国際機関だけでなく，アジアの多くの政府は人口急増が経済成長に及ぼす負の効果を認識するようになり，その対策として家族計画を含む人口抑制策が導入された。なかでも中国の一人っ子政策（one-child policy）は有名であるが，韓国やタイでも強制的な産児制限が実施された。

　アジアの人口動態の特徴は，出生率が人口抑制策という「人為的」な政策によって急速に低下し，「中産中死」の段階に移行したことである。そして，その結果，各国の人口構成は大きな人口塊（ベビーブーム世代と呼ばれる）を形成することになった。これが，のちに述べる生産年齢人口比率や高齢人口比率（高齢化率）を急上昇させる原因となった。

　もっとも，1980年代以降のアジアにおける出生率の低下には人口抑制策以外にも，所得の上昇や教育制度の普及，熟練労働者の増加，都市化率の上昇，女性労働力率の上昇など，経済成長とそれに伴う社会構造の変化の影響を受けている。

1.3　アジアの少子化

　現在では，多くのアジアの国が「少産少死」の局面に移行している（図10-1の第4局面）。たとえば，2010～15年の合計特殊出生率を見ると，置き換え水準である2.1を下回るアジアの国・地域は，日本，韓国，台湾，香港，シンガポール，中国，タイ，ベトナム，ブルネイ，北朝鮮の10カ国・地域に及ぶ（表10-1）。

　この少子化は「少産少死」の段階としてとらえるのでは不十分かもしれない。なぜなら人口転換モデルの「少産少死」は人口が安定的に推移する出生率を想定していたからである。このような人口減少を導くような「少子化」の段階は「第2の人口転換モデル」とも呼ばれ（図10-1），先進国を中心に研究がなさ

表 10-1 アジアの合計特殊出生率の推移

	1950〜55年	1980〜85年	2010〜15年
アジア	5.8	3.8	2.2
日　本	3.0	1.8	1.4
韓　国	5.7	2.2	1.2
台　湾	6.7	2.2	1.1
香　港	4.4	1.7	1.2
中　国	6.0	2.6	1.6
北朝鮮	3.5	2.8	2.0
モンゴル	5.6	5.8	2.8
ブルネイ	6.9	3.8	1.9
カンボジア	7.0	6.4	2.7
インドネシア	5.5	4.1	2.5
ラオス	5.9	6.4	2.9
マレーシア	6.4	4.0	2.1
ミャンマー	6.0	4.7	2.3
フィリピン	7.4	4.9	3.1
シンガポール	6.6	1.7	1.2
タ　イ	6.1	3.0	1.5
ベトナム	5.4	4.6	2.0
東ティモール	6.4	5.4	5.9
世　界	5.0	3.6	2.5

（出所）UN, World Population Prospects: 2017 Revision.

れている（河野 [2007]）。アジア新興国・途上国における研究も待たれるところであるが，学歴社会の浸透による子どもの養育コストの増大や，結婚が出産の前提となるアジアでは，晩婚化・未婚化の進展などが影響を及ぼしているという見方がある。

　このようにアジアでは総じて出生率が低下したことから，年平均人口増加率も 1968 年の 2.7%（世界平均 2.1%）から 2015 年には 0.7%（同 1.1%）へ低下している。そして，国連の人口推計（中位推計）によれば，世界人口が 21 世紀中増えつづけるなかで，アジアの人口は 2040 年までに低下に転じる。そして第 3 節で述べるように，アジアで高齢化が急速に進展する。

2 人口ボーナスと人口オーナス

2.1 人口ボーナスとは何か

人口が経済成長に及ぼす影響については，人口規模の変化に着目する見方と，人口構成の変化に着目する見方がある（加藤 [2007]）。1990 年後半になってアジアにおける経済成長に人口構成の変化が強く寄与したという見方が出はじめた。先に述べたようにアジアでは共通してベビーブーム世代を抱えており，この世代が生産年齢（15～64 歳）に移行する過程で生産年齢人口比率が急上昇する。このような生産年齢人口比率の上昇が経済成長を後押しするという効果は前述の「人口ボーナス」と呼ばれる。この枠組みを早い時期に示したのは，アンドリュー・メイソンの「人口とアジア経済の奇跡」である（Mason [1997]）。途上国における出生率の低下を，低開発状態から脱却するための機会としてだけでなく，経済成長も促進するものと位置づけ，家族計画を中心とする人口抑制政策に新しい意味を付け加えた。この人口学者の側から提示された人口ボーナスのアイデアを経済学の領域に持ち込んだのは，デビッド・ブルームとジェフリー・ウィリアムソンの「新興アジアにおける人口転換と経済的奇跡」である（Bloom and Williamson [1997]）。同論文では 1960～90 年におけるアジアの経済成長の 3 分の 1 が人口ボーナスで説明できることを示した。

それ以降，人口ボーナスの考え方は世界中に広まった。ただし，メイソンやブルームらが指摘しているように，人口ボーナスは必然的にもたらされるものではなく，その効果は経済政策の内容により影響を受ける（後述）。

2.2 人口ボーナスの効果

人口ボーナスのメカニズムを，成長会計の考え方を用いて解説してみよう。第 7 章でも見たように成長会計は，GDP（Y）を，労働投入量（L），資本ストック（K），そして全要素生産性（A）の 3 要素により説明するものである（図 10-2）。

右辺の第 1 項の労働投入量（L）は，労働力人口と労働時間の積で求められ

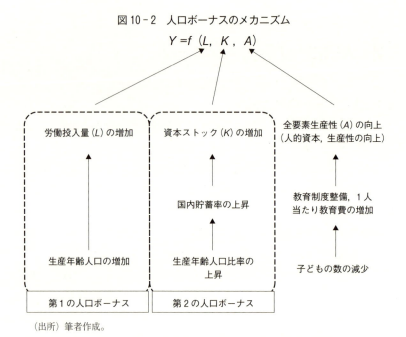

図 10 - 2　人口ボーナスのメカニズム

$$Y = f (L, K, A)$$

労働投入量 (L) の増加　　資本ストック (K) の増加　　全要素生産性 (A) の向上
（人的資本，生産性の向上）

国内貯蓄率の上昇　　　　　　　教育制度整備，1 人
当たり教育費の増加

生産年齢人口の増加　　生産年齢人口比率の
上昇　　　　　　　　子どもの数の減少

第 1 の人口ボーナス　　　第 2 の人口ボーナス

（出所）筆者作成。

る。同一国の生産年齢人口に対する労働力人口の割合（労働力率）は一般的に大きく変化しないので，その長期的な変化は生産年齢人口の変化と同一の動きをすると考えられる。出生率の低下は，いずれは生産年齢人口の減少につながるものの，当面は生産年齢人口の増加分が減少分を上回るため，生産年齢人口は増え続ける。つまり生産年齢人口が減少に転じるまで，労働投入量に対する潜在力は増加する。また，労働力率が一定であれば，ベビーブーム世代が生産年齢に移行する時点で労働力人口の増加率は最も高くなる。

　右辺の第 2 項の資本ストック（K）は，機械，工場，港湾，電力，鉄道，道路など生産活動に寄与する投資蓄積の総称である。この資本ストックが多いほど潜在成長力は高くなる。この資本ストックの主たる資金源となる国内貯蓄が，出生率の低下により上昇する。そのプロセスは，以下のようになる。①生産年齢人口比率が上昇することは所得を得る人口比率が上昇することであり，社会全体の貯蓄額を増加させる。②出生率の低下により，子どもの養育負担が減少するため，家計は貯蓄を増加させることができる。③豊富な労働力が賃金を低

水準に抑え込むため，企業の内部留保（企業貯蓄）を増加させる。④家計が自力を持ちはじめれば，政府支出を，国民の生活の補助的な支出からインフラ整備へと振り向けられる。

　実際に，国内貯蓄率は，生産年齢人口の比率と強い相関関係にある（世界銀行の統計を使って確かめてみよう）。もちろん，経済のグローバル化が進展した今日では海外から必要な資金を調達することができるが，途上国ではまず国内貯蓄が主たる役割を果たす。

　右辺第3項は全要素生産性（A）であり，労働投入量と資本ストックでは説明できない要素（残差）として求められるものである。これは，単に生産技術の進歩だけでなく，人材育成に関わる教育制度，効率的な企業経営，法律・制度などの整備など，広範囲の項目を含むものである（第7章参照）。アジアでは，出生率の低下が初等教育の普及に寄与したことは軽視できない。たとえば，世界銀行の『東アジアの奇跡』（世界銀行編［1994］）は，アジアが高成長を実現した要因の1つとして初等教育の普及を挙げ，それが実現した背景には出生率の低下があったと指摘している。また，初等教育の普及が，技術移転を行う外資企業の誘致につながったことも指摘しておきたい。この生産性の上昇には，第一次産業から第二次産業，第三次産業への労働力の移動，農村部から都市部への人口移動も寄与する（この点については第6章，第8章を参照）。

2.3　人口動態に親和的な経済政策

　生産年齢人口比率が上昇しても，必ずしも経済成長が促進されるわけではない。人口動態に見あった，いわば親和的な政策がなければ，その効果を十分に享受することはできないからである。

　アジアで，人口ボーナスを最も効果的に活用した韓国と台湾を例に，人口動態に親和的な政策について考えてみたい。

　最初に現れる人口ボーナスは，生産年齢人口の増加に伴う労働投入量の増加である。この時点では生産年齢人口比率の水準はまだ低いため，国内貯蓄率も低水準にあり，また教育レベルもそれほど高くない。豊富な若年労働力を吸収できるような労働市場と労働政策が必要で，それを促す産業の存在が成長の鍵となる。この時期に相当する1970年代に，韓国・台湾の両政府はベビーブー

ム世代を中心とする若年労働力の雇用確保のために，それまでの輸入代替工業化政策を輸出志向型工業化政策に転換した（第2章参照）。韓国・台湾政府は，若年労働力を繊維・衣服などの軽工業製品の生産と輸出に結びつけ，高成長を実現する原動力とした。

　次に現れる人口ボーナスは国内貯蓄率の上昇である。貯蓄率が高まれば，その資金を効果的に活用することによって，鉄鋼，石油化学などの資本集約的産業（重化学工業）の発展を促進する余地が生まれる。この際に，国内貯蓄を配分する金融機関や金融制度の発達が重要な鍵を握ることはいうまでもない。1980年代に入ると，韓国と台湾の生産年齢人口比率は60％を超え，国内貯蓄率はGDP比で30％を超えるようになった。これらの資金によって，韓国や台湾は，重化学工業，自動車，電子・電機製品などのハイテク産業向けの巨額の投資を賄うことができた。

　最後に，経済発展が進むにつれて，法律・会計などビジネスを支える制度が整備され，また教育の高度化などを通じて生産性が成長を持続させる。このためには，政府，企業，個人のレベルでの不断の努力が求められる。政府には，初等教育から中等教育，高等教育へと教育レベルを高めること，企業には独自の技術革新への研究開発（R&D）が求められる。韓国の大学進学率が80％を超えることはよく耳にするところである。2014年の韓国の研究開発への支出額はGDPの4％と経済開発協力機構（OECD）のなかでも高い。このようにして韓国と台湾は，自動車や電子・電機などのハイテク産業が牽引する経済へと移行した。

　これに対して，中国やタイは人口ボーナスを十分に生かすことができなかった。中国では計画経済下における重工業育成と民間企業の活用抑制，戸籍制度による都市部への人口移動制限，タイではインフラの未整備や教育制度の遅れなどから，ベビーブーム世代を工業部門が吸収することができなかったのである。中国とタイが若年労働力を活用して軽工業による経済成長をスタートさせたのは1990年代半ば以降のことであり，その労働力はベビーブーム世代よりも若い世代だった。その結果，ベビーブーム世代は農村に引き続き居住することになった。たとえば図10-3は1980〜2015年の農業就業人口比率と生産年齢人口比率の推移を見たものであるが，中国とタイでは生産年齢人口比率がピ

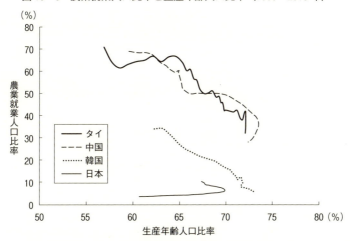

図 10 - 3　農業就業人口比率と生産年齢人口比率（1980〜2015 年）

（出所）World Bank, World Development Indicators より作成。

ークに達しているのにまだ農業就業人口は 30％近いことがわかる。

2.4　人口ボーナスから人口オーナスへ

　人口ボーナスは期間限定の効果である。人口ボーナスを享受できる期間に明確な定義はないが，ここでは生産年齢人口比率が最も低い時点から最も高い時点までとしてみよう（表 10 - 2）。

　これに従えば，日本は 1992 年に人口ボーナスは終了したことになる。日本のほかにも，韓国，台湾，香港，シンガポール，中国，タイ，ベトナムで人口ボーナスが終了したことになる。

　もっとも人口ボーナスの考え方は，生産年齢人口比率の動きと労働力率の動きが一致していることを前提としたものであり，実際の効果にはその乖離に目を向けることが重要になる。たとえば，ベトナムではまだ余剰労働力が存在しており，今後も工業化の進展を通じて人口ボーナスが長期化する可能性がある。また，生産年齢人口比率がピークに達する時点は最も国内貯蓄率が高まる時点であり，資金を効果的に活用できれば，比較的高い成長率を持続することができる。

表 10-2 アジアの人口ボーナスの期間

	人口ボーナスの期間（年）		1 人当たり GDP
	始点	終点	（ドル，2016年）
アジア	1966	2010	
日　本	1930-35	1992	38,917
韓　国	1962	2013	27,539
台　湾	1962	2014	22,453
香　港	1961	2010	43,528
中　国	1966	2010	8,113
北朝鮮	1971	2020	–
モンゴル	1974	2010	3,660
ブルネイ	1965	2019	26,424
カンボジア	1966	2044	1,230
インドネシア	1971	2030	3,604
ラオス	1983	2045	1,925
マレーシア	1964	2019	9,360
ミャンマー	1967	2026	1,269
フィリピン	1964	2054	2,924
シンガポール	1963	2010	52,961
タ　イ	1969	2010	5,899
ベトナム	1968	2013	2,173
東ティモール	2001	2073	2,102
世　界	1967	2012	

（注）始点は生産年齢人口比率が最も低い年，終点は同比率が最も高い年。

（出所）UN, World Population Prospects: 2017 Revision, IMF, World Economic Outlook Database April 2017 より作成。

しかし長期的に見れば，生産年齢人口比率が低下する過程において，労働投入量率と国内貯蓄率は低下し，人口動態が経済成長を抑制するようになることは明らかである。これは人口オーナスと呼ばれることが多い（オーナスは負荷の意味）。

表 10-2 の右端に，2016 年の 1 人当たり GDP を示したが，日本や，韓国，台湾などのアジア NIEs が，その生産年齢人口比率がピークアウトするまでに高所得国に移行したのに対し，中国，タイ，ベトナムは中所得国のなかにとどまったままであることがわかる。中国でいわれている未富先老は人口ボーナスを十分に享受できなかった状況を意味するのである。人口ボーナスの剥落という負の効果を軽減するためには，高齢者や女性の就業率の向上や外国人労働者

の活用が重要になる（国際間の労働移動については，第6章を参照）。

　少子高齢化による負の効果をイノベーションにより相殺できるかは疑問であろう。少子高齢化により社会の中位年齢（人口を年齢順に並べた際に，全人口を2等分する中央にある年齢）は上昇している。イノベーションは一般的には若い世代が牽引する社会現象である。高齢化が進むなかでのイノベーションは，需要側から引き出される性格が強くなるかもしれない。

3　人口高齢化と社会保障

3.1　高齢化率の急上昇

　人口オーナスを人口ボーナスの剥落として考えるだけでは不十分である。人口ボーナスが終了すると，高齢社会を支える負担（年金や医療）が急増するからである。この点，アジアの場合，高齢化のスピードが速いことに注意する必要がある。

　アジアの平均寿命は第二次世界大戦後大きく伸張した。当初は乳幼児死亡率の低下が平均寿命の伸張をもたらしたが，近年は平均余命が伸びる「長寿」が平均寿命を伸長させている。たとえば，60歳時点の平均余命は，アジア全体では1950〜55年の14年から2010〜15年には21年に伸びた。平均寿命の伸張は，アジアが乳幼児の生命が脅かされる貧困状態から抜け出し，高齢者が長生きできる豊かな社会に移行したことを示すものである。

　2015年のアジアの**高齢化率**（65歳以上の人口比率）は9.7％と世界平均の8.3％をすでに上回っている。高齢人口でいえば2億2170万人であり，世界の高齢人口の36.2％を占める。2030年には高齢化率は15.8％（世界平均11.7％）となり，高齢人口は3億960万人に増加する。

　もっとも高齢化の水準は各国で異なる。しかし注意したいことは，多くの国の高齢化のスピードが相当に速いことである。

　表10-3は，アジア諸国の65歳以上の高齢者の人口比率が7％を超える高齢化社会から14％を超える高齢社会に移行するのに要する年数（倍加年数）を見たものである。2015年の時点で高齢化率が14％を超えた国は日本と香港し

表 10 - 3　アジアの高齢化の倍加年数

（単位：年）

	平均寿命 (1950～55年)	平均寿命 (2010～15年)	高齢化率 (2015年)	高齢化率が7 ％を超える年	高齢化率が14 ％を超える年	倍加年数
アジア				2000	2027	27
日　本	62.8	83.3	26.0	1971	1995	24
韓　国	47.9	81.4	13.0	2000	2018	18
台　湾	58.2	79.3	12.3	1994	2018	24
香　港	63.2	83.4	15.2	1983	2013	30
中　国	43.8	75.7	9.7	2001	2025	24
北朝鮮	37.6	70.8	9.7	2004	2033	29
モンゴル	43.2	68.5	3.9	2030	2054	24
ブルネイ	58.3	76.7	4.4	2025	2037	12
カンボジア	40.3	67.6	4.1	2032	2056	24
インドネシア	43.5	68.6	5.1	2025	2050	25
ラオス	40.9	65.4	3.9	2038	2058	20
マレーシア	54.8	74.7	5.9	2021	2046	25
ミャンマー	36.1	66.0	5.3	2023	2056	33
フィリピン	55.4	68.6	4.6	2032	2069	37
シンガポール	60.2	82.3	11.7	1999	2019	20
タ　イ	50.8	74.6	10.6	2002	2022	20
ベトナム	53.5	75.6	6.7	2017	2034	17
東ティモール	30.0	67.7	3.5	2066	2089	23
世　界	47.0	70.8	8.3	2002	2040	38

（出所）UN, World Population Prospects: The 2017 Revision より作成。

かない。そこで国連の人口推計（中位推計）を用いて倍加年数を計算した。

　日本は1971年に高齢化率が7％を超え，95年に14％を超えた。つまり，日本の倍加年数は24年であった。これに対してフランスは115年，スウェーデンは85年，イギリスは47年，ドイツは40年であったことから，日本の高齢化のスピードは世界的に見ても例外的に速いものと認識されてきた。しかし，表10-3が示すように，多くのアジア諸国の高齢化のスピードは世界的に見てもそれ以上に速いのである。とくに韓国の倍加年数は18年と日本より6年も短い。これは，低水準の出生率が続いていることに加え，ベビーブーム世代が高齢になることで起こる。

　このように高齢化が加速することが確実視されているのであれば，高齢者に手厚い社会保障制度を導入することは容易ではない。日本の例が示すように，一度手厚い社会保障制度を構築すると，高齢化の進展とともに財政負担は急増

表 10 - 4　中国の高齢化率の上位 10 市・省・自治区

(単位：%)

		2000年					2010年		
		（全体）	（都市）	（農村）			（全体）	（都市）	（農村）
1	上海市	11.5	11.3	12.6	1	重慶市	11.7	9.3	14.5
2	浙江省	8.9	7.2	10.6	2	四川省	10.9	9.0	12.3
3	江蘇省	8.8	7.5	9.8	3	江蘇省	10.9	9.1	13.6
4	北京市	8.4	8.4	8.4	4	遼寧省	10.3	10.3	10.3
5	天津市	8.4	8.6	8.0	5	安徽省	10.2	8.5	11.5
6	山東省	8.1	6.6	9.1	6	上海市	10.1	9.9	12.1
7	重慶市	8.0	7.7	8.2	7	山東省	9.8	8.2	11.5
8	遼寧省	7.9	8.0	7.8	8	湖南省	9.8	8.1	11.0
9	安徽省	7.6	6.7	7.9	9	浙江省	9.3	7.1	13.0
10	四川省	7.6	6.8	7.8	10	広西チワン自治区	9.2	7.5	10.4
	全体	7.1	6.4	7.5		全体	8.6	7.8	10.1

（出所）「中国人口普査資料」（2000 年，2010 年）より作成。

してしまう。日本の社会保障給付の国民所得比率は，1970 年の 5.8％から 2015 年には 29.6％に上昇した（国立社会保障・人口問題研究所）。そのうち 7 割以上が高齢者関連給付であり，その他の社会保障や公共事業を圧迫する原因になっている。財源の乏しいアジア諸国では日本のような社会保障制度を形成することは困難であり，少ない財源で効果的な社会保障制度を自ら見つけていくことになろう。

　さて，日本や韓国は高所得国になってから高齢化が加速したが，中国やタイなどの中所得国は高所得国に移行する前に高齢化が加速する。そして，これらの国の高齢化のインパクトは，日本のそれよりも大きい。

　このことを，中国を例に見ておきたい。表 10 - 4 は，中国の人口センサスを用いて省別の高齢化率の推移を見たものである。2000 年の時点で高齢化率が最も高かったのは上海市であった。なぜなら出生率が最も低いからで，上海市の合計特殊出生率は 0.8 でしかない。ところが 10 年には第 6 位にランクを下げており，高齢化率は 11.5％から 10.1％に低下している。これは上海市で出生率が回復したからではなく，他の地域から若者が上海に向けて大量に流入した結果である。

　他方，若者を送り出す地域の高齢化がますます進んでいる。広東省へ大量の

若者を送り出してきた重慶市の高齢化率は 2000 年の 8.0％から 10 年に 11.7％
へ急速に上昇した。さらに，重慶市の農村の高齢化率を見ると，高齢化率は同
期間に 8.2％から 14.5％に急上昇している。重慶市の農村の倍加年数は，12
年程度で，日本の倍のスピードで高齢化が進んだことになる。

　アジアの中所得国の高齢化の問題は，多くのベビーブーム世代が農村に住ん
でおり，彼ら・彼女らの加齢により農村で高齢化が加速するということである。
近年，高齢化が先進国だけでなく，途上国で起こっていることが，ようやく問
題としてとらえられるようになったが，途上国でも所得水準の低い地域，農村
で高齢化が加速するということにはもっと注意を払うべきである。中国といえ
ば，上海や広州などの華やかな街並みに目を奪われがちであるが，地方・農村
の高齢者の生活をいかに支えていくかは，アジアの未来を考えるうえで重要な
視点である。

3.2　アジアの社会保障制度整備の位相

　次いで，アジアにおける社会保障制度の整備状況を見ておこう。いずれの国
においても社会保障制度の内容や課題は，当該国の経済社会の状況や政治体制，
文化・習慣の違いを反映している。

　ただし，経済発展の段階との関係を見ると，大まかに以下のような 3 つのプ
ロセスをたどることが知られている。まず，公務員・軍人の社会保障制度が構
築される。次いで民間企業の被雇用者に向けた社会保障制度（保険制度が中心）
が整備される。最後に自営業・農業従事者を取り込み，国民皆社会保障制度が
完成する。

　この点をふまえ，人口動態（人口構成と都市化）の視点を加えて，アジアの社
会保障制度の発展段階を整理したのが表 10-5 である。

　第 1 段階は，出生率がまだ高く，若年人口が多い低所得国の社会保障制度で
ある。アジアでは，ラオス，カンボジア，ミャンマーがこれに相当する。これ
らの国の社会保障制度の対象は公務員と軍人に限定されており，当面の目標は，
経済発展とともに，民間企業の被雇用者に社会保障制度を拡張することである。

　第 2 段階が，その後工業化が進み，経済成長が軌道に乗った国の社会保障制
度である。アジアでは，フィリピン，インドネシアやベトナムがこれに相当す

表10-5　アジアの社会保障制度の分類

	社会保障制度		経済発展段階		人口動態	
	現状	課題	所得水準	産業構造	人口構成	都市化
第1段階 (ラオス，カンボジア，ミャンマー)	公務員(軍人を含む)のみ	民間企業被雇用者への拡張	低所得	農業部門多い	出生率の低下が始まる	農村社会
第2段階 (ベトナム，フィリピン，インドネシア)	公務員・民間企業被雇用者	自営業者・農業従事者への拡張	低・中所得	工業化最中	出生率の急速な低下	農村社会から都市社会への移行期
第3段階 (マレーシア，タイ，中国)	自営業者・農業従事者への拡張	全国民をいかに対象内に取り込むか	高・中所得	工業の高度化	出生率が低水準に。高齢化が徐々に加速	メガ都市の先進国化
第4段階 (日本，韓国，台湾，シンガポール)	全国民を対象	高齢化への対応と公平な配分の実現	高所得	サービス化	少子高齢化が加速	都市社会

(出所) 筆者作成。

る。この段階になると，民間企業の被雇用者に積み立てる余力ができるため，被雇用者と企業がともに積み立てる保険制度を中心とした社会保障制度が構築される。その際には，日本のように国が資金支援する場合もある。これらの国は生産年齢人口が急増する段階にあり，その社会保障制度の整備は労働関連（労災保険や失業保険など）に重点を置いたものになる。しかし時間とともに，課題は自営業者・農業従事者を社会保障制度にいかに含めるかに移っていく。

　第3段階は，さらに経済が発展し，国民全員を対象とした社会保障制度（国民皆社会保障制度）を構築する段階である。アジアでは，中国やタイ，マレーシアがこれに相当する。自営業者と農業従事者を社会保障制度に取り組む際に，既存の社会保障制度との調整が議論される。これらの国では，高齢化率が上昇に向かうため，とくに高齢年金制度と医療制度整備への要請が急速に高まる。

　そして，第4段階が，国民皆社会保障制度を一応完成させた国で，アジアでは日本や韓国，台湾，シンガポールがこれに相当する。ただし，これが最終ゴールではない。高齢化の加速により，財政負担をいかに軽減するか，また業種や就業形態による制度間の公平性，世代間の公平性をいかに保つのかが議論さ

れ，修正される（第11章参照）。

3.3　アジアの社会保障制度構築の機運

　国際機関からの働きかけも，アジア各国の社会保障制度の整備を後押ししている。1990年代までの国際機関の社会保障制度支援は，市場メカニズムを導入するという経済構造改革を補完するような制度，たとえば失業保険などの事後的な制度，すなわち**ソーシャル・セーフティネット**（Social Safety Net）の整備に限定されていた。その後，国際社会が21世紀を迎えるにあたって，国連の**ミレニアム開発目標**（Millennium Development Goals: MDGs）のもとで，女性，子ども，高齢者，障害者などの社会的弱者を事前に保護する**ソーシャル・プロテクション**（Social Protection）が重視されるようになり，途上国の社会保障制度の構築が支援の対象として浮上した。

　この流れは，2015年からの新しい目標とされた**持続可能な開発目標**（Sustainable Development Goals: SDGs）に引き継がれ，強化されている。そのなかで**包摂的な社会**（inclusive society）の実現が重視されるようになったことは，経済社会の発展段階にかかわらず，国民全員を対象とした社会保障制度の構築を後押しする力となっている。

　他方，各国の民主化の進展も社会保障制度の整備を早める方向に作用している。たとえば，韓国では1990年代後半に起こった民主化が社会保障制度を一気に整備させる推進力となった。金大中政権下で進められた国民皆社会保障制度の整備は，福祉国家の超高速拡大とも呼ばれた（金 [2008]）。中国やタイでは，憲法において社会保障制度の整備が国の義務として明記され，制度整備が進められている。現在では，アジアのいずれの国の選挙戦においても，低所得者向けの社会保障制度の拡充が公約に挙げられるようになった。そのなかには大衆迎合的な（ポピュリズム的な）制度も公約に掲げられるようになっている。

　ただし，多くのアジア諸国で国民皆社会保障制度を整備することは容易ではない。最大の理由は，国民に公平な給付水準を担保する財源の確保が困難なことにある。とくに所得格差が大きい国では，すでに整備した公務員・軍人や民間企業の被雇用者向けと同水準の年金支給や医療サービスを自営業者と農業従事者に適用すれば，財政負担は間違いなく急増する。

表10-6　世界銀行の老齢年金（所得保障）の5つの分類

層		対象者		
		貧困層	インフォーマル	フォーマル
第0層	公的扶助	大	中	小
第1層	公的年金制度（賦課方式）	-	-	大
第2層	強制積立方式	-	-	大
第3層	任意積立方式	小	大	大
第4層	家族や地域の支援	大	大	中

（注）大，中，小は効果を示す。
（出所）Holzmann and Hinz［2005］p.82 を参考に作成。

　実際，国民皆社会保障制度の整備を検討する中国とタイ，マレーシアでは，自営業者・農業従事者向けの年金支給額は低く，それだけで生活を維持することはできない。この点は，韓国においても同様である。これらの支給は年金というよりも高齢者手当ととらえたほうがいいかもしれない。

　途上国の年金制度設計がいかに難しいかは，世界銀行の報告書からも明らかである（表10-6）。1990年代半ばに，世界銀行は途上国の年金制度のあり方として，第1層「公的年金制度（賦課方式）」，第2層「強制積立方式」，第3層「任意積立て方式」の3つを挙げ，各国の事情に基づき，これらを組み合わせた分層モデルを構築し，対応すべきと主張していた（World Bank［1994］）。

　しかし，その後明らかになったことは，途上国では積み立てる余力がない人々が多いことであった。それへの対処として低所得の高齢者に対しては，第0層「公的扶助」で生活を支え，さらに第4層「家族や地域の支援」として地域コミュニティによる福祉サービスを強化するという処方箋が加えられた（Holzmann and Hinz［2005］）。現在もなおアジアを含め途上国における持続的な年金制度は見いだせていない。

　世界銀行のいう地域コミュニティの活用としては，日本では地域福祉（あるいは地域包括ケア）が重要視されている。アジアでも社会保障制度を補うために地域福祉が注目されており，韓国では「洞」，中国では「社区」，タイでは「タンボン」と呼ばれるコミュニティを単位とする高齢者福祉が始まっている。そこではさまざまな取り組みが展開されている。たとえば，韓国では，「美しい隣人」というユニークな活動が展開されている。これは，各地区の福祉館が高

齢者に無料で食事・文房具・整髪などを提供（数は限定）できる商店を集い，そのモノ・サービスを利用できるクーポンを高齢者に配布する。クーポンを利用した高齢者は，その店の広報活動をするとか，地域ボランティアに参加する。高齢者の生活支援に加え，地域活性化にまで目配りした取り組みである。その活動はソウル全体に広がりつつある（金・大泉・松江編［2017］）。

　また今後は，高齢者の雇用促進も課題となる（Column ❿参照）。

　地域福祉や高齢者雇用を促進しても，高齢化が進展するなかでの政府支出の増加は避けられない。おそらく各国は今後財源確保に知恵を絞り，そのゆくえが社会保障制度の内容を変えていくことになる。社会保障制度の財源確保だけを目的としているわけではないが，近年，タイでは相続税，マレーシアでは財・サービス税（消費税に相当）の新税が導入された。

　ただし，所得格差の大きい中所得国では，その財源の多くは都市住民や高中所得層が負担するほかなく，新税の導入や税率の引き上げについての国民の合意を得るのは簡単なことではない。

　この点で，アジアでは，人口オーナスは経済面だけでなく，税制改革を通じて政治面での議論になると考えられる。そして，政府には，景気への影響を見極めつつ，国民全体の合意が得られるような税制改革の内容を提示し，国民的議論の場を設け，実行に移すという手腕が求められるようになる。アジア各国は，日本と同様に「誰が誰を養うのか」という国民的議論が必要な時代に突入していくのである。

おわりに——アジアでともに考える

　日本は，世界で最も高齢化が進んだ国として，アジアの高齢社会対策への貢献が期待されてきた。実際に，2016 年の時点で，国際協力機構（JICA）は，中国，タイ，マレーシア，インドネシア，モンゴルへの高齢社会支援をすでに実施しており，厚生労働省は，「アクティブ・エイジング」（Active Aging）をキーワードにアジアにおける高齢化に関する議論の活性化に貢献している。また，アジアの高齢化を介護ビジネスのチャンスととらえる日本企業も多々出てきた。しかし，日本は自らの高齢社会に対する抜本的な処方箋を見いだしているわけではない。

先に韓国の例で示したように，アジア各国も高齢社会への取り組みを加速させている。興味深いのは，各国が，急速に普及するスマートフォンを活用して高齢化の課題解決に取り組みはじめていることである。現在は，離れて暮らす高齢の親の生活状況もインターネットを通じて容易に把握できるようになってきた。遠隔診療も介護技術の伝播もスマートフォンを利用してできるような時代に入りつつある。

　これらの点に配慮するならば，日本は高齢化先進国におけるアジアのリーダーとしてよりも，アジアとともに考えるという姿勢が必要になるだろう。経済統合などの成長の果実を分けあうだけでなく，問題をともに解決することも重要である。

Column ❿　高齢者とは誰を指すのか

　本書では，65歳以上を高齢者と定義して議論してきたが，高齢者に対する明確な定義はない。たとえば，日本では一般的に65歳以上を高齢者としているが，確固たる根拠があるわけではない。国連の分析はむしろ60歳以上を高齢者として扱うことが多い。国によって高齢者の定義はさまざまであり，中国やタイは憲法のなかで60歳以上を高齢者とすると明記している。

　高齢者の定義を変えることで，社会の見え方は大きく変化する。たとえば，60歳以上とすれば，2015年のアジアの高齢人口は3億2870万人，高齢化率は14.6%となり，地域全体ですでに「高齢社会」に移行していることになる。ちなみに65歳と定義したときよりも，人口で1億1300万人増え，比率で5.0ポイントも高くなる。

　他方，健康状態や就業能力の向上を考えれば，高齢者の定義を引き上げなければならない国も出てきた。実際，日本では，2017年1月，日本老年学会・日本老年医学会は75歳以上を「高齢者」とし，65〜74歳を「准高齢者」，90歳以上を「超高齢者」と定義すべきと提言した（https://jpn-geriat-soc.or.jp/proposal/pdf/definition_01.pdf）。これは65歳以上の人たちの健康状態の改善を反映させたものである。

　75歳を定義とすれば，アジアの高齢人口は8150万人，高齢化率は3.6%と，65歳を定義するものと比べて人口は1億3400万人減り，比率は6.0ポイントも低い。高齢者の定義の変更は，人口ボーナスの長期化，人口オーナスの軽減を考える点で

重要である。

　もちろん定義だけでなく，その定義に現実が追従するものでなければならない。日本では高齢者の雇用促進策が重要となろう。これを実現するためには，高齢者が働きやすい環境と社会の理解が必要となる。もちろん高齢者は働き手としてだけでなく，社会活動の担い手としても重要である。生活の質を下げることなく，社会参加を続ける高齢社会，「アクティブ・エイジング」（active aging）な社会を実現することは世界の新しいムーブメントになっている。高齢化は問題ではない。高齢社会とは，長寿が可能となった豊かな社会のことである。真に豊かな高齢社会を築くために，すべての人の発想力と実践力が求められている。　　　　　　　　（大泉啓一郎）

課題 ◆
- □ 1　なぜアジアで出生率の水準が低いのか話しあってみよう。そこに国による違いはあるのか。あるのなら，それは何か。ないのなら，それはなぜか。
- □ 2　人口構成の変化が生産性に及ぼす影響を考えてみよう。イノベーションは年齢と関係がないのか，あるのか，その理由を話しあってみよう。
- □ 3　生産年齢人口（15〜64歳）や高齢者（65歳以上）の年齢の定義を変えると，人口ボーナスや社会保障の議論はどのように変わるだろうか。国連の人口推計を用いて試してみよう（https://esa.un.org/unpd/wpp/）。

（大泉啓一郎）

11 不平等化するアジア
貧困から格差へ

タイの英字新聞 *The Nation*（2011 年 10 月 11 日号）に掲載された大洪水に関する風刺漫画。都心への浸水を防ぐための措置が取られ、結果として郊外地や周辺農村の浸水がより深刻化した。階層間の緊張関係を表している。

Learning Goals
①アジアにおける貧困と格差の実態とその変遷を理解する
②格差拡大のメカニズムと要因について理解する
③格差が拡大するなかでアジアが直面している諸課題とその展望について
　考察する

は じ め に

　第二次世界大戦後のアジアは順調に貧困，とりわけ絶対的貧困のレベルを低下させてきた。[*1]第 1 章で紹介したとおり，世界銀行は『東アジアの奇跡』で，1990 年代までのアジアの急速な経済成長は，同時に所得格差の縮小と貧困の削減を伴っていたとして高く評価した。

ところが，1990年代の危機からも回復を遂げ，順調な経済発展を見せているはずのアジア各国で，2000年代以降，個人や世帯間の経済格差（所得や資産の格差）の拡大が顕著になっている。過度の経済格差は，国民の健康や教育水準，治安にもネガティブな影響を与える。そのため，格差の拡大は，アジア各国が直面する最も大きな課題の1つとみなされ，各国政府や社会の関心も高まってきた。アジア開発銀行（ADB）の報告書に端的に示されているとおり（後述），アジアの経済発展を促進してきたグローバル化や市場主義的な改革が，同時に格差拡大の要因でもあると考えられはじめている。またタイやフィリピンにおけるポピュリスト政権の台頭や政治の不安定化の背後には，格差に対する人々の反応があると見る動きもある。

　圧縮した変化を経験した中所得国・途上国は，いわゆる先進諸国と異なり，年金，医療，福祉などの社会保障制度は整備途上である。そして，これらのセーフティネットが未整備のまま，少子高齢化など人口構造の激しい変化が始まっている。また，アジアでいち早く経済発展を果たした日本に目を向けると，長らく平等な国として知られてきたが，1990年代以降，格差の拡大が社会的なイシューとなり，さらには貧困（とりわけ相対的貧困[*2]）の拡大という問題もクローズアップされはじめている。日本の動向はアジアの他国を先取りしており，グローバル化に伴う雇用形態の変化や人口構造の変化が格差にどのような影響を与えるか，という点において示唆に富む。実際に，高齢化に伴う格差拡大の動向は，中所得国からも注視されている。

　これらの点をふまえ，本章では，貧困から格差，そして，格差から再び貧困の問題が大きな社会的課題となっている現在のアジア諸国の動向をとらえ，おもな要因とその解決に向けた政策対応について議論する。まず第二次世界大戦後からのアジアの貧困と格差の動向を概観したのち，クズネッツ仮説などの議論を紹介する。そのうえで，2000年代以降の格差の動向とその拡大のメカニズムを，日本，中国，ASEAN諸国の事例から検討し，最後に，今後の展望について考えてみよう。

1 貧困から格差へ

1.1 「東アジアの奇跡」と貧困人口の順調な縮小
——1990年代初頭まで

　アジアは第二次世界大戦後，顕著な貧困人口の縮小を見せた地域として注目されてきた。図11-1は，世界銀行が設定した絶対的貧困線から見た貧困率の動向である。たとえば，アジアの1日1.9ドル以下で生活する貧困人口の比率は，1981年には80.6%であったのが，2000年代には30%以下となり13年には3.6%へと大幅に低下している。この傾向は，3.1ドルを基準とした貧困線でも同様であり，81年には93.2%であったのが，13年は約16.3%にまで下がってきた。当該地域の貧困人口比率は，長らく世界の平均水準よりも高かったが，図からわかるとおり，2000年代初頭に逆転し，平均水準よりも低くなった。

　それにあわせて，世界の貧困人口に占めるアジアの比率も大きく低下してきた。太平洋地域の小国も含めた「東アジア・太平洋地域」区分を用いると，1981年には，実に世界の貧困人口（貧困線1.9ドル）の58.7%が当該地域に属していたが，2013年には9.3%にまで縮小している。当該時期の世界の人口全体に占める「東アジアと太平洋地域」の人口比率は37.6%から32.9%へとわずかに低下しているにすぎない。

　世界銀行は，アジアの急成長と所得格差の縮小が同時に進んでいることを「東アジアの奇跡」と称した。たとえば，不平等度（人口を所得5分位に分け，最貧層20%と最富裕層20%の所得シェアの比率を算出）と，1人当たりの実質GDP成長率（1965〜90年）を40カ国間で比較し，急成長と不平等の是正を達成した7カ国はすべてアジアであったとした（マレーシアを除く。世界銀行編［1994］33頁）。これは当時のラテンアメリカと対照的な結果であった。

　ところが，1990年代頃からこの傾向は変化しはじめる。ラテンアメリカは格差縮小を見せているのに対して，むしろ，アジアでは所得格差の拡大が顕著になってきた。絶対的貧困については，97年の金融危機ののち，一時的に悪

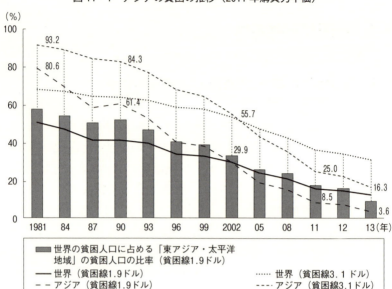

図 11-1　アジアの貧困の推移（2011 年購買力平価）

(%)

- 93.2
- 80.6
- 84.3
- 61.4
- 55.7
- 29.9
- 25.0
- 16.3
- 8.5
- 3.6

1981　84　87　90　93　96　99　2002　05　08　11　12　13（年）

- ■ 世界の貧困人口に占める「東アジア・太平洋地域」の貧困人口の比率（貧困線1.9ドル）
- ── 世界（貧困線1.9ドル）
- ‥‥ 世界（貧困線3.1ドル）
- － － アジア（貧困線1.9ドル）
- － － － アジア（貧困線3.1ドル）

（注）東・東南アジア 10 カ国のデータを抽出（日本，アジア NIEs，データが入手できない北朝鮮などは含まれない）。対世界比の貧困人口比率に関しては，「東アジアと太平洋地域」（19 カ国）の集計値（東南アジアを含む）。

（出所）World Bank, PovcalNet のウェブサイトより作成（2017 年 10 月 10 日アクセス）。

化した国があるが，その後，再び低下しつづけている。しかしながら，所得格差や相対的貧困の問題は，多くのアジア諸国で重要な社会的課題としてむしろ大きく注目されはじめた。

1.2　アジアにおける格差の拡大

　アジア開発銀行は，2012 年度の年次報告書（『拡大するアジアの格差に立ち向かう』）で格差問題を大きく取り上げた。同報告書によると，1990 年代からの約 20 年でアジアの中所得国・途上国 28 カ国のうち，11 カ国で所得格差が拡大していた（人口の 82%に相当。南アジア，中央アジアを含む。ADB [2012]）。格差が拡大している国では，もしより公平な経済成長が実現されていれば，さらに 2.4 億人が貧困から脱出できたはずだったと推計された（Kanbur, Rhee and

表 11-1　各国のジニ係数の変遷

	中国(都市)	中国(農村)	マレーシア	タイ	インドネシア(都市)	インドネシア(農村)	フィリピン	ラオス	カンボジア	日本(「所得再分配調査」)	韓国
1981	0.18	0.25		0.45						0.31	
1984	0.18	0.27	0.49		0.33	0.29				0.34	
1987	0.20	0.29	0.47		0.33	0.28				0.34	
1990	0.26	0.31		0.45	0.35	0.26				0.36	0.30
1991							0.44				0.29
1992			0.48	0.48					0.34		0.28
1993	0.28	0.32			0.35					0.37	0.28
1994				0.43			0.43		0.38		0.29
1995			0.49								0.28
1996	0.29	0.34		0.43	0.38	0.28				0.36	0.29
1997			0.49				0.46	0.35			0.28
1998				0.41	0.34	0.26					0.32
1999	0.32	0.35		0.43	0.34	0.25				0.38	0.32
2000				0.43	0.32	0.24	0.46				0.32
2001					0.32	0.24					0.31
2002	0.33	0.38		0.42	0.34	0.26		0.35		0.38	
2003					0.34	0.25	0.44				
2004			0.46	0.43	0.34	0.27			0.35		
2005	0.35	0.36			0.34	0.28				0.39	
2006				0.42	0.36	0.29	0.44				0.31
2007			0.46	0.40	0.37	0.30		0.37	0.41		0.31
2008	0.35	0.39		0.40	0.37	0.30			0.35	0.38	0.31
2009			0.46	0.40	0.37	0.30	0.43		0.35		0.31
2010	0.36	0.41		0.39	0.38	0.32			0.33		0.31
2011	0.36	0.39		0.37	0.42	0.34			0.32	0.38	0.31
2012	0.35	0.40		0.39	0.42	0.33	0.43	0.38	0.31		0.31
2013	0.37	0.34		0.38	0.43	0.32					0.30
2014					0.43	0.32				0.38	0.30

（注) 1)　PovcalNet における中国とインドネシアの推計値は，大部分の年は都市／農村別となっている。全国のジニ係数を確認できるのは以下の年である。中国：2008 年（0.43），12 年（0.42），インドネシア：13 年（0.39）。

　　　 2)　世界銀行の推計は各国政府から提供される家計データに基づいている。国によっては，提供するデータを，グループ化された階層データから個票データへと変更してきた。現時点での各国の提供データは次のとおりである。中国（都市，農村）：所得（1980 年代）／消費（90 年代以降）（階層），マレーシア：所得（個票），タイ：消費（個票），インドネシア（都市，農村）：消費（個票），フィリピン：所得，消費（個票，本図では消費データを使用），ラオス：消費（個票），カンボジア：消費（個票）。なお，日本，および韓国のデータはいずれも所得（個票データ）を用いて推計されている。

（出所）World Bank, PovcalNet より作成（2017 年 5 月 27 日アクセス）。日本は厚生労働省の「所得再分配調査」（公表値），韓国は 2002 年以前は郭［2004］，2006 年以後は OECD の Database から引用（2017 年 8 月 25 日アクセス）。

図11-2 所得五分位階級別に見た所得シェア（2010年前後）

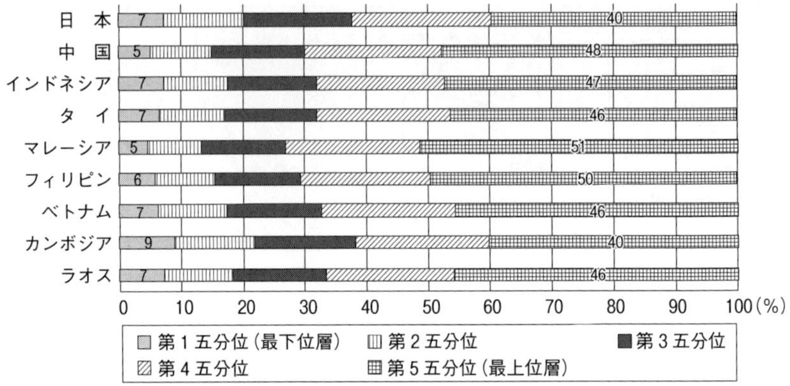

（出所）World Bank, Poverty & Equity Databank and PovcalNet より作成。データは、日本2008年、マレーシア09年、インドネシア13年、その他の国は12年。

Zhuang eds.［2014］）。

　表11-1は、1980年代以降における各国のジニ係数の推移を示している[*3]。第1に、中所得国では、ジニ係数の上昇傾向が、中国、インドネシアで確認できる。マレーシアやタイは若干の低下傾向を見せているが、依然としてその水準は高く、0.4～0.5に近い。第2に、都市と農村のデータが比較できる中国、インドネシアでは、いずれも直近では都市のほうが数値は高い。第3に、高所得国の日本と韓国では、2000年代以降の格差の変化はほぼ横ばいであった。ただし、日本は80年代から90年代にかけて格差の大きな上昇を経験した。第4に、中所得国のなかでも後発国に目を向けると、ラオスが2000年代以降も格差の拡大を続けている。カンボジアは縮小傾向にある。なお、後述のように各国政府も独自の推計値を公表し、政策立案に用いることが多い。同じ家計調査を用いても、所得と支出のどちらを用いるか、また、各国政府から国際機関に提供されるデータが個票であるか、グループ化された階層データであるかによって、国際機関の推計値と政府推計値は異なることがある。ただし、読みとれる傾向には大きな違いはない。

　次に、アジア9カ国における所得五分位階級別の所得シェアを図11-2で見てみよう。中所得国では、上位20％（第5五分位）の所得シェアは、おおむね

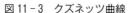

図 11-3 クズネッツ曲線

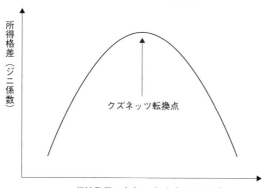

（出所）筆者作成。

46〜51％である一方，日本は他と比べて上位層のシェアが低く，約40％にとどまる。これは社会保障制度などを通じた再分配政策が一定の影響を与えているためである。一方，中国やマレーシアは下位20％（第１五分位）の所得シェアが5％と最も低くなっている。

1.3 クズネッツ仮説とアジアの動向

　経済発展と所得格差の関係を考える際に最も参照されるのがサイモン・クズネッツの議論である。クズネッツは1955年に発表した論文（「経済成長と所得格差」）において，先進国が，歴史的に格差拡大の時期ののちに格差縮小へと移行してきたことを指摘した。たとえば，イギリスは1890年代，アメリカとドイツについては1920年代から格差が縮小しはじめたとしている（Kuznets [1955]）。クズネッツは，この要因をおもに低生産部門（農業部門）から高生産部門（工業部門）への労働・資本の移動によるものとしてとらえた。

　クズネッツの提示した所得水準と格差との関係に関する理論に見られるように，経済発展の初期段階では，より高い生産部門（工業部門）への資本の投下と，それに伴う地方から都市への労働者の移動が生じる。その結果，国内の平均的な所得は増加するが，地域間や世帯間の所得格差は拡大する。しかし，農業部門から工業部門への移行などの構造変化が一段落し，都市が地方の人口の

多くを吸収すると，都市労働者の供給が増加して，賃金の低下が起こりうるため，今度は逆に格差は縮小する傾向が見られる。この所得水準と格差についての逆U字の関係は，後の経済学者が「クズネッツ曲線」あるいは「クズネッツ仮説」と呼んでいる（図11‐3）。

クズネッツ曲線が見られるかどうかは，多くの開発経済学者の関心であり，論争にもなってきた。一国の細かな時系列データの入手は容易ではないため，その後の研究では，複数の国の1人当たりGDP（購買力平価）とジニ係数などの指標をプロットすることで，クズネッツ仮説の妥当性の検証がされてきた。クズネッツ仮説が成立しているとしたものとして，92カ国のデータを用いたアジア開発銀行のロバート・バローの分析がある。つまり，経済発展の初期の段階では一時的に格差が拡大するものの，その後，縮小しはじめるというのである（Barro［2008］）。

一方で，ガルブレイル・パルマは，現代の格差の特徴は，真ん中の同質性（中所得層への収斂）と両端における異質性（富裕層と貧困層に二極化し所得階層の両端で格差が拡大）であるとし，経済発展の度合い，政治体制や地域の違いに関係なく，第1に富裕層への富の集中，第2に低所得層のマージナル化，第3に中所得層の安定的存在，という3つの動きが観察されるとした（Palma［2011］,末廣［2014］）。そのうえで，パルマは，クズネッツ曲線は成立していないと反論した。他にも，東南アジア8カ国において，クズネッツ曲線が成立しているかどうかをサーベイした研究では，クズネッツ仮説を支持する研究は取り上げた13本の論文のうち5本と，約4割にとどまっていた（Abdullah, Doucouliagos and Manning［2015］p.2）。

また，近年の実証研究では，1人当たりGDPと格差の逆U字の関係の検証にこだわることなく，両変数のより安定的な関係について調べるものもある。たとえば，1960年代前半から90年代後半までのOECD諸国のパネルデータを用いた研究では，所得水準と格差の関係に逆U字型ではなく，U字型の関係が見られるという分析結果がある。たしかに，60年代の頃には，OECD加盟国の多くはすでに農業国から工業国への移行を終えており，19世紀や20世紀前半の経験に基づく逆U字がすでに存在していなかったとしても驚くべきことではないだろう（ガルブレイス［2014］）。

さらに，1990年代以降は，経済発展が格差に与える影響とは逆の因果関係，つまり格差が経済発展（1人当たり GDP の成長率など）に与える影響にも注目が集まっている。たとえば，アジアにおいて所得の平等が初等教育の就学率と同様に成長促進効果を持つことが明らかになっている（Barro [1999] や山下 [2004] などを参照）。

2　格差が拡大する背景と要因——各国の事例から

2.1　アジアではなぜ格差が拡大しているのか

それでは，なぜアジアでは多くの国・地域で格差が拡大しているのだろうか。アジア開発銀行のラヴィ・カンブールらは，その鍵となる要因は，グローバル化，技術の変化，市場志向的改革だとした。つまり，アジアの経済発展に寄与した要因が一方で格差を広げているとしたのである。これらは，3つの偏り，つまり，労働者よりも資本の所有者，より高い技術の保有者，および地方・内陸部よりもインフラがより整った都市・沿海部の住民を有利にするという偏りが，所得分配を不平等化させるというものである。つまり，労働分配率の低下，スキル・プレミアムの上昇，空間的格差の3つが所得格差拡大のおもな要因とした。アジア開発銀行はそのなかでも，空間的格差がアジアの所得格差の現象の30〜50%を説明し，技術の変化に伴うスキル・プレミアムが25〜35%を説明するとした（ADB [2012], Kanbur, Rhee and Zhuang eds. [2014]）。また，先進国における労働分配率の悪化は近年，さまざまな研究で指摘されているが，ASEAN 諸国はそもそも先進国に比べて低い水準であった。パスク・ポンパイチットは，この労働分配率の低さが，格差社会の土台を作ってきたと指摘する（Pasuk and Baker eds. [2016]）。その一方で，2000年代以降の格差拡大の要因は，むしろ，非正規雇用など不安定就労の拡大による労働者内部の格差拡大にあるという見解もある（末廣 [2014]）。日本や韓国では1990年代初頭から，中所得国においても97年の金融危機以降，派遣・契約労働者の増大が観察されるからである。

次に，アジア諸国のなかから，日本，中国，ASEAN 諸国（タイ，インドネシ

アなど）を取り上げ，格差の動向と注目されている要因を見てみよう。

2.2 日本の事例

まず，アジアで最も格差研究が進んでいる日本の事例を確認してみよう。日本は，戦後の高度経済成長期を経て，「一億総中流」と呼ばれる平等な社会が実現したと信じられてきた。事実，内閣府の「国民生活に関する世論調査」によると，生活の程度に対する質問への回答で自らの生活程度を「中流」とした者の比率は，1960 年代半ばまでに 8 割を超え，70 年以降は約 9 割に達した（橋本［2009]）。しかしながら，90 年代以降，日本の所得・資産の格差は拡大しはじめ（橘木［1998]），現在では，ジニ係数が OECD 諸国の平均を上回る水準に達している。

図 11－4(a)は，日本の所得格差の推移（1961~2013 年）を示したものである。再分配前の当初所得（市場での経済活動で得た所得），再分配後の再分配所得ともに，とくに 1980 年代から 90 年代の間にかけて大きな上昇が見られたことがわかる。なお，当初所得のジニ係数は 2000 年代以降も一貫して上昇を続けているが，再分配所得のジニ係数はほぼ横ばいになっている。

日本の格差拡大の要因は，第 1 に，人口の高齢化の影響がある（大竹［2005]）。図 11－4(b)は，2001 年と 13 年における世帯員の年齢階級別ジニ係数を算出したものである。図から明らかなように，年齢階級が高い高齢者世帯に属する集団のほうが，就労世代の世帯よりも所得格差が大きい。したがって，もともと所得格差の大きな高齢層が人口全体に占める割合が上昇すると，結果的に経済全体のジニ係数が高まることになり，所得格差の拡大が進行する。たとえば，大竹文雄は，1980 年から 92 年にかけての格差拡大の約 24％が高齢化で説明できるとした（大竹［2005]）。留意すべき点は，高齢化に伴う格差拡大は高齢社会に必然の現象ではなく，日本において高齢者内の所得格差が大きいことが理由となっていることである。現に，OECD の多くの国は，むしろ就労世代のジニ係数のほうが，高齢世代のそれよりも高い（Förster and D'Ercole ［2005]）。[*4]

日本の高齢者世帯間での所得格差が大きい要因の 1 つが，生活保護基準を下回る低所得世帯の多さである。厚生労働省の「被保護者調査」から生活保護受

図 11 - 4 　日本の所得格差

(a) 日本の所得格差の推移 (1961〜2013 年)

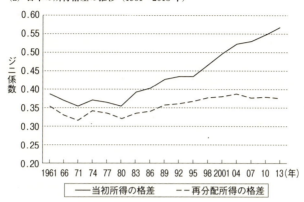

(b) 世帯員の年齢階級別ジニ係数 (等価所得)

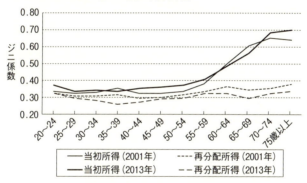

（注）(b)のジニ係数は，世帯人数を調整した等価所得で計算している。
（出所）田辺・鈴木［2013］，厚生労働省「所得再分配調査」のウェブ
　　　サイトをもとに作成。

給世帯の推移を見ると，その約半数が高齢者世帯である。高齢者の被保護世帯
は，1990 年代前半までは約 20 万世帯で横ばいだったのが，90 年代後半から上
昇を始め，2014 年には約 75 万世帯に達した。とりわけ単身高齢者世帯に多数
の貧困世帯が存在している。
　また，第 2 の要因として，雇用形態の変化とそれに伴う労働者間の賃金格差
の拡大がある。1990 年代のバブル経済崩壊以降，多くの企業でコストの削減

が図られ，終身雇用や年功序列などの日本的雇用慣行の見直しと非正規雇用の採用の増加が行われた。その結果，初職が正規雇用である労働者の比率は，[*5]90年代から現在に至るまで，ほぼ一貫して減少傾向にある。2016年現在，非正規雇用労働者数は全労働者の37.5％であり，男性では22.1％，女性では55.9％になっている。厚生労働省の調査によると，正規雇用の賃金を100としたときの非正規雇用の賃金は，男女計で65.8（男性で67.4，女性で72.0）である。正規雇用と非正規雇用の賃金格差は，2000年代半ばから徐々に縮小してきているが，依然としてその格差は，他のOECD諸国と比べて大きい（労働政策研究・研修機構［2017］177頁）。また，近年は若者の比率が大きいのも特徴である。初職の非正規雇用率は，20～24歳の高卒の男性で35.6％，女性で50.4％，22～24歳の大卒の男性で29.8％，女性で28.2％となっている。

　第3の要因として，他の先進国に比べて再分配機能が弱い点が挙げられる。OECD諸国で比較した場合，2010年代前半の日本の再分配効果（再分配前後におけるジニ係数の改善度）はOECD平均より低く，とくに税制を通じた再分配の改善が小さい。また，家族向けの社会保障支出の対GDP比が他国に比べて低いことが指摘されている（OECD［2015］）。この点は，前述の高齢者内格差の大きさと貧困者の多さの原因ともなっている。

　以上の3つの要因のほかにも，単身世帯の増加や三世代世帯の減少などの世帯の変容，IT革命などスキル偏向的な技術進歩，ダグラス・有沢法則の弱体[*6]化，金融の自由化など，さまざまな要因が指摘されている（大竹［2005］,橘木・浦川［2006］）。また，進学・就職・転職などによる人々の地域間移動も地域間や世帯間の経済格差に長期的には影響を与えている。

2.3　中国の事例

　1980年代までの中国は非常に格差の小さい国であり，ジニ係数は0.1～0.2台を推移していた（表11‐1）。格差が拡大しはじめたのは改革開放政策が始まってからである。国家統計局は2013年に，03年までさかのぼって全国のジニ係数を公表した（所得データを使用）。その政府推計によると，08年の0.49をピークに縮小に転じたとされるが，13年でも0.47の水準にあり，アジアのなかでもとくに格差の大きい国となっている。

中国の所得格差の拡大は，沿海部を優先した工業化戦略や市場経済化のための改革，また賃金格差の拡大などが関わっている。改革の重点が都市部に移った1980年代半ばから，沿海部に外国資本が多く流入するなど経済発展の地域間格差が生じた。1990年代後半には国有企業改革によって多くの労働者が解雇されて失業者になる一方で，民間企業や民営化された元国有企業の経営者，各種の専門職の所得が上昇し，大きな所得格差が生まれた（丸川［2013a］）。

　ここでは，とくに注目されている空間的格差，および産業部門間の賃金格差が所得格差に結びつくメカニズムを見てみよう。1980年代以降の地域間格差の大きな特徴は，第3章のとおり，貿易や投資の面で世界経済と深く結びつくようになった沿海地域の急速な発展と，取り残された内陸地域の間での経済格差である。『中国統計年鑑』の地域別所得データを用いた分析では，90年代の10年間で「タイル尺度」（格差指標[*7]）が0.02から0.06まで3倍に上昇しているが，その格差拡大の大部分が，わずか1つの省（広東省）と2つの市（上海市，北京市）の急激な発展と他の地域の漸進的な発展によって説明できるとされた（ガルブレイス［2014］）。地域間の経済格差の拡大は，都市で暮らす世帯と地方で暮らす世帯の間の所得・賃金格差を高める要因にもなった。

　しかし，2000年代になると，地域間格差の拡大は緩やかになった。2000年代後半以降のタイル尺度は0.08の水準にあり，決して低くはないものの，大きく変動していない。この要因の1つは，2000年代以降の輸出の拡大と，その過程での沿海地域における製造業のシェア・被雇用者数の拡大，また労働移動のさらなる増加である。農村部および内陸部から移動してくる労働者の大部分は，都市への入り口として製造業部門での就労を選択した。ただし，この部門は中国全体で見ると，低賃金の産業部門に位置づけられ，賃金水準が高い沿海部の諸省における製造業の平均賃金も当初は全国平均の賃金水準を若干上回っている程度であった（ガルブレイス［2014］）。その後，農村から都市へとさらなる労働移動が続くなかで，2000年代後半以降は，賃金上昇の傾向が明確になり，内陸部でも同様に賃金が上昇するようになった。中国経済がルイスの転換点を超えたのかをめぐっては議論は定まっていないが（第3章も参照），こうしたメカニズムによって地域間の格差拡大メカニズムにも変化が見られている（Li and Sicular［2014］）。つまり内陸部と沿海部の賃金格差に代表される省間

格差は 2000 年代頃から横ばい，もしくは若干の縮小傾向を見せることになったのである。

　一方，省間格差とは対照的に省内格差（省内の産業部門間の格差）は 2000 年代においても拡大を続け，注目をされた。省内格差を牽引したのは沿海地域の都市部である。産業部門間の格差が拡大した大きな要因は，製造業ではなく，サービス部門の成長と関わっている。つまり，北京市，上海市，広東省などの都市部を中心に銀行，金融部門がさらに成長し，雇用の増加や賃金の上昇が起こったことや，新たに情報通信やコンピュータなど IT 産業が躍進したことによるものであった。たとえば，北京市の産業部門間不平等への寄与（2004～07 年）に関する事例研究では，22 部門のうち，銀行業，金融業，情報通信およびコンピュータ業（IT 産業）の 3 つの部門で全体の格差拡大の 75％程度が説明できると指摘された（ガルブレイス［2014]）。これらの産業部門で就労している労働者は主として都市出身の大卒以上の高学歴者であり，また，これらの部門の賃金の上昇率は非常に高い。その結果，現代の中国では，都市内のジニ係数が上昇傾向にある。第 8 章で触れたとおり，上海などのメガ都市は富裕層・中間層の顕著な増大を見せる一方で，多くの農民工も抱えているからである。中国に固有の制度，つまり戸籍制度はこの傾向を助長する。農民工は参入できる産業部門が都市住民とは異なっているだけでなく，諸々の社会保障制度へのアクセスも限定されているからである。

　最後に，日本と同様に中国でも高齢化の進展が格差の拡大に影響を与えはじめている点を指摘しておきたい。大竹［2005］と同じ手法を用いた研究では，同一世代内での格差拡大が 2000 年代の全体の格差拡大の約 6 割を説明するものの，高齢化の影響も約 10％を説明すると指摘された（Zhang and Xiang［2014]）。中国では税制や社会保障制度による再分配の仕組みや引退後の生活保障が十分でないため，今後，日本以上に高齢化に伴う世代間格差や高齢者内格差が拡大することが危惧されている[8]。2014 年の中国の高齢者のおもな収入源を見ると，「年金」と回答した者は 24％にすぎず，「家族扶養」が 41％，「労働収入」が 29％である（日本貿易振興機構・北京事務所［2013]）。

2.4　ASEAN 諸国の事例

ASEAN 諸国では，とくに ASEAN4 を中心に，他のアジア諸国と同様，格差の拡大が観察されている。表 11-1 で見たとおり，マレーシアやフィリピンは一貫してジニ係数が高く，インドネシアもとくに都市部では 0.4 を超え，格差は拡大傾向にある。タイは 2010 年前後からジニ係数が改善しはじめているが，政府推計では，13 年も 0.47 の高い水準にあり（NESDB ［2015］），格差是正は引き続き，政策課題として認識されている。

これらの国の急速な経済成長は絶対的貧困を縮小してきたが，それでも成長の果実は異なる階層や地域間に等しく分配されてきたわけではない。たとえば所得階層別に見れば，上位 20%，そのなかでもとくに上位 1% や 5% の所得の伸び率がより高かった（Kanbur, Rhee and Zhuang eds. ［2014］）。また，富の集中に対する社会的関心の高まりを反映してか，資産に関する調査がいくつか出てきている。資産は所得に比べても上位階層への集中が顕著である。たとえばタイでは，資産のジニ係数は 0.66 であり，金融資産に限れば 0.85 である（2009年）。所得上位 10% の世帯が資産全体の 37% を所有しており，また銀行口座での貯金総額を見ると全体の 0.1% の貯蓄者が貯蓄額では約 50% を占めている（Pasuk and Baker eds. ［2016］）。インドネシアの資産格差は世界で 6 番めに大きいとする OXFAM の報告書も大きな注目を浴びた。報告書によると，最も豊かな上位 1% が 49% の資産を保有しており，最も豊かな 4 人の資産は下位所得階層 40%（約 1 億人）の総資産と等しい（OXFAM ［2017］）。

ASEAN 諸国においても，グローバル化に伴う貿易や金融の自由化や，空間的格差が，所得格差の拡大の促進要因であると考えられている。アジア開発銀行は，インドネシア，フィリピン，ベトナムを事例として取り上げ，その格差の約 20% は都市と農村の格差によって説明できるとした（Kanbur, Rhee and Zhuang eds. ［2014］第 14 章）。これらの国ではメガリージョンへの一極集中が顕著であるが（第 8 章を参照），近年は地域間の経済格差だけでなく，都市内格差の拡大も注目されている。たとえば，2013 年の時点では，インドネシアの格差に対する州内格差の寄与度は，州間格差よりもかなり大きいとされた（Yusef, Sumner and Rum ［2014］）。タイにおいても，前述の政府推計では，バンコク内のジニ係数は全国の動向に反して上昇傾向にあり，2011 年は全国平均

図11-5　学歴による集団間の格差（タイ）

(a) 所得階層別に見る短大・大学の進学率の推移（1986～2009年）

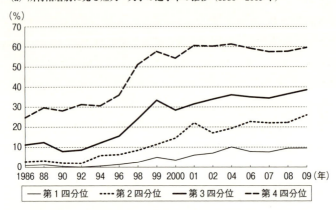

（出所）Pasuk and Baker eds.［2016］p. 45.

(b) 学歴集団別に見る実質賃金（時給，1986～2010年）

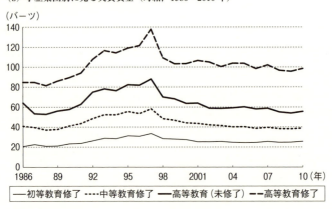

（注）2009年価格。
（出所）Pasuk and Baker eds.［2016］p. 48.

を上回り，0.51（全国は0.48）であった。これらの国でも，中国と同様のメカニズムが働いている可能性があり，地域内格差の分析が必要となるだろう。

　また，学歴や職種の差異によるスキル・プレミアムを通じての格差拡大も大きく注目されている。前述のアジア開発銀行の調査では，学歴による集団間の格差（支出で推計）の全体への寄与率は大きく，タイの46％（2005年）からベ

トナムの 18%（08 年）まで幅はあるものの，2000 年代に入り拡大傾向にあることに警鐘を鳴らしている（Kanbur, Rhee and Zhuang eds. [2014] p.310）。図 11 - 5(a)と図 11 - 5(b)は，最も深刻だとされたタイの所得階層別進学率，および学歴別の賃金水準である。世帯主の所得階層別に子どもの大学進学率を見ると，最下位階層と最上位階層間の違いは大きく，1986 年の 24 ポイントから 2009 年は 50 ポイントと大きく開いた。学歴別の賃金水準を見ると，高等教育を受けた者とそれ以外の層の違いが明白である。その他の国でも，両親の所得階層と子ども世代の学歴水準の相関が指摘されており，あわせて，地域間における高等教育機関の偏在が大きいため，それが機会の不平等を助長している。学歴や職種の差異がもたらすスキル・プレミアムの上昇は労働市場の階層化と固定化を進める可能性が高い。

　最後に，ASEAN 諸国でも，中国と同様に高齢化に伴う格差拡大が懸念されることを指摘しておきたい（第 10 章も参照）。たとえば，タイの高齢者のおもな収入源を見ると，「年金」と回答した者は 5%（2014 年）にすぎず，「家族扶養」が 41%，「労働収入」が 34% である（NSO [2014]）。社会保障制度の脆弱性や資産所有の偏在は，老後の生活を自ら支えることのできる上位階層とそれ以外の階層との間で大きな生活の質の違いを生むだろう。すでにそのような問題が露呈しているのが，圧縮した発展を経験した韓国である。韓国では公的年金が収入源である高齢者は，生計を単一手段に頼っている者（全体の 68.1%）でも 6.2% にすぎず（2010 年。金 [2017]），OECD 諸国のなかで最も高い高齢者の貧困率を見せている。

3　アジア各国の対応と今後の展望

3.1　アジアにおける所得格差への関心の高まりと対応

　アジアの多くの国では，2000 年代以降から所得格差の問題に注目しはじめた。中国では 04 年に，「和諧社会」をめざすことが提案され，それ以来，経済成長と公平性の両立が，調和のとれた社会の構築に向けた課題として認識されている。また，「1 つのマレーシア」をめざすとしたマレーシアや，「足るを知

る経済」という考え方を提案したタイに加え，5カ年計画のなかで「包摂的成長」を目標の1つに掲げたインドネシアやフィリピンなど，格差是正はどの国にとっても重要な政策課題になっている。インドネシアは，全国のジニ係数を13年の0.41（政府推計値）から19年には0.36まで下げると具体的な数値目標も掲げた。これらの動向の背景には，実態としての格差拡大だけでなく，ポピュリズムの台頭や不安定化する政治など，さまざまな要因が関わっている。

　近代経済学では，長らく経済成長と公平性（もしくは再分配の充実）の実現はトレードオフの関係にあるとされてきた。ところが，近年，この2つは相互に強化しあえるという議論が出てきている。格差拡大に関する国際機関からの研究・調査報告書の刊行も相次いでいる（前述のアジア開発銀行の研究のみならず，IMFのOstry, Berg and Tsangarides [2014], OECD [2015], World Bank [2016b], UNDP [2013], ILOのBerg ed. [2015], UNESCO [2016] など）。アジア開発銀行や国際通貨基金（IMF），世界銀行に共通する認識は，過度な格差は経済発展の阻害要因になるという点である。これらの機関が提案しているのが，「包摂的成長」（inclusive growth）という考え方であり，前述のとおり，アジア各国の政策文書にも明記されるようになった。ただし，「包摂的」の意味は論者によってさまざまである。ある論者は格差是正のために中間層のシェアを伸ばすべきだとし，別の論者は低所得層のシェアが増大したかを見るべきだとする。また，成長によって創出された経済的機会が皆に等しく開かれているかが大事だとする論者もいる（UNDP [2013]）。「包摂的成長」をどう定義するかによって，優先される政策対象と具体的な手段は異なるだろう。また，国連開発計画（UNDP）や国際労働機関（ILO）などは，格差の物質的側面（所得や教育へのアクセスなど）のみではなく，社会的・政治的側面も重視し，より広い観点から格差問題に取り組んでいる。近年では，国連の「持続可能な開発目標」（SDGs）をふまえて，公平で安定した社会の構築には水平的格差（所得水準にかかわらず発生しうるジェンダーや民族などの出自による格差）の是正も重要であるとして，積極的に政策提言を行っている。以上のような国際的な格差是正への関心の高まりと連動しつつ，アジア各国はそれぞれの課題と政策的ジレンマを抱えている。最後に，政策対応と今後の展望を考えてみよう。

3.2 中所得国における政策対応と展望

中所得国において，競争戦略の強化と格差是正政策を同時に進めるのは容易ではない。圧縮した発展のもと，社会保障制度は依然として脆弱であり，財政制約にも直面しているなかできわめて複合的な課題に対応しなければならないためである（第8章も参照）。競争戦略を優先すれば，格差の拡大要因をさらに強化してしまう可能性もあるだろう。

たとえば，タイでは，2010年代から地域間格差の是正策（地域によって異なる最低賃金水準を設定する施策や地方の投資優遇政策など）を徐々に撤廃し，グローバルな競争力強化のためにメガリージョンに投資を集中する方針に転換した。その他の国においても，メガリージョン強化政策や多国籍企業を誘致するための法人税の引き下げなどの動きは広く見られるが，これらは空間的格差の拡大を助長するかもしれない。

地域間の賃金格差については，新古典派経済学の基礎的な理論では「政府の介入はできる限り小さいほうが望ましい」とされてきた。これは，労働者に移動の自由があれば，低賃金の地域から高賃金の地域に労働力が自然にシフトし，需要と供給のバランスから地域間賃金格差も自然と縮小していくと考えられるためである。ただし，労働力の自然なシフトが容易に行われないケースも多くある。この点を重視する立場からは，人口移動などの諸力の働きは，地域間の経済格差を累積的に増大させ，多くの取り残された地域の諸活動（経済活動，科学・教育・文化的活動）を貧しい状態にとどめてしまうことから，政府が是正策に積極的に取り組む必要があると主張する（Myrdal [1957]）。

中国では，近年は内陸部での就業機会の拡大や賃金上昇が生じたことにより沿海部との地域間格差はある程度緩和されてきた。しかしながら，前述のとおり，生産性が高く高賃金である産業部門での就業の機会や（たとえば，銀行，金融，ITなどの成長産業や依然として特権を持つ一部の独占的な国有企業セクターなど），さまざまな教育・訓練を受ける機会に関する地域間の格差は依然として大きい。前節で見たとおり，スキル・プレミアムや学歴による格差は，空間的格差とつながっており，何らかの対策を講じなければ解消は難しい。

また，上位階層への富の集中や，機会の不平等への疑義が高まるにつれ，脆弱な社会保障制度を問題視する動きも出てきている。格差拡大は外的要因（グ

ローバル化や技術の進歩など）のみならず，国内の諸制度・政策といった内在的要因にもよると考えられるからである。したがって，再分配政策においても，適切な介入は格差を是正し，発展をより促すという認識が出てきている。実際に，日本の事例で見たとおり，多くのOECD諸国では，所得移転後の再分配所得では格差が大幅に縮小する。ところが，中所得国のジニ係数は，当初所得と再分配所得でほとんど変わらない。UNDPの推計によれば，2000年代後半の中国は0.42から0.40と6％しか変化せず，インドネシアも0.39から0.38へと2％，マレーシアでは1％しか改善しておらず，タイはジニ係数に変化がなかった（UNDP［2013］）。同期間で見た場合，日本は18％（0.370から0.305），シンガポールも18％（0.504から0.413）の再分配効果が見られた。したがって，中所得国では，年金をはじめとする社会保障制度の自営業者や農業従事者への拡充（第10章も参照）が試行・検討されている。大きな資産格差もまた，社会移動を妨げ，階層を固定する。相続税や資産税の導入といった租税政策もが議論の射程に入ってきている。とはいえ，これらの政策の実施に向けた社会的合意の形成は容易ではない（Column ⓫を参照）。いかに相反する政策志向のバランスをとり，これらに対応できるかが，今後の社会の安定の1つの鍵である。

3.3 高所得国（日本）における政策対応と展望

前節で見たとおり，日本の所得格差の拡大は2000年代には頭打ちになり低下傾向を見せはじめた。ただし，こうした状況の背景には，日本の所得分布において，より低い所得水準の層の厚みが増し，社会全体として低所得化が進行していることが挙げられる（小塩・浦川［2008］）。

こうした厳しい状況においても，年金・医療など現行の再分配政策は，前述のとおり，OECD諸国の平均的な水準よりは低いものの，他のアジア諸国と比べると格差縮小・貧困軽減に確かに貢献しており，その効果の多くの部分が，高齢層を中心に発揮されている。当初所得のジニ係数は2000年代以降も一貫して上昇を続けているのに対し，再分配所得のジニ係数がほぼ横ばいであるのは，公的年金給付や医療給付を受ける高齢世代が全人口に占める割合が高まっていることも一因である（図11-4(a)参照）。

注意すべき点は，少子高齢化のもとでは，世代間の所得移転が次第に難しく

なることである。最近では，高齢層だけでなく，若年層・中年層でも貧困リスクが高まっている。世代間の所得移転に依存せず，同一世代内の再分配のウェイトを引き上げることは，再分配政策の見直し策として重要な鍵となりえよう。さらに，就労世代については，同じ企業内で勤めていても正規雇用と非正規雇用とでは社会保険制度への加入や福利厚生の規模に大きな差が見られる。たとえば，正規雇用労働者の雇用保険への加入割合（2014年）は92.4%に上るが，パートタイム労働者では60.6%，日雇いなどの臨時労働者では19.4%にすぎない。失業・疾病・貧困などのリスクが真に高い者に対してセーフティネットが十分に確保されていない問題がある。

　アジアの経済発展を先導し，先に豊かな社会を実現したはずの先進国が直面する低所得化の傾向や，第9章でも指摘した雇用の「インフォーマル化」に伴う新しい貧困問題の増大は，グローバル競争への対応過程で出てきた側面がある。ただし，中所得国に比べると，家族やコミュニティ，地域社会における代替的な相互扶助機能はむしろ弱体化しているのが現実である。前述のような，公的サービスの充実や再分配政策の見直しに加えて，民間セクターや地域福祉の活用や連携方法といった，新しいモデルを構築し，提示していくことも求められるだろう。

おわりに

　経済成長と貧困削減，そして格差（もしくは公平性）の3つがどう互いに作用しあうかについて，開発経済学は長い間，議論を続けてきた。貧しい時代に始まったアジア各国の初期の工業化は，国内における安くて豊富な労働力を活用することで進んできた。初等教育の浸透や衛生面に関わるような基本的な生活インフラの整備は，絶対的貧困の低下と安価で良質な労働力を生み出し，「東アジアの奇跡」といわれる工業化を支えてきた。とはいえ，経済発展を優先した工業化の果実は，異なる地域や階層に等しく共有されたわけではなかった。

　アジアにおける所得格差の拡大に注目が集まっている理由は，既得権益層への不満の表面化や政治の不安定化もあるだろう。国民の大部分が貧しく，ある程度の不満を抑え込むことができた時代と異なり，現代では個々のニーズは多様化し，貧困層，中間層もSNSや政治運動など，さまざまな場所で発言力を

高めている。各国政府が格差問題を無視しえなくなったのは，そのような社会の変化も反映している。

　所得格差が拡大する要因は複雑で，諸要因が絡みあっている。本書が取り上げた格差を拡大させるメカニズムには，産業構造の変化がもたらす空間的格差の変化（都市への労働や資本の集中），人口構造や世帯構造の変化（おもに高齢化や単身化），グローバル化に伴う資本と労働の分配の変化，就業形態の変化（非正規雇用の増加），不十分な再分配政策などがあった。本章を通じて見たとおり，圧縮した経済発展を可能にした諸要因が，同時に格差拡大を促しているとすれば，その是正は容易ではない。とはいえ，過度の経済格差を放置すれば，「モノ言う有権者」に転じた貧困層の不満を抑え込むことはできない。絶対的貧困ではなく，格差が問題となっている社会では，社会上昇の経路が開けているかどうかが1つの鍵となる。今後のアジアの展望を考えるうえで重要なのは，社会移動が起こっているか，逆に階層を固定化する傾向が強まっているか，という点ではないだろうか。さまざまな選択が，本人・世帯の自発的な行動の結果ではなく，構造的な要因や機会の不平等に強く規定されているのであれば，社会の閉塞感も打破できないだろう。

　どの国でも「包摂的成長」や「誰も取り残さない発展」（no one left behind）などが声高にいわれているが，その具体的な中身はより吟味する必要がある。アジアの多くの国は，長らく経済成長を何よりも優先してきた。かつて，日本の急成長とともに，それを支えた日本型の生産効率の改善方式は「KAIZEN」として国際的に普及し，参照されたが，同時に長時間の労働がもたらす過労死もまた，「KAROSHI」として国際的に知れわたったことはあまり知られていない。より持続可能で豊かなアジアの実現に向けて，発展モデルを今一度問い直し，量的な拡大のみならず，発展の「質」的側面にも目を向ける必要があるだろう。

　ユネスコの調査によると1990年代から現代にかけて，格差・公平性に関する研究は急増したが，その8割は先進国に関するものであるという（UNESCO [2016]）。アジアの中所得国・途上国の経済・所得格差の諸側面や税制・再分配政策に関する研究の蓄積はまだまだ十分だとはいえない。理論的，実証的研究の今後の発展は何よりも必要である。また，同じ所得階層内でも，ジェンダ

ーや民族，宗教，障害の有無など，諸属性による根強い不平等が存在している場合，これらの不平等は経済成長や所得格差の是正だけでは改善されない。そのような観点から，多様な属性別に格差や階層間の移動・固定化の実態を把握する必要も高い。

〈注〉

* 1　絶対的貧困は，各人・各世帯がこれ以下の所得だと生存ができない，あるいは最低限度の生活を送ることができない，といった絶対的な水準に注目する概念であり，その計測は，主として途上国政府や国際機関などが積極的に進めてきた。世界銀行は1990年の『世界開発報告』において，1日1ドルの消費水準を確保できるかが絶対的貧困の基準となりうると指摘した。その後，物価水準の変動を考慮した1日1.90ドル（2015年10月に改定，2011年の購買力平価換算）の基準を提唱している。

* 2　相対的貧困とは社会全体の所得や消費の分布に基づき，相対的な比較によって貧困を定義する概念である。たとえば，EUやOECDの国際比較統計では，世帯人数を調整した可処分所得（等価可処分所得）の中位値の60%，50%といった基準が貧困線として採用されている。

* 3　ジニ係数は，経済格差を測る代表的な尺度であり，おもに所得や消費（支出）の分布を用いて測定される。ジニ係数は，0から1までの値をとり，1に近づくほど格差が大きい。なお，新興国における所得の捕捉は容易ではなく，とくに高所得層については過小推計であることが多い。

* 4　1990年代のOECD9カ国のデータに基づく分析では，日本とアメリカ以外の7カ国（カナダ，フィンランド，ドイツ，イタリア，オランダ，スウェーデン，イギリス）では，就労世代のジニ係数のほうが約7%高かった。

* 5　一般的に，「正規雇用」は以下の3つの条件を満たす。①雇用期間の定めがない，②雇い主に直接雇用されている，③フルタイムで働いている。

* 6　世帯主の収入と配偶者の就業率の間に負の関係があるとする法則。

* 7　タイルの尺度は各人・各世帯の所得シェアをウェイトに用いた格差指標であり，格差の程度を複数のサブグループに分解できるという特徴を持つ。

* 8　中国では，高齢の貧困層として都市部の「三無老人」，農村部の「五保老人」が知られている。「三無老人」は法定扶養義務者がおらず，労働能力がなく，所得がない高齢者を示す。また，「五保老人」は，1950年代に開始された農村貧困者救済制度である五保扶養制度（食品，衣服，住宅，医療，葬儀代を補助する制度）の対象となる高齢者を示す。中国の高齢者向け社会保障制度の変遷と課題については埋橋・于・徐編［2012］を参照。

Column ⓫　格差と民主主義

　民主主義と資本主義の間には，原理的な矛盾がある。民主主義は平等への希望を喚起する一方で，資本主義は不平等を再生産せざるをえない。先進国は高度経済成長期に歳入の増加を再分配へと回す福祉制度を拡張し，貧困層を包摂することで，この矛盾を調停できた。しかし，今日の新自由主義は増税と福祉よりも，グローバルな市場競争での利潤を優先する。それゆえ，先進諸国の間でも福祉国家の解体が進み，新興国も包括的な福祉政策を実施する余裕がない。民主主義と資本主義の軋轢は，拡大する格差のなかでいかに民主主義を実践するのか，という共通の困難な

課題を多くの国に突きつけている。

　格差の拡大は，社会における分断と敵意を助長する。貧困層は彼らに不遇を強いる社会や富裕層に不満を表明したり，彼らよりも「劣等な」存在として移民や外国人に敵意を向けることもある。他方，経済成長の恩恵を受ける中間層も，競争社会のストレスのなかで，政府の福祉や政治家の「ばら撒き」に依存する貧困層に苛立ちを募らせる。ただし，格差の拡大が民主主義にどのような影響を与えるのかは，それぞれの国や時期において非常に多様なので，定式化しにくい。それは社会経済的不平等の是正を求める声を強めて民主主義の深化に寄与することもあれば，他者への敵意を昂進させ，民主主義の制度と複数性を破綻させることもあろう。ここでは重要と思われるいくつかの点を指摘してみたい。

　第1に，格差の拡大に伴う不満が，どのような「われわれ／彼ら」間の敵対関係として構築されるかである。格差の拡大は階層間だけでなく，民族・宗教間の亀裂に沿った反目も強化して「国民の分断」を助長することもある。また経済的な不満が，外国人，腐敗した役人，犯罪者などの排除と，「国民の連帯」を訴えるナショナリズムへと向かうこともある。こうした敵対関係の言説は，社会から自発的に噴き出すこともあるし，政治家らが不満を抱いた民衆の支持を得るために作り出すこともある。

　第2に，社会を分断する複数の境界線が，どのように交叉しているかである。もし階層，民族，宗教，地域といった複数の境界線が複雑に交叉して社会をモザイク状に差異化しているのであれば，個々人は複数の社会集団に所属することになる。それゆえ，1つの対立軸だけが深刻に強化されることはなく，むしろ諸集団間の不平等を是正しようとする動きも生じやすいだろう。逆に，複数の境界線が重なりあっていれば，より強固な敵対関係が作られる。

　第3に，集団間の敵対関係が，資源配分をめぐる利益の対立と，道徳的な善悪の定義をめぐる対立のどちらに根差しているのかである。利益の対立は資源配分の改善によって調停できる。だが，道徳の対立は妥協困難で，他者を破壊すべき敵とみなしがちなので，多様な勢力間の競合を前提とする民主主義の複数性を脅かす（日下［2013］）。

　第4に，民主制度の強さである。政党や議会が社会集団の利益を適切に代表し，政策形成によって集団間の対立を調整できるのであれば，不平等は民主主義の制度内で調整されうるだろう。逆に，特定の社会集団が彼らを代表する政党を持てなかったり，既成政党に基盤を持たないカリスマ的リーダーが台頭したり，政党システムが極端に流動的であったりすると，この調整機能が弱くなり，政治不安が生じやすい。

実例を見てみよう。2000年代のフィリピンとタイでは，不平等に不満を抱く貧困層の支持を得たポピュリストが選挙で当選すると，それに反発する中間層が選挙結果を否定して大規模デモを起こし民主主義が深刻に脅かされた。タイでは民主主義が再開されるめども立たない。だが10年代の韓国と台湾では，格差の拡大に対する反発が一因となって左派・リベラル政党が政権をとった。民主制度の強さが異なる帰結をもたらしたようだ。

　多民族社会インドネシアでは，複数の境界線が交叉しつつも，1997年にはアジア金融危機のなか，裕福な華人を対象とするジャカルタ暴動が発生した。2016年にも大規模デモで華人系キリスト教徒のジャカルタ州知事が罷免されるなど，イスラーム化が進行している。マレーシアでは，マレー系住民に手厚く資源配分しつつ，多民族共生を図る制度が機能してきた。ただしナジブ政権は，支持基盤のマレー人をつなぎとめるべくイスラーム化を進めており，多民族共生の合意が薄まっている。イスラーム化は，政治の争点を格差から宗教的な道徳にすり替える効果を持つ。

　格差の拡大と同時に高まるナショナリズムに乗じて，為政者が格差を非争点化したり，「国民の敵」を排除すべく民主制度を軽視して強権を正当化することもある。日本では，東アジアの隣国を敵視するナショナリズムが「安倍一強」を支えた。中国の習近平政権やタイの軍事政権は，強硬な汚職取り締まりによって社会から支持を獲得し，民主化のアジェンダを隠蔽している。フィリピンのドゥテルテ政権下では，麻薬犯罪者に対する超法規的な処刑が大多数の国民に支持される状況だ。

　このように格差の拡大は，社会の分断と敵意の蓄積を招き，さまざまな形をとって民主主義にストレスを与えている。そうしたなか，民主主義を持続可能にし，深化させていくためには，異なる道徳観を抱く他者を敵として排除するのではなく，彼らとの競合・闘争を前提とする政治を作り上げていくことが必要だ。

（日下渉）

課題 ◆

□ 1　関心のある国を選んで，格差と経済成長，もしくは社会発展の関係を確認してみよう（世界銀行のデータや各国の統計局のデータを使ってみよう）。

□ 2　アジアではなぜ格差が拡大しているのか。各国に共通する要因や固有の要因は何か。

□ 3　アジアにおける格差の拡大は，どのような経済・社会的課題を生じさせており，どのような政策対応が考えられるだろうか。

（浦川邦夫・遠藤環）

12 環境問題に向きあうアジア
後発性と多様性のなかで

煙る海峡，刻まれる山々（左：マカオから中国本土を望む。
右：マレーシア・サラワク州。生方史数撮影）

> Learning Goals
> ①環境問題を，経済発展著しいアジアが直面する脅威の1つとして理解する
> ②経済発展と環境問題の関係およびそのメカニズムを理解する
> ③環境問題を，その後発性と性質・争点の多様性の2点から考察し，変革のプロセスや結果がこれらによって異なることを理解する

はじめに

　過去数十年間でアジア経済は急速に発展してきた。そのスピードは，欧米諸国よりも格段に速かった日本の経済発展を大きく上回っており，まさに「圧縮した経済発展」と呼ぶにふさわしいプロセスをたどっている。

　一方で，このような経済発展は，社会のさまざまな側面に歪みをもたらして

いる。本章で扱う環境問題は，その典型例である。かつて日本では，高度経済成長期に深刻な公害が発生し，これが社会問題になっていくなかで遅まきながら環境対策に乗り出すことになった。中国をはじめとするアジア諸国でも，当時の日本と似たようなことが起こっている。今後アジアの環境問題は，日本がたどった道筋をなぞっていくのだろうか。それともその国固有の道筋をたどるのであろうか。

　本章では，環境問題が生じ，対処されていくプロセスに注目する。なぜなら，そこにアジアという括りを含む社会の固有性が内在するからである。たとえば，環境問題への処方箋として，「外部性の内部化」という考え方が定着している。これは，**外部性**（ある経済主体の意思決定が他の経済主体に影響を及ぼすこと）が存在するとき，市場は効率的な資源配分に失敗するという環境経済学の知見に沿った処方箋である。これに従えば，税や補助金，当事者間の直接交渉，あるいは環境を「財」として扱う市場の創設（Column ⓬参照）などを通して，外部性が生じる原因である「市場で評価されない自然の相互作用」を考慮し，取引に「内部化」することが重要になる。

　しかし，このような理論的・普遍的な処方箋は，実践段階で，誰が，どんな外部性をどう「内部化」するのかを考える際に，社会や自然に固有のさまざまな障壁に直面することになる。政策が形成され，実施されていくプロセスに着目することで，これらの障壁がどう克服されうるのか，あるいは机上の計画にどのように抵抗するのか，といったことを具体的に検討することができる。

　1990年代以降，アジアの環境問題を扱った文献が数多く出版され，このような個別のプロセスの研究も蓄積されてきた。しかし，多くは関心を特定の国や問題に絞っているため，環境問題の多様性や相互関連性といった側面を，必ずしも十分にはとらえきれていない。2000年代以降，環境問題の越境化・グローバル化や複合化が重要視されるようになったことを考慮すれば，アジアの環境問題もそのような視点から位置づける必要があるだろう。

　以上のような問題意識から，本章では，アジアで起こっている多様な環境問題とその対策を，関連する2つの視点――後発性と，問題の性質や争点の多様性――から整理し，環境対策としての変革プロセスの現状について概説したい。

1　アジアの環境問題とその特徴

1.1　「二重の後発性」と環境問題の多様性

　アジアの環境問題を考えるうえで不可欠だと思われる視点の1つに，後発性の視点が挙げられる。寺尾忠能によると，アジアの新興国における環境問題は，既存の産業・社会体制のなかで追加的なアジェンダとして問題化してきたという「公共政策としての後発性」を有するだけでなく，開発主義体制で対策が後回しにされてきたという意味で「経済開発における後発性」を持っているという（寺尾［2015］）。環境問題が深刻化するにつれて，これを大きな脅威の1つとしてとらえ，本格的な対策をとる国が出てきているが，上記のような**二重の後発性**が環境政策の形成や対策の成果にどのような影響を与えるか，という疑問は，アジアの環境問題とその行く末を考えるうえで重要な論点の1つである。

　また，この疑問を考えるうえで，押さえておくべき重要な点の1つだと考えられるのが，第2点として挙げる問題の性質や争点の多様性である。アジアの環境問題と一言でいっても，その実態はきわめて多様である。その理由として，まずは環境問題自体の多様さが挙げられる。**大気汚染**，水質汚濁，廃棄物の増加，生物多様性の消失，気候変動など，少し考えれば，環境問題自体がさまざまな問題群を含んでいることがわかるだろう。このうち気候変動のような問題は，高度経済成長期の日本ではまったく認識されていなかった新しい問題である。

　アジアの自然や社会経済の多様性も，環境問題の多様性に貢献している。アジア諸国の経済にはさまざまな段階があるため，貧困や低い技術水準によって生じる問題もあれば，過剰供給から生じる問題もある。また，モンゴルの砂漠や草原からインドネシアの熱帯林に至るまで，各国の自然環境も多種多様である。さらには，自然現象としては同じ問題であっても，それが社会問題や政策課題として認知される，そのされ方は多様でありうる（寺尾［2015］）。誰が，ある自然現象をどの側面から争点にするのかという問いは，それ自体が社会科学的な課題となる。

このような多様性は，後発性が指摘されるアジア諸国の環境問題への取り組みにどのような影響を与えているだろうか。前述したように，既存のテキストにおけるアジアの環境問題に関する記述の多くは，さまざまな国・地域や専門分野によって分断されている。なかでも専門分野による分断は著しい。とくに，環境汚染の問題（**ブラウン・イシュー**）と天然資源の劣化に関連する問題（**グリーン・イシュー**）は，専門性も政府内での担当部署も異なるため，総論的な記述を除けば，共通の枠組みのもとで扱われることは少ない。

そこで以下では，上に述べた環境問題の多様性を読者に具体的にイメージしてもらうために，中国の大気汚染とインドネシアの森林減少という2つの事例について簡単に概説する。前者はブラウン・イシューに該当し，後者はグリーン・イシューに当てはまる。

1.2　環境汚染と環境破壊──その実例

(1) 中国の大気汚染

中国では，北京などの大都市を中心に，大気汚染が非常に深刻な問題になっている。この事実は，PM2.5（微小粒子状物質）の越境汚染とともに，日本でもよく報じられる。しかし，その被害の実態は私たちが想像するよりもはるかに広範囲にわたっており，問題が生じる原因や背景も根深い。

中国国内で大気汚染（PM2.5年間平均濃度）が深刻な都市の多くは，北京や天津に近い河北省に多く分布している（知足 [2015]）。中国が経済発展を遂げる過程で，河北省が重工業の一大生産拠点となり，大気汚染源が集中したためである。中国では，エネルギー源としての石炭への依存度がいまだに高い。そのため，煤煙などが発生し大気汚染が深刻となる大きな原因となっている。また，石炭は燃料効率が悪いため，二酸化炭素の発生源として気候変動の側面からも問題視されている（中国は，すでにアメリカを抜いて世界最大の温室効果ガス排出国となっている）。

都市部とその周辺域だけでなく，内陸の農村部においても深刻な被害が報告されている。冬季に各家庭で用いる石炭暖房が原因である。以上のような都市部・農村部における大気汚染は，住民の健康状態にも影響を与えている。大気汚染が原因で，中国北部における平均寿命が南部と比べて5歳以上も低いとい

う報告もある（ナショナル・ジオグラフィック［2013］）。また，大気だけでなく，水や食料からも汚染物質の影響を受け続ける「複合汚染」が深刻な地域もある（福島［2013］）。

　近年，政府は事態を重く受け止め，規制の強化や企業への監視・違反企業への罰則強化などの対策を打ち出している。また，2017年内に国レベルでの温室効果ガスの排出量取引制度の導入を開始する予定であり，その動向が注目されている（World Bank Group and Ecofys［2017］）。しかし，国家政策レベルのかけ声とは裏腹に，汚染の深刻な地方における地道な対策はなかなか進まない。グローバル経済のなかで，企業を誘致し開発を進めたい省政府と，環境対策を回避できる地域へ生産拠点を移したい企業との政治経済的な関係があるからである（知足［2015］）。

(2) インドネシアの森林減少

　インドネシアは，アジア最大の熱帯林を抱えている。この国の熱帯林は，オランウータンなどの希少生物の生息地となっている生物多様性の宝庫である。また，スマトラ島やカリマンタン島の低地に広がる泥炭湿地の森林は，地上部，地下部，そして土壌中に膨大な炭素を蓄積しており，炭素ストックとしても重要な地球公共財である。

　しかし，過去数十年間，この貴重な熱帯林は著しい劣化・減少を続けてきた。世界銀行の統計（World Development Indicators）によれば，国内の森林率は1990年の65.4％から2015年には50.2％へと減少した。25年間で27万ヘクタール以上の森林が消滅したことになる。

　このような大規模な森林減少は，木材産業による森林伐採，政府による入植プロジェクト，**紙パルプ産業**やパーム油産業によるプランテーション開発，住民による開拓，森林火災などが複雑に絡みあって生じている。中国の大気汚染と同様に，政治経済要因は非常に重要である。とくに，開発独裁政権として名高いスハルト大統領の時代には，森林産業は政権の取り巻きや軍部に与える政治的取引の材料であり，重要な予算外の資金源の1つであった（アッシャー［2006］）。また，近年ではプランテーション開発による森林減少が著しく，後述する**煙害**の原因にもなっている。

　利権が幅を利かす一方で，古くから森とともに暮らしてきた住民の森林利用

権は軽視されてきた。スハルト政権崩壊後は，抑圧されていた人々の一部が森林に侵入し，社会的混乱とともにさらなる森林減少を招いた。現在は，民主的な政権のもとで地方分権化がなされ，比較的住民の権利を尊重した形で森林保全へと舵を切りつつあるが，依然その道のりは険しい。

　以上，アジアで現在起こっている代表的な環境問題を 2 つ挙げてみた。アジアの多様な環境問題の一端を理解していただけたであろうか。なお，後述する複合的な事例が示すように，ブラウンとグリーンという区別はそれほど明確ではなく，実際には両者が密接に絡みあっていることも多い。また，これらの問題には，先に述べた環境政策の後発性，すなわちキャッチアップ型の開発主義体制のもとで強引に推進した経済開発の結果として生じたという共通点がある。したがって次節では，経済発展との関係という面からアジアの環境問題を眺めてみたい。

2　経済発展と環境問題

2.1　環境クズネッツ曲線

　経済発展と環境問題との関係を表現した最も有名な学説として，**環境クズネッツ曲線**が挙げられる（第 11 章も参照）。これは，ある国の経済が発展するにつれて，環境汚染や破壊の程度が逆 U 字型の曲線を描くという仮説である。この仮説に従えば，経済発展の中期に激しい環境汚染や破壊を経験するが，ある段階からそれらが軽減されるようになる（図 12-1）。

　マクロな視点から見れば，このような傾向を示す理由は 2 つ考えられる。第 1 の理由は，産業構造の変化である。経済発展に伴い，主要産業が第一次産業から第二次産業へ，さらに第三次産業へと推移する傾向があることはよく知られている。このうち第二次産業が主要産業となる工業化の段階は，環境破壊・汚染のリスクが最も高い。

　第 2 の理由は，工業化の段階以降，環境という「財」（所得向上につれて需要が大きく増加する「贅沢品」だと考えられている）が稀少化し，人々の選好が環境

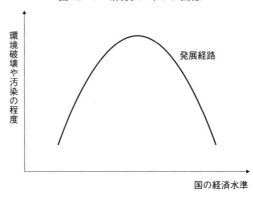

図 12 - 1　環境クズネッツ曲線

環境破壊や汚染の程度

発展経路

国の経済水準

（出所）筆者作成。

に配慮する方向へと変化するというものである。人々の選好が市場を通して企業に伝えられると同時に，市民や NGO などによる環境保護運動やロビー活動が盛んになり，環境問題を重視する政治家や政党も出現する。これによって，環境規制の強化や環境税の導入，企業による環境志向型の技術革新といった技術的・制度的な変革が引き起こされやすくなる。

　以上の説明は，いわば環境問題への発展段階的な理解を表しており，そのモデルは欧米を中心とした先進国の経験に基づいている。これがもし実態と整合性があるならば，逆 U 字のピークを低めつつ経済発展を進めるという「持続的な近代化」路線が今後の戦略として重要になる。そして，日本のような先進国の経験や技術援助が，後発性の利益として途上国に生きる余地も大きくなる。

2.2　アジア諸国における環境クズネッツ曲線

　ただし，これはあくまで一般論であり，環境にやさしい社会や経済を作るための 1 つのありうるべき道筋を示しているにすぎない。では，この仮説に関連して，アジア諸国のデータからはどのような実態が見えてくるだろうか。まずはマクロの視点から，世界銀行のホームページで公開されているデータを用いて考えよう。なお，ここではデータにある環境関連の指標のうち，前述のブラウン・イシューを代表するものとして二酸化炭素排出量と PM2.5 の暴露量を，

グリーン・イシューを代表する指標として森林率を用いる。

　まずは，環境クズネッツ曲線を説明する際によく例示される二酸化炭素排出量の推移について，GDP100ドル当たりの排出量（図12-2）と1人当たり排出量（図12-3）を示す。これを見ると，国ごとにばらつきが見られるものの，前者は典型的な逆U字型の曲線の傾向を示している。後者は逆U字型とはいいがたいが，異なる国の軌跡がある程度1つの上昇曲線上に載っていることがわかる。したがって，環境クズネッツ曲線は環境効率という点では支持できそうだが，1人当たり排出量から見れば現時点では支持できそうにない。なお，ここでの二酸化炭素排出量は，推定誤差が大きいといわれる土地利用変化からの排出分を含んでいない。森林減少や後述する泥炭地の破壊が著しいインドネシアは，土地利用変化分を入れると世界第3位の排出国になるといわれるため（佐藤［2011］），これを含めればデータに大きく影響を与えることは間違いない。

　次に，大気汚染の指標の1つであるPM2.5の状況を図12-4に表す。この図からは，二酸化炭素排出量ほどはっきりとした傾向が見られない。しかし，ミャンマー・中国，カンボジア・ラオス・ベトナムといった具合に，いくつかのクラスターで右上がりの曲線が描ける。これらの国では依然として汚染は上昇局面にあるといえよう。また，シンガポールとその周辺国では共通して山形の軌跡を示していることも興味深い。これは経済発展の影響というよりも，おそらく後述する煙害の年変動を示していると考えられる。さらに，各国を横断的に見れば，高所得国ほど値が小さくなる傾向があるように見える。二酸化炭素排出量のように各国の軌跡と全体の軌跡が一致するわけではないが，いくつかの地理的・発展段階的なクラスターに分類すれば，何らかの傾向は見いだしやすそうである。

　今度はグリーン・イシューの例を見てみよう。図12-5は各国の森林率の推移を表している。森林の場合は，減少から増加に転じる「U字型仮説」（永田・井上・岡［1994］）が環境クズネッツ曲線に相当する。ただ，このグラフからは，国ごとの違いが非常に大きいためか，U字型はおろか，経済発展との関係をほとんど見いだすことができない。たとえば，カンボジアやミャンマーで森林減少が大きい一方で，あまり発展段階の変わらないベトナムでは森林率は大きく増えている。指標を1人当たりの森林面積に換えても結果はそれほど変わら

図 12-2 経済発展と GDP100 ドル当たり二酸化炭素
排出量（1993〜2013 年）

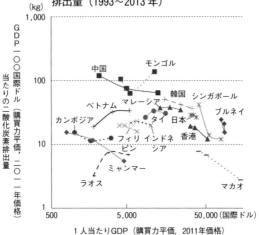

（注）縦軸・横軸ともに対数表示。ブルネイ（右から左）以
外は，時間とともに線の左から右に推移。線上の各点は，
それぞれ左から 1993, 2003, 13 年の値を示す。
（出所）World Bank, World Development Indicators より作
成。

図 12-3 経済発展と 1 人当たり二酸化炭素排出量
（1993〜2013 年）

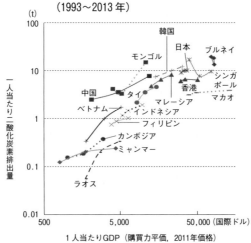

（注）図 12-2 の注を参照。
（出所）図 12-2 と同じ。

図 12 - 4　経済発展と PM2.5 の暴露量（1995〜2015 年）

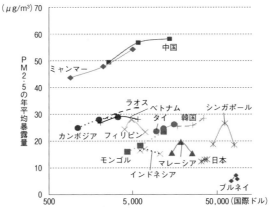

（注）横軸は対数表示。ブルネイ以外は時間とともに線の左から右に推移。線上の各点は，それぞれ左から 1995, 2005, 15 年の値を示す。
（出所）図 12-2 と同じ。

図 12 - 5　経済発展と森林率（1993〜2013 年）

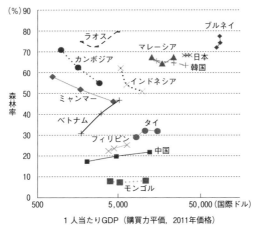

（注）横軸は対数表示。ブルネイ（上から下）以外は，時間とともに線の左から右に推移。線上の各点は，それぞれ左から 1993, 2003, 13 年の値を示す。
（出所）図 12-2 と同じ。

ない。あえて傾向がある点を指摘するならば，高所得国ほど森林率の変化が少なく土地利用が安定していることだろうか。ただし，ここでの高所得国がブルネイ，日本，韓国といった国土が狭小な国であることを考えれば，経済発展よりも国土の特徴という地理的な影響のほうが大きい可能性も高い。

なお，森林に関するデータは，その定義自体があいまいで幅がある関係上，統計値の信頼性が低いといわれる。たとえば，図12-5ではラオスの森林率が2000年代に減少から増加に転じているが，これは世界銀行データの元データである国連食糧農業機関（FAO）による森林の定義が関係している。FAOでは，樹高5メートル以上の樹木が群生し，その樹冠面積率（木陰が占める面積率）が10％以上の土地（農地や都市公園・庭園などを除く）を森林としてカウントしている。しかし，ラオス政府は樹冠面積率が20％以上という森林の定義を公式統計に用いており，FAOの統計を公式の値とは認めていない。より厳しい定義を用いている政府の公式統計によれば，木がまばらに生えている林は森林に含まれず，依然として森林減少が続いていることになる。

2.3 環境クズネッツ曲線と問題の性質・争点

以上の簡単な分析から何がいえるだろうか。第1点は，全般的に国別のばらつきが大きいことである。ばらつきが一番少なく，どの国にも当てはまるような環境クズネッツ曲線がひけそうな指標はGDP100ドル当たりの二酸化炭素排出量だけであった。その他の指標に関しては，各国レベルで今後の推移を見ていかなければよくわからない。

第2点は，指標間での違いである。たとえば，国ごとのばらつきの程度を見ても，二酸化炭素排出量では比較的ばらつきが小さく傾向が見えやすかったが，森林率では各国の個別性が高く，全体としての関係性をほとんど見いだすことができなかった。PM2.5は両者の中間として位置づけることができそうである。

そして第3点は，データ自体の信頼性の違いである。森林率や，二酸化炭素排出量のうち土地利用変化によって排出された量は，定義があいまいだったり，定量化が難しかったりして，統計自体があまり信頼できない。土地利用変化分を除いた二酸化炭素排出量が，エネルギー消費量や経済統計からある程度正確

に推定が可能であることとは対照的である。

　以上から，環境クズネッツ曲線と一言でいっても，どの国のどのような環境問題にどのように焦点を当てるかで，その有効性や留意点が大きく変わってくることがわかる。また，ブラウン・イシューよりもグリーン・イシューのほうが，地域性が高く（一般化しにくく）定量化しにくい（したがって扱いにくい）傾向があることもわかる。

　しかし，マクロレベルの簡単な分析からは，これ以上深いことは何もいえない。転換期を迎えているアジアにおいて，今後どのような対策の可能性があるのかという点に関しては，よりミクロなレベルで考えなければならないのである。では，以上で見たような地域別・争点別の相違は，環境対策を行っていくうえでどのように現れてくるのであろうか。以下では，グリーン・ブラウンの両争点を包含する東南アジアの紙パルプ産業の事例を概説することで，環境対策のプロセスがどのように異なりうるのかを考えよう（生方［2007］［2017］，Sonnenfeld［2002］に依拠して説明する）。

3　争点と変革のプロセス

3.1　東南アジアの紙パルプ産業

　東南アジアの紙パルプ産業は，豊富な森林資源を利用する形で1980年代後半に発展を開始した。なかでもインドネシアは，90年代に巨大な工場が次々に操業を開始したため，世界でトップ10に入る生産国となっている。また，インドネシアほどではないが，タイも地域内で存在感を示している。

　両国の紙パルプ産業は，生産拡大の過程で深刻な環境問題を発生させてきた。その1つは，紙パルプを漂白する際に排出され，製品に残存することもあるといわれる塩素化合物の問題である。そしてもう1つが，原料調達による**森林破壊**である。紙パルプ産業は大量の原料を必要とするが，その多くは森林やそこに造成したプランテーションから得られる木材によって賄われる。東南アジアでは，紙パルプ材の原料調達に関連する森林破壊や住民との土地紛争が絶えず，1980年代後半以降大きな問題となっていたのである。

(1) 塩素化合物の問題とエコパルプの導入

　紙パルプ生産における塩素化合物の問題は，1980年代後半に欧米でダイオキシンの問題が明らかになったことを発端に，争点として取り上げられるようになった。そして，1990年代にはグリーンピースなどの国際NGOが紙を「無塩素化」するキャンペーンを展開した。その結果，消費者団体，政府当局者・企業の技術者らが，国を超えて問題を共有することに成功した。紙の「無塩素化」という争点が，多くの人や資金を動員しながら世界に広がった。

　東南アジアでは，この問題は，資源をめぐる住民との紛争という既存の問題に追加する形で争点となった。国際NGOは，インドネシアやタイのNGOをキャンペーンに巻き込み，規制強化や工場の操業停止を要求する運動を展開した。これらによって，企業活動が正規の国内法や規制を超えた監視にさらされることを許容するような政治的雰囲気を創出することに成功した。

　その結果，各国の政府当局は，無塩素化を推進するための方針を打ち出すようになり，企業は技術の開発や導入で対処するようになった。1990年代初頭には，北欧諸国において，上記の争点に対応する形でエコパルプ（無塩素漂白パルプ）の技術開発が進んでいたが，東南アジアの紙パルプ企業は，新規参入した大企業を中心に，このような新技術を積極的に利用するとともに，独自に塩素の使用を抑制する方法を模索するようにもなったのである。

(2) 森林破壊と原料調達

　一方，紙パルプ産業がもたらす森林破壊への取り組みはどう進展したのだろうか。1990年代当時，東南アジアではすでに多くの企業が紙パルプ産業に参入を開始していた。その原料基盤として企業が期待したのは，自社が権利を持つ森林であった。東南アジアでは，森林はおもに国有管理のもとにあるため，企業は政府から長期の森林利用権を得て森林を開発することになる。しかし，利用権を与えられた地域内には，住民が慣習的に利用してきた土地が含まれることが多く，土地や資源の実際上の権利はあいまいであった。このため，住民との土地紛争が顕在化するようになったのである。また，紙パルプ企業による森林伐採やプランテーション開発が生態系の破壊を引き起こしているとして，企業は国内外のNGOから批判された。

　このような状況に対して，タイとインドネシアでは異なる対応がとられてい

る。タイでは，1980年代後半に荒廃した国有保存林を企業にリースする政策がとられたが，批判にさらされた政府は，90年以降，国有保存林のリースを抑制する姿勢を打ち出した。一方で，企業は農民へのユーカリ栽培の推奨や契約造林制度などを開始し，農民からの原料調達に方針を切り替えた。これによって，タイでは紙パルプ原料関連の新たな土地紛争はほぼ見られなくなった。

　一方，インドネシアでは，強権的なスハルト政権によって，反対運動は1998年まで最小限に抑えられた。98年のスハルト政権崩壊後にインドネシアは経済危機を迎えたが，生産規模が原料調達能力を軽視した過大なものであったため，このとき多くの紙パルプ企業が莫大な外貨建て債務を抱え経営危機に陥った。住民との土地紛争も激増し，国内外から厳しい批判にさらされるようになった。この時期に売却を余儀なくされた企業もあるが，すでに破産させるには社会経済的影響が大きすぎる規模に成長していた多くの企業は，追加的な融資を受け，森林利用権を保持し操業を存続することで経営再建をめざすことになった（Barr［2001］）。

　過大な生産規模や，アブラヤシやゴムなどの競合作物の存在もあってか，原料調達を農民から行うという選択肢は検討されなかった。2000年代以降，ノルウェー政府，国際NGO，欧米の取引先企業などの圧力もあって，政府や企業は森林破壊の防止や住民対策を以前より重視するようにはなった。しかし，その対応は企業によって異なり，依然として問題は解決からは程遠い状況である。

(3) 共通点と相違点

　ここで，上に挙げた2つの問題への対処プロセスの共通点と相違点を考えてみよう。まず，共通点は，国外アクターへの依存である。程度の差はあれ，両者ともに問題が争点化したり対策が具体化したりする際に国外のアクターが絡んでいる。その程度は塩素化合物の問題のほうが大きく，原料の問題はより内発的である。しかし，後者も2000年代以降のインドネシアでは国外アクターの影響が大きくなっている。アジアにおける環境対策の後発性を如実に表す共通点だといえるだろう。

　次に相違点を考えよう。塩素化合物の問題は，先進国消費者の懸念を汲み取った国際NGOの働きかけを契機として，現地企業や政府当局が技術的・政

策的な対応をとることにより，比較的順調に克服することができた。このような道筋は，先述の「外部依存性」を除けば，環境クズネッツ曲線の想定する道筋に当てはまるものである。

　しかし，原料の問題に関しては，技術の貢献する余地は少なく，地域社会での複雑な権利関係が関わるため，解決への道筋は簡単なものではない。生産規模が大きくないタイでは，1990年代初頭に訪れた政治的機会をうまく利用し，原料基盤を農家にシフトさせることに成功した。しかし，インドネシアの企業にはそのような選択肢はなく，2000年代以降にようやく対策を具体化しはじめた。

　つまり，この紙パルプ産業の事例に関していえば，ブラウン・イシューに関しては効果的な対応がなされたが，グリーン・イシューへの対応は困難を抱えている。ブラウン・イシューでは，汚染が人々の健康に直結するため切迫した危機感を持ちやすく，グローバル経済のもとで争点も普遍性のあるものになりやすい。解決策も同様で，汚染物質の技術的な制御可能性が比較的高い。一方で，グリーン・イシューは基本的にはローカルな問題であり，現場の人々を除いて直接人々の生存を脅かすという危機感に乏しい。また，技術的な対処可能性が低く，問題解決には利害関係者との地道な交渉と合意が重要となる。

　紙パルプ産業の事例から得た以上のような知見は，前節で行った環境クズネッツ曲線の検討で得た知見——グリーン・イシューが定量化しにくく地域性が高いこと——とも整合性がある。もちろん，この見方を過度に強調することはできない。先述した中国の大気汚染でローカルな要因が変革を阻害していたり，紙パルプ産業が木材を原料としない生産技術や方式を導入する可能性が，少なくとも原理上はありえたりするからである。しかし，環境問題の性質や争点の違いが，当該国の状況やグローバルな動向とあいまって，変革プロセスやその効果に影響を与えることは確かであろう。

　アジア諸国のうち，いわゆる中所得国と呼ばれる国々は，環境クズネッツ曲線の転換期を迎えつつある。その後発性ゆえに，これらの国が先進国の経験から学べることは多い。しかし，上述のような環境問題の性質や争点の違いも含め，これらの国は先進国とは幾分異なる状況下に置かれていることもまた事実である。とくに，環境問題の越境化・グローバル化や要因の複合化といった現

代的な問題にも対処していかなければならない点は特筆すべきであろう。以下ではそのような「新しい」事例の1つである煙害の問題について触れたい。

3.2　問題・争点の複合化と越境化──シンガポール周辺の煙害

　シンガポールに行くと，空気が煙っていて見通しがきかない状態になっていることがよくある。これが，シンガポール住民を悩ませる煙害である。煙害の原因は，マラッカ海峡の対岸にあるインドネシア・スマトラ島における森林火災である。文字どおり「対岸の火事」なのだが，シンガポールの人たちにとってはそれどころではない。煙が風に乗って飛来し，大気汚染を引き起こすからである。被害には年変動があるものの，生活への影響が広範に見られ，なかには呼吸器疾患に苦しむ住民も出てきている。問題の原因がインドネシア側にあるため，現在この問題は ASEAN 諸国を巻き込んだ国際問題に発展している。

　火災が起こる背景としては，プランテーション開発と泥炭という2つの要因が絡んでいる。スマトラでは，1990年代以降に，紙パルプ産業やパーム油産業による天然林伐採・プランテーション開発が急速に進んだ。これらのプランテーションを開く際に野焼きが行われることがあり，それが周辺に延焼して山火事が発生する。とくに，泥炭湿地で火災が起こると厄介なことになる。スマトラ島海岸部に広範に広がる泥炭湿地には，地下に大量の泥炭が蓄積されている。湿地であるため開発する際には水路を掘って排水するが，これによってそれまで水につかっていた泥炭が乾燥し，おがくずのように燃えやすい状態になってしまう。そこでは，たばこのポイ捨てのような小さな不注意からも，簡単に山火事が発生しいつまでも燃えつづける。

　この問題への対処は，現在のところ以下のようなプロセスをたどっている（藤倉［2014］）。1990年代から煙害に対する対処を始めてきた ASEAN は，2002年6月に「越境被害に対する協定」（Agreement on Transboundary Haze Pollution）を成立させ，他国間協定のもとでモニタリングや早期警戒システムなどの整備をめざしてきた。しかし，加盟国中インドネシアだけは主権侵害への懸念を理由に批准を先送りし，周辺国から批判を受けていた。

　事態は2013年に急展開を迎える。この年の煙害は深刻で，シンガポール住民はかつてない被害を受けた。そこでシンガポール議会は，翌年の14年8月

に「越境煙害法」（Transboundary Haze Pollution Act 2014）を可決した。この法律は，国内外を問わず，シンガポールでの煙害に直接的あるいは間接的に関与した企業や個人が，民事および刑事責任を負うというものである。シンガポールの国内法ではあるものの，国外の組織や個人への適用の妥当性を主張している画期的な法律である。このようなシンガポール政府の強い姿勢は，インドネシア政府や企業へのシグナルになるという効果を生んだ。事態を受けて，インドネシア政府が先述の ASEAN 協定を批准したほか，15 年には泥炭地の新規開発を禁止する通達を出している。

　この問題は，これまで挙げた問題にない側面を持っている。その 1 つは，国境を越える問題であるため，被害国単位の政策だけでは解決が難しいことである。そして，もう 1 つは，山火事（グリーン・イシュー）と大気汚染（ブラウン・イシュー）がリンクした複合的な性質と争点を持っている点である。

　このような問題は，インドネシア政府の対応からもわかるように，国際的なレベルでさまざまなアクターの関心を集めることで，政策の優先順位を高め変革プロセスを進展させる可能性を持っている。しかし，グリーン・イシューに典型的なローカルな問題として，問題の複雑さや実効性のある解決の選択肢の少なさという課題を抱えており，解決がより困難になりやすい。森林火災は，企業のみならず一般の住民も関与する複雑な問題であるため，これを制御することは非常に難しく，ましてやシンガポール政府や国民がこれらすべてを訴訟の場に持っていくことは不可能なのである。

おわりに

　本章では，アジアの環境問題を，後発性と，環境問題の性質・争点の多様性という 2 つの視点から整理し，より統合的な理解を試みた。アジア諸国が経験してきた「圧縮した経済発展」は環境対策に「二重の後発性」をもたらし，環境政策の他の政策への従属と環境対策への遅れとなって現れてきた。その結果，さまざまな環境問題が顕在化し現在に至るのだが，最近のアジアは国内外の懸念を対策に反映させつつあり，「環境問題に向きあうアジア」へと変貌しようとしている。後発国の利益を享受しながら，環境クズネッツ曲線の逆 U 字のピークを低めつつ，反転を達成するような「持続的な近代化」路線に向かおう

としているのである。

　しかし，これまで見てきたように，アジアの環境問題は多様な性質と争点を持っており，環境クズネッツ曲線が示唆するような後発国の利益を必ずしも十分に享受できないことも多い。グリーン・イシューの例が典型的だが，問題の地域性が大きく，技術的な解決の余地が小さいため，既知の解決策がそのまま適用できないことも多いのである。この場合，国外のアクターが地域事情をよく知らずに一般的な対策を導入しても，うまくいく可能性は低いだろう。そういう意味では，これまでのやり方，つまり開発主義に由来する政治経済構造を維持したまま，政府や国外アクター主導で上からの「持続的な近代化」を推進するだけでは，十分に対処できなくなるおそれがある。少なくとも，法制度の充実や技術の適用・革新といった従来の処方箋だけでなく，住民参加やさまざまな社会セクターの参画を基礎とした，地道で地域事情に即した取り組みが不可欠となろう。

　一方，最近目立ってきている問題の国際化・グローバル化や争点の複合化は，問題への対処をさらに複雑かつ困難にすることも多いが，逆にそれがきっかけとなって国際的なアクターの関心と政策的優先度を高め，対処を劇的に進展させる可能性も秘めている。ただ，その可能性を具現化するためには，粘り強い地域的な取り組みと同時に，政府間，省庁間，専門分野間による分断を超えた統合的な理解や対策が重要になってくるであろう。多様な環境問題を理解し，さまざまな立場の人たちと協働する力が求められている。

　21世紀は環境の時代である。気候変動枠組条約におけるパリ協定や，国連における持続可能な開発目標（SDGs）の採択に見られるように，今や全世界で環境対策が求められる時代になった。しかし，環境問題に向きあうということは，経済・社会・政治に関連するある種の変革に取り組むということである。発展著しいアジアが今後行う変革は，世界の行く末に影響を与えると同時に，アジアのあり方自体にも影響を与えていくに違いない。

Column ⓬　アジア諸国における野心的な外部性の「内部化」

　アジア諸国を含めた途上国では，その後発性ゆえか，グローバルな場で議論されているような最新の政策手法を実験的に導入することがしばしばある。その代表的なものだと考えられるのが，排出量取引制度（Emission Trade System: ETS）や環境サービスへの支払い（Payment for Environmental Services: PES）といった，環境を「財」として扱う市場の創出である。

　前者は二酸化炭素などの発生を抑制するため，排出企業に対して排出権を設定し，企業間の排出量取引を許容しながら全体の排出量を制御していく制度である。EUの制度（EU ETS）が有名であるが，アジアでは，これまで主要都市で試験的な導入を行っていた中国が，2017年後半からの全国レベルでの導入開始を計画している。

　後者は，自然環境が社会に提供するさまざまな便益（たとえば森林の水源涵養機能など）を環境サービスとみなし，その維持に貢献する管理者に対してサービスの利用者が支払いをする制度を指す。コスタリカの事例が有名であるが，アジアでは，ベトナムが2010年に全国的な導入を開始している。

　このような「環境市場」は，環境経済学の理論的な知見である「外部性の内部化」に沿った政策である（本文参照）。市場を利用した解決法ということで，一見民間主体で自由な分権的方策だと思われがちであるが，実態は必ずしもそうではない。これらは政策的に作られる市場制度であるため，自生的な市場とは異なり，誰がどのような意図でどのように設計しているのか，という制度デザインとそのプロセスが，その後の結果を考えるうえで決定的に重要である。そのため，国家の役割が大きく，政治的な要因が大きく作用するものとなることも多い。なぜアジアのなかで中国とベトナムがこれらの制度を他に先駆けて導入するようになったのか，興味のある読者は考えてみてはいかがであろうか。　　　　　　　　　　　（生方史数）

課題 ◆

☐ 1　外部性を「内部化」させるために，さまざまな手法が考案されている。税，補助金，自主的な交渉を例に，これらの導入が社会に与える影響の違いを考えてみよう。

☐ 2　経済のグローバル化が，本章で述べた国際的な圧力の形成とは逆に，環境対策を阻害する方向に働く可能性がある。それはどのような場合か考えてみよう。

☐ 3　日本がアジアの環境問題に貢献できることは何だろうか。考えてみよう。

（生方史数）

13 分かちあうアジア
開発協力と相互依存

日本の ODA ではじめて訴訟案件となったインドネシアのコタパンジャン・ダム（2017 年，佐藤仁撮影）

Learning Goals
①開発協力というテーマの広がりについて理解する
②アジア新興国による開発協力の現状がわかる
③日本の開発協力の歴史や未来の可能性について議論できるようになる

はじめに

　世界の総生産の3割以上を担うアジアは，ヒト，モノ，カネ，情報のグローバル化を最も活発に深化させている地域である。こうしたグローバル化の加速を支えている重要な要因の1つが，国境をまたいで行われる**開発協力**（development cooporation）である。借款に基づく道路や橋といった経済インフラの建設はもちろん，学校や病院などの無償供与，農村灌漑から金属加工に至る技術協

力など，開発協力は多方面で国家の経済発展を下支えしてきた。

　開発協力は，純粋な経済活動である投資や貿易とは異なり，経済的な自立や貧困軽減などの公共の福祉に関わる大義のもとに行われる。それゆえに，あからさまに国益が表に出にくいため，かえって利害の所在や変化を読み解くヒントになることがある。

　日本の外務省は「開発協力」を「開発途上地域の開発を主たる目的とする政府及び政府関係機関による国際協力活動」と定義している（外務省ホームページ）。ここには，平和構築や法整備支援など，それまでの「経済協力」の枠を超えた活動が含まれる。本章では開発協力がアジア経済の過去に果たしてきた役割と未来における役割を考えてみたい。^{*1}

　第二次世界大戦後に始まった**対外援助**（foreign aid）は，もっぱら「北＝日本を含む欧米の先進諸国」が，「南＝途上国」に行うというのが通常の形であった。冷戦期には，ソ連を中心とする共産圏陣営とアメリカを中心とする自由主義陣営が，第三世界を取り込む手段として援助合戦を繰り広げた。

　冷戦崩壊後には，韓国やシンガポールなどが新たな供与国（ドナー）に名を連ねた。開発協力の分野ではアジアで圧倒的な役割を果たしてきた日本も，最近は中国という大きな競争相手の出現に，その影響力を後退させている。インド，マレーシア，インドネシア，タイ，ベトナム，台湾なども，新興ドナーとして，それぞれ独自の方式で対外経済協力の体制を整えつつある。

　中国をはじめとする途上国が「協力」を強調するのは，それまでに西側諸国が行ってきた「援助」に対する批判と反省があるからだ。西側諸国に一方的な主導権をもたせる従来型の「援助」への反発から，新興ドナー諸国は，より互恵的な関係を重視する**南南協力**の理念を声高に謳ってきた。

　南南協力の萌芽は1955年にインドネシアで開催されたバンドン会議，そして64年の第1回国連貿易開発会議（UNCTAD）に提出された，アルゼンチンの経済学者ラウル・プレビッシュによる報告（プレビッシュ報告）に見いだすことができるだろう。プレビッシュは援助よりも貿易こそが途上国の苦境を救う方策であるとして，一次産品価格の安定化などを通じた開発努力を先進国側に求めた（国連貿易開発会議事務局編 [1964]）。60年代は，途上国による非同盟運動が活発化し，先進国が支配する国際経済構造からの「自立」が盛んに議論さ

れた時期でもあった。

　南南協力は，先進諸国が重視する貧困の削減よりも先進国と途上国の「関係」を課題としている。たとえば西側諸国が，援助の供与条件として人権や環境保護を義務づけがちなのに対して，南南協力は「内政不干渉」を掲げて，そうした条件を付けない。南の国々は，開発協力を介した新しい相互依存関係の構築をめざしているように見える。

　この章では，まず第二次世界大戦後から 1990 年代までの日本の東南アジア向けの開発協力を振り返り，次の問いに答えていく。50 年代の日本は戦後賠償の重圧のなかで，なぜアジア諸国に対して，（賠償とは別に）経済協力を行うようになったのか。80 年代から 90 年代にかけての日本の開発協力は，東南アジアで大きな影響力を持つに至ったが，NGO や研究者の厳しい批判にさらされるようになった。そうした批判はなぜ生じ，そこから日本は何を学んだのか。

　次に，「ドナー化するアジア」では，東アジア，東南アジア諸国が供与国になっている様子を概観し，カンボジアにおける開発協力の現場を紹介しつつ，伝統ドナーと新興ドナーの相違や関係を考える。

　最後に，これまで途上国の「自立」を革新的な目標にしてきた開発協力のあり方を「相互依存」の観点から見直し，これからの日本の開発協力のあり方を展望する。

1　戦後アジアにおける開発協力

1.1　日本の東南アジア進出

　アジア諸国のなかで第二次世界大戦後最初に開発協力を本格的に開始した日本は，さまざまな意味で国境をまたぐ協力活動のやり方に先鞭をつけた。日本は，戦後賠償に今日の開発協力の原型となった「**経済協力**」案件を巧みに結びつけ，日本製品の新たな市場と原料供給先を東南アジアに求めたのであった（佐藤［2016a］）。賠償が相手国の要請に基づく受け身の事業であったとすれば，経済協力は日本が戦略的に打ち出していく事業であった。とくに通商産業省（現・経済産業省）が主導した経済協力は貿易や投資の促進に基づく日本側の利

益の増大を念頭に置いた活動であった。

　もともと日本の経済協力は「貧しい人の救済」を目的に推進されたわけではない。1950年代の日本は，平均寿命もようやく60歳になろうかという途上国的要素を持っていた。敗戦によって主要な貿易相手であった中国とのパイプを絶たれた日本は，それに代わる商品の輸出先，原料の輸入先を開拓する必要があった。東南アジアは，まさに日本の製品を売り込む市場，そして日本への原料供給の基地とみなされたのである。この思惑は，東南アジアを共産圏の防波堤として位置づけていたアメリカの地政学的な利害にも合致した。

　もっとも，日本に対する戦時中の面影が色濃く残っている地域では，経済分野に限定した活動でさえ強く警戒された。だからこそ日本の政策担当者は，上から目線の「援助」ではなく，より対等なニュアンスを持つ「経済協力」を好んで文書に用いた。

　まだ貧しかった日本を経済協力へと押し出したのは，敗戦により断絶してしまった国際的枠組みへの参加の足がかりを得たいという思いであった。1952年の**アジア極東経済委員会**（ECAFE）と世界銀行・国際通貨基金（IMF）への加盟を皮切りに，54年のコロンボ・プラン への参画という流れはアメリカの強い後押しもあってスムーズに運び，64年の経済協力開発機構（OECD）への加盟をもって国際的枠組みへの復帰を果たした。

　なかでも技術協力のための国際的枠組みである**コロンボ・プラン**への加盟を認められたことは，日本を正式な「ドナー」の地位に押し上げた。当初は小規模の技術協力案件が中心であったが，1958年には最初の円借款事業をインドのゴアで実施し，規模と協力範囲を徐々に拡張していった。相手国の要請に基づいて，お金ではなく機材や技術供与などのモノとサービスで協力するという日本式のやり方は戦後賠償の時代にその原型が作られたと考えてよい。

　1950年に勃発した朝鮮戦争による日本製品への特需を契機に，高度経済成長へと流れに乗った日本は，あっという間に「先進国」の一角をなすほどの経済力を蓄え，それに応じて欧米からの援助拡大への圧力も強まった。それに応える形で70年代から急速に援助額を増やした日本は，80年代になるとASEAN各国にとってのトップドナーに上り詰めた。とくに，港湾や発電所，工業地帯などの大規模事業を円借款の形で推進した日本は，貿易を介した経済

進出とあわせて現地社会にアレルギー反応を引き起こすほどの影響力を持った。

　その後日本は，経済協力から平和構築や法整備支援，環境保護なども含めた開発協力へと活動の範囲を広げ，1980年代後半にはとうとう世界最大のドナーになった。その一方で日本の援助大国化は，自国利益のやみくもな追求を許さない国際環境をつくり，諸外国は日本の経済力にふさわしい国際的役割を求められるようになった。ここで**援助大国**への道を詳しく振り返ってみよう。

1.2　政府開発援助（ODA）の登場

　1964年の**OECD**への加盟は，日本が先進国に仲間入りしたことを国際社会が認めた証にほかならなかったが，それは同時に西側先進国が作り出したルールや秩序に従わなくてはならないことを意味する。先進国の一員として世界経済の発展のために貿易，投資，援助という3つの領域で西側諸国と足並みを揃えることは，後発の日本にとっては難しい課題であった。以後，日本は政府の限られた予算と，国際社会からの予算拡大への圧力の板挟みになりながら，**政府開発援助**（Official Development Assistance: ODA）を充実させるための体制整備を進める。

　ODAをめぐる日本の国内体制は複雑であった。大蔵省（現財務省）[*2]，通産省，外務省，経済企画庁（現内閣府）の**四省庁体制**で運営されたODAは，案件によっては他の省庁も巻き込む形で中心的な司令塔を欠いたまま肥大化していったからである。ODA予算を持っていた他省庁も加えると20近くの組織にまたがる分散的な意思決定は，のちに日本の欠点として欧米各国から批判されることになる[*3]。

　無償援助（贈与）と技術協力が中心の西側先進国と比べて借款やインフラ投資が大きな割合を占めた日本は，OECDの下部機関である開発援助委員会（DAC）のなかでもつねに異端児として扱われてきた。それでも西欧援助レジームの一員として認められてきたのはODAの量的拡大に貢献し，さまざまな場面でアメリカの肩代わりをするという地政学的な役割を果たしてきたからであろう。

　だが，日本の勢いがさらに大きくなると，アメリカにとって脅威と映るようになる。とくに1980年代に顕在化した日本の貿易黒字と外貨余剰の問題は，

貿易の不公正さや円の過小評価などに由来する政策的な課題であるとして日本に対する外圧の原因になった。活発化する日本の対外的な影響力は，ASEAN諸地域でも反発を招くようになる。74年の田中角栄首相による東南アジア歴訪時には，バンコクとジャカルタで大規模な抗議運動が展開され，日本は対東南アジア政策の大幅な見直しを迫られた。日本は経済協力政策を含めて東南アジア関与のあり方を大幅に見直さなくてはならなくなる。

こうした状況への対応としてアジア地域への日本の経済協力の大幅な拡大を約束した福田ドクトリン[*4]や，日本企業とのヒモ付きを条件とはしないアンタイド化が進められ，圧力を受けてきたアメリカ企業の入札も可能になっていったのだった（Lancaster［2006］p. 118）。

開発協力の受け入れ国は，どのように見ていたのか。たとえば日本にとって最大の開発協力対象国であったフィリピンは，アメリカの影響を強く受けてきた国でもある。1970年代以降，日本はフィリピンに対し港から発電所，交通システムに至るまで広範な経済インフラを支援してきた。ただし，フィリピン人研究者のテマリオ・リベラが指摘するように，条件の厳しいアメリカの援助に比べて使い勝手のよかった日本のODAが独裁的だったマルコス政権（1965～86年）の延命を可能にしたという側面もあった（Rivera［2003］）。このように，ODAは初期の商業主義的な目的だけでなく，アメリカの軍事・外交的な役割を代替するようになったのである。

1980年代になると，日本の開発協力が現地住民に与える影響を問題視するNGOや市民団体などが勢いを増し，批判的な言説が多く見られるようになった。ODAをめぐる汚職やスキャンダル，資金の無駄遣いをめぐる問題はもちろん，事業現場における住民との問題が広く報道されて，ODAのマイナスイメージが形成された。たとえば，バタンガス港湾開発（フィリピン）やコトパンジャン・ダム（インドネシア）での地域住民立ち退きの問題，サムットプラカン下水道処理施設（タイ）やカラカ火力発電所（フィリピン）での環境汚染問題などである（鷲見［1989］，村井編［1992］）。

こうした受け入れ国からの批判に加えて，欧米からの圧力のなかで「アンタイド化」を進めた結果，民間企業にとってのODAの「うまみ」は低下し，「民間離れ」が進んでODAの現場での担い手が細ることになった。民間企業

のODA離れと足並みを揃えるかのように，批判的な立場でODAを扱う研究者やNGOも2000年代に入って急減した。

　もちろん，2000年代以降にODA批判がまったく下火になったわけではない。たとえば2000年代初頭には，経済成長の著しい中国になぜ継続的に援助するのか，という問題が広く取り上げられた（古森 [2002]）。その結果，対中援助は2007年に大型の借款が中止され，教育や保健といった貧困層をターゲットにする無償援助のみに大幅縮小される。このように開発協力は，その時々の政治状況にもまれながら変化を遂げてきた。

1.3　援助大国日本の遺産

　日本がODAを通じてアジア各地に産み落としたもののなかでとくに目立つのは，道路や橋などのインフラである。しかし，それらの評価を現場での直接的な経済効果に限って行うのは間違いである。開発事業の考え方や実施方法といったノウハウがODAを通じて相手国に伝授された側面も見逃せないからだ。

　ODAは相手国からの要請であってはじめて実施されるのが原則であるが，その実態は日本側の商社やコンサルタントが相手国政府に働きかけて一緒に要請書を作り上げる場合が多かった。「要請させ主義」として揶揄されるこの手法は，他方で事前調査から住民への説明に至るまで，プロジェクト実施の作法を相手国に伝授する働きをした。学びの領域は，タイの東部臨海工業地帯のような日本ですでに実施された産業集積のモデルの移転に関するものから，環境対策や住民移転への手当といった社会的側面まで多様に広がっていた。このように日本の開発協力はプロジェクト終了後も相手国側に運営能力が残っていくよう工夫されていたのである。

　まとめると，1990年代までの日本の開発協力は次の3つの特徴で整理できる。第1の特徴は，インフラを対象とする大規模借款である。借款という資本注入方式によって，日本は途上国が自分たちだけでは賄いきれない規模の設備を各地に造成することができた。

　借款によるインフラ重視の開発協力は，保健や教育分野での活動を通じて貧困に直接的に働きかけようとする欧米からはつねに批判されてきた。お金を貸すだけでは「援助」に値しないというわけだ。欧米だけではない。一部の受け

図13-1　フィリピンにおける日本の
　　　　　援助批判（風刺画）

（出所）Yu-rivera［2009］p.33.

入れ国のメディアは，過度な借り入れによって国家財政が借金まみれになり，助けてくれるはずの援助がむしろ自立の足かせになっていることを痛烈に批判した（図13-1）。だが，かつて日本の開発協力の受け手であった国々が目覚ましい経済発展を遂げている昨今の現実を見ると，当時の批判は部分的にしか妥当していなかったといえそうだ。

　第2の特徴は，アジア重視である。1970年代から本格化した日本の援助の大きな部分は，インドネシア，フィリピン，タイ，ベトナムに振り向けられており，78年から本格化した対中円借款を加えると，アジア地域への案件供与が圧倒的多数を占める。日本の開発協力がアジア各国にどのような長期的影響を及ぼしたのかについてはさらなる検証が必要だが，これから見るように，アジアの新興ドナーもアジア重視で展開している点は注目してよい。

　最後に，日本の開発協力は民間企業と密接な関係のなかで形成されてきたという特徴を持つ。戦後しばらくの間は，政府に体力がなかったことや，民間企業こそがアジアに市場を求めていたという理由で，案件の仕込みから実施に至るまで，商社や建設会社，コンサルタントなど，多様な民間のアクターが関わる形でODAが実施される体制が出来上がった。

　開発協力にさまざまな問題が伴うとしても，結果として作られた学校や橋といったインフラ，開発協力を介して供与された技術の多くはプロジェクトが終了して年月が経過した今もアジアの各地に息づいている。

　たしかに1980年代までの日本の開発協力の大きな部分は商業主義的で，経済性重視の観点から行われてきたので，そのことが貧困や人権を前面に出す欧米の援助理念と相いれない部分がある。しかし，批判された援助案件の多くは，その後，当事者らによる新たな対策と学びを経て他の地域の手本になるほど意

義深い案件に変化していった。たとえば，住民の強制移転で当初は悪評高かったフィリピンのバタンガス港湾開発事業は，大規模開発事業で再定住用地の事前確保を義務づける法律の制定を促すという大きな役割を果たした（Sato [2017]）。開発協力に関わる国がこれだけ広がっている以上，短期的評価で開発協力を論じるのではなく，協力事業が現場に生み出した長期的な作用を吟味しなくてはならない。

2　ドナー化するアジア（2000 年代〜）

2.1　乱立する新興ドナー

　2000 年代に入ると日本の開発協力の力点が徐々にアフリカにシフトしたこともあり，アジアにおける存在感は少しずつ薄まっていった。そうしたなかで，活動を充実させているのがアジアの**新興ドナー**である。トランプ政権が「アメリカ第一主義」を掲げて海外援助の総額を大幅に減少させ，日本の援助額も頭打ちの様相を呈するなかで，アジアの新興国による開発協力の拡大は注目すべき傾向である。

　東アジア，東南アジアの新興ドナーをまとめたのが表 13 - 1 である。タイのように開発協力に関わる専門機関を設置した国もあれば，インドネシアのように開発計画を担う部署のなかに対外経済協力を扱う下部組織を作った国もある。

　たとえばタイの場合は，外務省の一部局として技術協力専門機関である TICA（タイ国際協力機構）を設置し，財務省の一部に NEDA（対近隣国経済開発機構）を置いて資金協力を担当させ，2015 年には教育や保健部門を中心に総額 7500 万ドル相当の ODA をカンボジア，ミャンマー，ラオスといった近隣諸国に重点的に配分している（UNOSSC [2017]）。経済成長を加速させている近隣諸国と友好的な経済関係を構築し，通商面での交流を活発化させることはタイにとって不足しがちな労働力を近隣諸国から調達し，格差を是正して地域の安定化をねらうという目的がある（佐藤仁 [2007]）。

　インドネシアも非同盟運動の歴史的系譜を継承しながら南南協力の拡大に力を入れており，2018 年度中に南南協力の司令塔となる専門部署を外務省のな

表 13-1　東アジア・東南アジアのおもな南南協力実施国（中国は除く）

	中心的な機関	設立年	特徴
マレーシア	大統領府経済計画ユニット Malaysian Technical Cooperation Program（MTCP）	1980	近隣諸国への技術協力を重視。教育と人材育成に重点。
インドネシア	国家開発計画庁 BAPPENAS 外務省	1981	南南協力の理念に沿った三角協力，緊急支援などが活発。自国の災害対応経験も参照。
台　湾	（財）国際合作発展基金会（International Cooperation and Development Fund：ICDF）	1989	農業支援，民間セクター開発支援，ICT支援，医療支援に重点。貸与（金融），贈与（技術協力，国際的人的資源開発，人道支援）で活動。
韓　国	韓国国際協力機構（KOICA）	1991	セマウル運動など自国の開発経験を重視。ボランティア派遣，民間セクター開発に強み。2010年にDAC加盟。組織制度については日本の影響が大きい。
シンガポール	外務省 Singapore Cooperation Programme シンガポール協力公社	1992 2007	英語を武器にした研修活動とブランディング。ボランティア派遣。
タ　イ	外務省（TICA－技術協力）財務省（NEDA－資金協力）	2004 2005	ラオス，カンボジア，ミャンマーなどの近隣国に重点。借款は50％タイド（ヒモ付き）援助。
ベトナム	財務省国際協力局および計画投資省対外経済局	NA	ラオス，カンボジア，アフガニスタン，北朝鮮など社会主義国をおもな対象に技術協力と借款を実施。

（出所）筆者作成。

かに設置すべく各省との折衝を続けている。インドネシアの場合は，国連の非常任理事国への立候補を見据え，南南協力を通じた票の獲得も視野に入れているようだ。ただしタイと大きく違うのは，自らを「ドナー」と呼ぶことはせず，あくまで南の国同士の協力と連帯の一環として国際協力を拡大しようとしているところである。

　2000年代に入って新興ドナーの勢いは急速に増している。ブルッキングス研究所の推計によれば，対外援助に類する資金として新興国が拠出している予算の総額は2025年までに500億ドルの規模に到達するという（Kharas and Rogerson［2012］）。これは近年の日本のODA総額の5倍程度に相当する。[*5]

これらのアジア新興国の援助国化に日本が果たした役割は大きかった。韓国のKOICA（韓国国際協力機構）やタイのNEDAは，それぞれ日本の国際協力機構（JICA）と海外経済協力基金（旧OECF）をモデルにして作られた。注目すべきはタイの融資が，自国の財・サービスの買い取りを条件づける「部分タイド」と呼ばれる方式で実施されていることである。これは，かつて「ヒモ付き」と批判された日本の援助手法にタイが一定の合理性を見いだした証左であると読むことができる。日本の影響を過大評価してはならないが，多くのアジア新興国で日本の経験が生かされている。

このように拡大を続ける南南協力には，従来の南北間での協力では難しかった2つの強みがある。1つには，途上国同士が隣国である場合の地理的な近さ，発展段階が似ているという親近感からくる経験共有の容易さ，そして協力を行う際のコストパフォーマンスの高さといった経済的強みである。2つめは，西側諸国による伝統的な援助が先進国と途上国との間に従属関係を作り出しているという反省に基づいて南の国同士の連帯に力点を置くという政治的な強みである。

2.2 拡大する中国の援助

2000年代に入って最も顕著な「新興ドナー」として注目を浴びるようになったのは中国である。開発協力に対する中国の投資額は，15年の段階で約54億ドルと推計されており，これは先進国を含むODA供与国のなかでも5位から6位の位置にある（Kitano［2017］）。

中国の開発協力の実態については長い間，不透明な部分が大きかった。だが，2011年にははじめて中国政府発行の援助白書『中国の対外援助』が出版され，14年には更新されるなど，情報公開は徐々に進んできている。とくに中国政府が自らの開発協力を「援助」と呼ぶようになった点は注目すべきであろう。

中国援助を特徴づけるのは次の3点である。第1は借款の重視，とくに人民元建ての低利子貸付けからなる優遇借款が大きな比重を占めること，第2はアフリカとアジア地域の重視，とくに「一帯一路」構想に基づく中央アジア，東南アジア，南アジア周辺諸国への拠出が増えていること，そして第3は，第2の点に関連したインフラ整備支援を重視している点である（渡辺［2017］）。

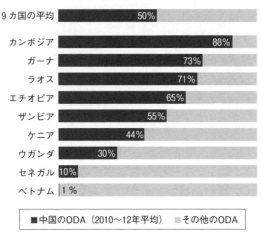

図 13 - 2　中国の影響力が強く出ている国々

9 カ国の平均	50%
カンボジア	88%
ガーナ	73%
ラオス	71%
エチオピア	65%
ザンビア	55%
ケニア	44%
ウガンダ	30%
セネガル	10%
ベトナム	1%

■中国のODA（2010〜12年平均）　その他のODA

（出所）Prizzon, Greenhill and Mustapha［2016］.

　中国の援助は，図 13 - 2 にあるようにアフリカでも大きな役割を果たしている。アジアではカンボジアとラオスがとりわけ大きな中国援助の受け皿となっているが，日本の開発協力が頭打ちであることを考えると，これから中国の相対的な影響力はさらに強まっていくであろう。またアジアインフラ投資銀行（AIIB）や南南協力基金の設立など，中国を中心にした国際開発秩序への挑戦は今後も日本を含む西側諸国が築いてきた体制を変容させていくと考えてよい。

2.3　カンボジアにおける援助競争の現場

　こうした援助潮流の変化は現場に何をもたらしているのだろうか。カンボジアやラオス，ミャンマーといったアジアの後発途上国ではさまざまな援助ドナーが相入り乱れて援助合戦を繰り広げている。一例としてカンボジアの道路地図（図 13 - 3）を見てみよう。

　この地図から見て取れるのは，カンボジアの主要な道路が，さまざまな援助機関に支えられて建設されているということである。中国だけでなく，韓国やベトナム，タイなども西側援助国に肩を並べる形で道路案件に参入している。日本やアジア開発銀行への依存から脱して新興ドナーにインフラ支援を頼る選

図13-3　各国の支援で建設済み・建設中のカンボジア道路地図

（出所）カンボジア政府公共事業交通省 2016 年。

択肢を手にしたカンボジアは，明らかにその交渉力を増して伝統ドナーからの
援助を断るというカードまで手にした。

　このような新興ドナーの台頭には，マイナスの見方が根強く存在する。政治
や経済面での利益を優先し，環境や人権への配慮に欠く援助は，長期的には受
け入れ国のためにならないというのが批判の１点目である。中国の援助は，伝
統ドナーのような環境・社会面での条件をつけることがなく，しかも実施はス
ピーディーである。そうした好条件に促されて受け入れ国が中国の援助に「乗
り換える」事例が相次いで生じると，それまで西側諸国が積み上げてきた援助

のモラルも低下してしまうのではないかと懸念されている。基準を下げるのが不本意であったとしても伝統ドナーも引き続き案件を発掘していかなくてはならないからである。

　第2に，新興ドナーは現地に援助の専門スタッフを常駐させず大使館の少数の担当者に案件形成を任せる脆弱な支援体制であるために，ドナー間の相互調整ができずに混乱や無駄を生み出す可能性がある（Sato et al. [2011]）。カンボジアの道路状況で見たとおり，受け入れ側のカンボジア政府は，こうした縦割り状況を巧みに利用してドナーを使い分けているようだ。

　新興ドナーにはさまざまな課題がある。だが基礎的なインフラの絶対的な不足が指摘されているアジアの各地で，アジア諸国自らが他の国の課題解決に積極的に力を提供するようになった事実は重要な意味を持つ。伝染病の予防，不法労働者や犯罪者の統制，越境環境問題や河川管理などは，1つの国が単独で対処できない。隣接する諸国が連携して負担を分かちあうことで，互いにとってメリットのある関係構築が可能になる。

　たしかに経済のグローバル化に伴って途上国への資金フローに占めるODAの割合は低下傾向にある。だが，そうしたなかでもODAにいまだ重く依存する国々があることを忘れてはならない。広義のアジアでいえば，アフガニスタン，パキスタン，インド，ベトナム，バングラデシュといった国々である。たとえば急速な経済成長に伴って都市におけるインフラ整備へのニーズが高まっているベトナムでは，道路，空港，橋，地下鉄といった交通基盤や上下水道の整備に，現在でも日本の円借款が大きな役割を果たしている。

3　相互依存の時代
——アジアは何を分かちあうのか

3.1　相互依存時代の開発協力

　開発協力は，どれだけ貧困を削減できたか，という観点から評価されることが多い。そこで問われるのは，乳幼児死亡率や識字率などの指標がどれだけ向上したかである。しかし，開発の成果を短期的に測れる数値で評価するのではなく，アクターの間の「関係の変化」からとらえ直すと，南南協力も違った姿

で見えてくる。南の国々にとって先進国から援助を受け入れる最終目的は，「自立」（self-reliance）であった。援助を受け入れるのは，援助に頼らないですむようにするためである。こうした自立へのこだわりは，たとえば中国の周恩来が1954年にインドのジャワハルラール・ネルーとの会談で合意した「**平和5原則**」（領土・主権の相互尊重，相互不可侵，相互内政不干渉，平等互恵，平和共存）にも表れている。貧しい途上国をいかにして他国に依存せずに自分の足で立てるようにするかは，先進国にとっても中心的な課題であった。現在の「途上国」の大半は，旧植民地であり，植民地の地位から独立し，西側諸国への依存から脱却することは開発の悲願だったのである。

　だが，長期的に見て開発協力が生み出したのは，自立というよりは新たな形態の**相互依存**であった。開発協力によって作られたインフラは近隣国との連結（コネクティビティ）を密なものにし，ヒト，モノ，情報の交流を加速した。そして国際分業体制は，それまで以上に互いの存在を必要にしてきた。

　一見すると「国益」の表現である開発協力でさえ，その実態はさまざまな国々の支えあいから成り立っていることがわかる。図13-4は日本の円借款案件を受注している請負業者やコンサルタントの受注件数を国ごとに整理したものである。「日本の」開発協力案件であるにもかかわらず，その実施においては中国，インド，インドネシア，その他の非DAC諸国の企業の受注件数の合計が日本企業の合計数を上回っていることは注目してよい。このように日本のODAはかなりの部分がアジア諸国の請負業者に担われているのだ。

　2015年にインドネシアの高速鉄道受注をめぐって新幹線方式を進めようとしていた日本が中国に競り負けたニュースは，ODAの業界にいない人も耳にしたに違いない。アジアの援助現場における日本と中国による類似の競合事例は数多い。

　他方で案外知られていないのは，競合ではなく協調の事例である。すでに見たように，近年，日本の円借款事業において中国企業が受注した案件は数多い。パッチワークのように互いの道路を配置してすみ分ける例もある。「国益」を前面に出した開発協力であっても，その実態は諸外国に依存した形で効果を発揮する場合も少なくない。

　アジアの開発協力の歴史を振り返ってみると，途上国の「発展」がもたらし

図13-4　日本の ODA に占める国別契約案件割合の推移

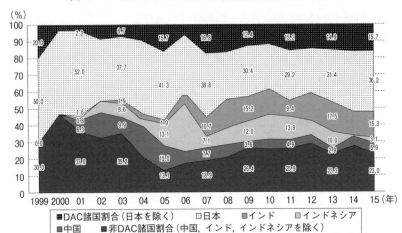

(注) 契約案件について，コンサルタント契約と本体契約を足した案件を指す。コンサルタント契約：契約金額が1億円以上の案件を指す。本体契約：契約金額が10億円以上の案件を指す。

(出所) JICA『国際協力機構年次報告書（旧名：国際協力機構年報，国際協力事業団年報）』（2001〜16年），旧国際協力銀行（JBIC）『円借款活動レポート』（2000〜07年），JIBIC『国際協力銀行年次報告書』（2000〜08年）。海外経済協力基金（OECF）『海外経済協力基金年次報告書』（1995〜98年）。JICAウェブサイト，円借款案件応札結果情報。〈https://www.jica.go.jp/activities/schemes/finance_co/about/result.html〉

たのは，自立だけでなく，より複雑な相互依存ではなかっただろうか。だとすれば，ことさらに「自立」を強調するよりも，良質な相互依存のあり方を模索していくのが，これからの国際協力の本質ではないかと筆者は考えている。

　開発協力のグローバル化によって，途上国内部の関係性も変化している。開発協力と，それが促す近代化は，伝統的な相互扶助関係を改変・崩壊させたといわれている。人間同士の密な相互依存の上に成り立っていた農村社会が，都市をベースにした産業社会に移行するにあたって変容したのは当然の趨勢であった。

　問題は，伝統的な相互扶助が何に取って代わられたかである。村人が互助的に行っていた労働の多くは，貨幣を媒介にした賃労働に取って代わられ，農地の共同作業は機械が取って代わり，インフラ工事は地方自治体が行うものが多くなった。このように「開発」は相互依存の解消ではなく，新しいタイプの相

互依存を生み出してきた。ここに「分かちあうアジア」というテーマが見えて
くる。

3.2　アジアは何を分かちあうのか

　そもそも「開発協力＝分かちあい」という物言いに，読者は違和感を持つか
もしれない。たしかにODAを含む開発協力には，政治的な利害が含まれる場
合が多く，貧困や環境保全という耳障りのよい政策課題が，政治家や企業の利
益の隠れ蓑に利用されることもある。1990年代に盛んに出版されたODAに
関する文献の多くは，援助が建前にすぎず，有力者の私腹を肥やすことはあっ
ても，貧しい大衆の役には立たないことを痛切に批判した（村井編 [1992]）。
とくに2000年代の援助は「国益」を前面に出す傾向を強めていて，「分かちあ
い」からは遠ざかっているようにさえ見える。

　だが，アジアの現場に目を向けると，分かちあいの領域がそれまで以上に広
がっていることに気づく。アジア地域の経済活動の活発化は，国境を越えたイ
ンフラ投資など「富の分配」に動機づけられた「分かちあい」だけでなく，不
法労働者の流入に伴う犯罪や疾病，地域をまたいで発生する災害や環境問題の
抑止といった「負担の分配」という面でも相互関係を緊密化させている。開発
協力は，この緊密化した相互関係を調整する政策手段であると考えてよい。つ
まり，富をいかに増やすかだけでなく，リスクをいかに減らすか，という点も
開発協力の重要な仕事になっているということだ。

　気候変動対策や難民問題は，負担の分配問題を考える好例である。たとえば
ODAの支出が少なくても難民を多く受け入れる国をどう見るか，という問題
がある。パキスタンやレバノンはODAを行っていないが，難民の受け入れに
は積極的である（小林 [2017]）。世界のどこが紛争地域になってもおかしくな
い現在，難民の受け入れは，外国でプロジェクトを行うという古典的な開発協
力とは異なる重要な国際協力の形態になった。

　平和と治安の安定は，開発協力活動を行う前提として欠かせない。1990年
代前半までのアジアは，紛争の絶えない場所であった。ベトナム戦争を皮切り
に，カンボジアでは内戦が続き，ミャンマーも長く不安定な状態が続いた。長
期的な働きかけである開発協力の活性化は，その意味で平和の象徴である。分

かちあいの対象は富やリスクだけではない。歴史や未来への思いを分かちあうことによって，共同活動の礎となる精神が涵養される。

　このように開発協力は，繁栄の分ちあいだけではなく，平和や治安の維持，そして疾病や難民，環境災害の発生防止といった，経済成長に先立つ条件を整える役割も持つ。「分かちあい」の中身は，アジアの国際関係と経済状況に応じてこれからも変化していくであろう。そうした条件の変化に迅速に対応するために，アジア諸国は政府間はもちろん民間のレベルでも日常的な情報交換のできる環境を維持しなくてはならない。

おわりに

　日本は，劇的な環境変化のなかで，これからの開発協力をどのように方向づけていくべきだろうか。量的には中国に圧倒されている現状だが，途上国の人々の日本への期待は今だに強い。ここでは2つの方向性を提案したい。

　1つめは，日本ならではの開発協力リソースを縦横無尽に組み合わせ，その魅力を戦略的に打ち出していくことである。たとえば人づくりの分野である。すでに多くの大学が手がけているアジアの有能若手人材の育成は有力な手段であろう。インドネシアやタイといった次世代の供与国を優れた援助ドナーに仕立てていくよう側面支援することも重要な貢献になる。とくに民間企業との関係をどのように構築するか，納税者への説明責任をどう果たすか，西側諸国との関係をいかに構築するか，といった制度面における日本の経験は教材にあふれている。

　2つめは，これまでに培われてきた日本ブランドの評判を維持発展させる道である。筆者がODA評価などで現場に通うたびに強く感じるようになったのは，「日本ブランド」への根強い信頼である。信頼を壊すのは簡単だが，積み上げるのは大変だ。今日の日本製品や技術，日本的手法への信頼と評判は戦後70年をかけて現場で汗をかいてきた日本人の努力の賜物である。その再認識からまずは始めるべきである。

　開発協力の未来を「国益」というあいまい，かつ狭い視野で縛りつけるべきではない。開発協力の大きな特徴は，送り手の政府，受け手の政府，実施機関，実施現場の住民に至る多様な利害関係者が連なっていることであり，国益論の

大半は送り手政府のなかにとどまる議論にすぎないからである。たとえば近年，国益推進事業の1つとしてODAを介した日本の中小企業支援が実施されることが多くなったが，現場でビジネス展開を模索する個々の企業にとってみれば，国益推進の先兵になっているという意識はほとんどない。

　開発協力の視野は広く保ちたい。絶対的貧困の軽減という面で，アジアは長足の進歩を遂げた。そこに開発協力が果たした役割は大きい。これからは格差や不平等といった国家や社会における関係性の質を改善することに力点が移るであろう。それは経済成長第一主義が取り残してきた高齢者，女性，障害者，宗教的・民族的少数者，子どもなどを包摂するような開発協力になっていかなくてはならない。

　開発協力を通じてアジアが分かちあうのは未来である。そして，その未来は，どこかの国が単独で描くことのできる未来ではなく，社会を構成するさまざまなアクターが互いを必要とするなかで見えてくる未来である。「分かちあい」の領域は，かくも深く私たちの眼前に広がっている。

〈注〉
＊1　本章では関連する用語を次のように区別する。まず「経済協力」(economic cooperation) は必ずしも開発を目的としない，公的資金や民間資金を含む協力活動で，「開発協力」(development cooperation) よりも上位の概念である。「対外援助」(foreign aid) は西側の伝統ドナーの間で頻繁に用いられる概念で，先進国から途上国への資源の再配分を指す。本章では日本を含む伝統ドナーによる開発協力を「援助」，中国を含む南の国々の活動を含める場合には「開発協力」を用いることにする。ただし近年，中国が自ら「援助」という言葉を使うようになっていることに端的に表れているように，概念は変化している。

＊2　ODAの定義は開発援助委員会 (DAC) の長い歴史のなかで先進諸国の妥協の産物として変化してきた (Hynes and Scott [2013])。現在では①資金の出し手が政府あるいは政府機関であること，②目的が途上国の経済開発や福祉の向上であること（ゆえに，軍事援助は含まれない），③途上国にとって一定の程度以上に有利な条件で資金が流れること（具体的には商業ベースの金融に比較した譲与性〔グラント・エレメント〕が一定以上であること）が大枠の定義である。なお，グラント・エレメントは，完全な贈与の場合を100%として，金利や返済期間，返済を猶予する返済措置期間などを基準に計算される。実際にODAとして認められるかどうかは，受け入れ国の所得水準によっても変化する（下村ほか [2016] 11頁）。

＊3　援助が中央集権化されなかったメリットについては佐藤 [2016b] を参照。

＊4　1977年8月に当時の総理大臣であった福田赳夫が東南アジア歴訪の際にフィリピンで表明した外交原則のことで，東南アジアにおける平和と繁栄を基軸とした協力を行うとしたもの。

＊5　ここにはサウジアラビアやクウェートといった中東の援助国や，ビル＆メリンダゲイツ財団などの民間団体による援助も含まれる。

Column ⑬ 拡大する民間援助組織の役割

2004年12月26日にスリランカからインドネシア，タイにかけて数十万人規模の死者をもたらしたスマトラ沖地震津波が発生した。その時期にタイに滞在していた筆者は，期せずして国際協力機構（JICA）の緊急援助に関わることになり，被災直後の現地に入って必要な物資などの調査を行う機会を得た。

各国政府がこぞって「援助合戦」を展開するなか，現地に具体的なサービスや物資が下りてくるまでには相当の時間がかかっていた（佐藤［2016a]）。現場のフラストレーションが高まるなかで，いち早く現地入りして必要な物資の配給や作業に着手したのは政府機関ではなく，地元密着型のNGOや民間支援機関であった。緊急援助においては初動が重要であり，その意味では市民社会や民間組織のほうが政府機関よりも決定的な役割を果たすことが多い。

こうした組織の背後には，さまざまな寄付団体や財団の存在がある。政府によるODAが行政的な縛りで機動力をそがれるなか，緊急を要する人道支援分野ではとくにフットワークの軽い民間支援機関や財団の存在が大きくなっている。

民間組織は，その機動性だけでなく，規模においても政府や国連機関の支援に匹敵するほどになっている。たとえばビル&メリンダゲイツ財団の場合，2015年度の年間予算は50億ドルを超える規模に到達しているが，これは同年のUNICEFの総支出にほぼ匹敵する。また，アメリカ政府の援助機関であるUSAIDの年間予算総額を上回る規模になっている。アジアでは，アメリカ系のアジア財団が中心的な活

図13-5 国際人道援助（2012～16年）

（出所）Development Initiatives, Global Humanitarian Assistance Report 2017.

動をしているが，トヨタ財団や笹川平和財団など日本を拠点とした財団も国際協力に貢献している。

　南の国々も「南南人道主義」と称される規範を共有しながら人道援助を拡大しつつある（近藤［2017］）。アフガニスタンやネパールといった小国が，東日本大震災の際に人道援助を申し出たことは記憶に新しい。

　トランプ政権は政府による国際援助を大幅に削減する政策を打ち出しており，他のOECD諸国の援助額も当面は頭打ちの様相を呈するなかで，民間による援助がどこまでその埋め合わせをできるかが期待されている。民間組織による援助活動は，混迷する国際開発の分野ではとくに注目すべき領域である。　　　　　　（佐藤仁）

課題 ◆

□1　国内に貧困や社会的課題を抱えた国々が，それでも他の国々に対する援助に乗り出すのはなぜなのか。日本の例を参考にしながら，他のアジア諸国が援助に乗り出す動機を考えてみよう。

□2　図書館でODAを批判した本を借りて，日本の開発援助がどのような面で進歩したか（していないか）を，そう変化した理由の分析もあわせて考察してみよう。

□3　半世紀以上にわたって日本を含む西側諸国が行ってきたODAは，南北間に従属構造を生み出したといえるだろうか。あるいは，途上国自身による南南協力は，それを克服する効果を持てるだろうか。これらの問いを検証するためには，どのような調査が必要になるか，話しあってみよう。

（佐藤仁）

終 競争するアジア，
共生するアジア

はじめに──21世紀は「アジアの世紀」か

　21世紀は「アジアの世紀」である，といわれるようになって久しい。たしかに，世界におけるアジア経済の存在感はますます大きなものになっているようにも見える。しかし本書を通読すれば，そこには高成長を実現し，世界をリードする輝かしく，たくましいアジアが描かれる一方で，これまで経験したことのない未知の課題やリスクの出現に戸惑い，解決策を模索するアジアの姿も発見することができよう。21世紀は「アジアの世紀」となるかもしれないが，その「アジアの世紀」は，さまざまなレベルの異なる種類のダイナミズムが絡みあうなかで展開され，単線的な視野から一括して見通せるようなものではない。現代アジア経済論のテキストを21世紀に記すという仕事は，アジア経済を取り巻く複雑なダイナミズムを，他の側面との関連にも配慮しながら描き出すという困難な作業にほかならない。

　20世紀のアジア経済を語るとき，そこには成長や発展といった視座がつねに中心にありつづけた。それは，第二次世界大戦後のアジア諸国にとって，「貧困と停滞」からの脱却と，そのための「成長」が何にもまして必要なものと認識されてきたからである。そして「奇跡」的な成長を遂げたアジアは，世界から注目を集めた。20世紀のアジア経済は，成長と発展のサクセス・ストーリーとして描かれてきたといえる。たしかに，1997年にはタイを発端に金融危機が勃発し，経済は後退を余儀なくされるなどのつまずきもあった。21世紀に入っても世界金融危機の影響を受けた。しかし総じてマクロ経済の回復は早く，危機を乗り越えたアジアは以前よりも競争力を増し，再び成長路線を

突き進むようになった。しかし，これからのアジア経済を見通すには，こうした 20 世紀の「奇跡」的な成長の時代とは異なる，新しい変化を理解することが不可欠である。

21 世紀のアジア経済のダイナミズムは，量的にも質的にも 20 世紀までのそれとは大きく異なる。本書の「第 I 部　アジア経済の新局面」で示したように，世界経済のなかでアジアは生産地としてだけではなく，消費地および投資先，さらには投資元としても，短期間のうちにプレゼンスを高めた。そして主要なプレーヤーとして中国が台頭したことは，21 世紀の変化をさらに激しくさせる要因となっている。

より具体的にいえば，かつて，キャッチアップ型工業化の時代には多くの国が，資本財・部品（モノ），資金（カネ），技術，情報を海外に依存していたが，今やアジア発のイノベーションや投資も急増している。また社会が豊かになるにつれ増大した中間層・富裕層は，世界中の消費市場で存在感を発揮している。こうした経済・社会の質的な変化はさらに，アジア経済の量的な拡大を促進させている。つまり，21 世紀のアジア経済のダイナミズムは，量的・質的な諸側面がそれぞれを強化しあうという，循環的な相互作用によって突き動かされているのである。

これまでアジア経済を理解しようとする際には，国ごとの経済事情を整理することを前提としてきた。しかし，上述のアジア経済のダイナミズムを理解するには，従来の国家単位の視点からの分析のみでは不十分である。こうした限界は，おもにアジアの変化に関連した，次の 2 点に起因する。第 1 に，アジア経済の牽引役は，各国家というよりも，特定の企業や都市が中心となっているからである。また，それらのネットワークによって，アジアが地域として重層的につながるようになったことがある。そして第 2 に，地域としてのアジア経済の発展パターンが，「圧縮」され，大きく変容しつつあるということである。ここでは，「コネクティビティ」（connectivity），および「圧縮」した変化という 2 つのキーワードを用いて，本書の議論を振り返りながら，21 世紀のアジア経済のダイナミズムについて整理しておきたい。

1 国を超えた「コネクティビティ」の時代の アジア経済

アジア各国はあらゆるレベルにおいてつながりを強化しはじめている。この アジア域内外に広がるつながりは，モノやカネ，さらにはヒトと情報の流動性 が高まり，これらが国境を越えて移動することで形作られてきた。「第Ⅱ部 越境するアジア」では，生産，金融，そして労働移動，つまり，モノ，カネ， ヒトの越境と循環に焦点を当てて，詳細に扱った。これらはアジア経済のダイ ナミズムを形作る要素であった。序章で述べたとおり，グローバル化の本質は， 単に諸要素が越境するだけでなく，さまざまなレベルで結びつき，相互に複雑 に作用しあうことにある。現代のアジア経済は，さまざまなレベルで重層的に つながり，それがあたかも1つの有機的な集合体を形成している。ここでは， こうした国を超えてつながるデファクト（de facto，事実上）としての「動的力 学」と，関係構築や制度設計などを含むつながるための「社会的能力」をまと めて「コネクティビティ」と呼ぶとすれば，このコネクティビティを深化させ るその担い手は，国というよりも企業や都市といった新たな単位であり，企業 や都市からアジア経済を観察するというアプローチの必要性を生み出したとい える。

第2章や第4章で論じたようなフラグメンテーションの進展とグローバル・ バリューチェーンの形成と展開は，21世紀型の経済統合の重要な特徴であり， その動きはアジアを中心に起こっている。もっとも，20世紀までの貿易と投 資の自由化を柱とした経済統合も，今日のアジアの国際的な生産・流通体制の 土台を形作ったことは間違いない。しかし，このグローバル・バリューチェー ンの成立の背景には，インターネットと関連するITのハード面とソフト面の 発展と普及がアジアの隅々にまで及んだという環境変化があった。今や，所得 水準の低いカンボジアやラオスですら，インターネットを通じて世界の最新情 報にアクセスすることができる。このITの普及はアジアに限った現象ではな いが，これを多国籍企業が戦略的に活用し，デファクトの経済統合を主導した ことが，今日のアジアの複雑で精緻なグローバル・バリューチェーンを作り上

げ，経済統合をこれまでとは異なる高いレベルに押し上げた。アジアにおける企業主導のバリューチェーンの展開は，域内で財（モノ）や生産要素（ヒトやカネ）の移動をさらに促している。つまり，企業のそれぞれの主体的な競争戦略がアジアでの国境を越えたコネクティビティを強化し，深化させてきたのである。また，企業主導のバリューチェーンは，情報のネットワーク，インフラ，人的ネットワークといった他の諸要素の結びつきと相乗効果を持ち，お互いを強化しあっている。

さて，都市は，このグローバル・バリューチェーンの結節点として，つまりフラグメンテーションによって分断された生産工程や機能が立地・集積する場として，その存在感をますます高めている。今やアジア各国の成長戦略において，都市のコネクティビティを強化することは必須条件になっている。いかに，バリューチェーンのなかで付加価値の高い工程や機能を引きつけるかが，産業構造の高度化を図るための鍵と認識されているからである。そうした主要な結節点としての都市は，通常その国のなかでも突出した経済力を持ち，ときとして国家よりもはるかに強い政治力さえを持つこともある。高いコネクティビティを持った都市は，さらにヒトやモノ，カネ，情報を引きつけ，アジアを取り巻くダイナミズムに大きな影響を及ぼす存在となる。

これを少し一般化してみれば，次のようになる。21世紀のアジア経済については，個別の経済システムの集まりとして国別に事情を理解するよりも，コネクティビティの形態や結節点の特徴，そして，それらの「有機的なつながり」としてアジア経済を理解するほうが，そのダイナミズムの本質を理解するのに適している。逆にいえば，ある地域や国家の抱える諸課題を検討する際でも，その地域を取り巻くコネクティビティが生み出す現象や問題と切り離して考えることはできないのである。

2 「圧縮」型発展がもたらす，国を超えたアジアの課題

21世紀以降のアジア経済の発展パターンもまた，雁行型経済発展論が示唆したような20世紀までのパターンから大きく変わりはじめている。つまり，

20世紀においては，国の発展段階に応じた「序列」に沿い，域内において各国が段階的に産業構造の連鎖的な転換を見せていたが，21世紀に入って新しい発展のパターンが出てくるようになった。21世紀の新しい発展パターンとその経済・社会への影響を理解するためには，本書でもしばしば登場した「圧縮」という概念が有効である。

　発展段階の高い国で見られる産業の勃興やそれに伴う社会的変容を，アジア諸国は急速な経済発展のなかで短期間のうちに経験してきた。これを「圧縮」という言葉で表現するならば，20世紀型の「圧縮した発展」は，後発性の利益を享受した国が短期間のうちにキャッチアップを実現し，産業転換が起こる現象を指していた。ところが，21世紀以降は従来の「圧縮」という言葉がとらえていたような産業レベルでのキャッチアップを超えた「飛び越え」型も登場している。同時に，より広範な社会的課題を含む現象においてさえ，「圧縮」された変化が顕著になってきた。

　まず経済発展の側面においては，台湾のパソコン産業が示すとおり（第4章），グローバルに展開されるバリューチェーンのなかで工程や機能の高度化を実現することできわめて短期間で「圧縮」した発展を成し遂げる例が出てきている。これは先進国の企業の戦略的な行動と後発国の企業の学習・戦略が結びつくなかで実現されたものであり，企業間の相互作用と産業内分業のダイナミズムが先導する動きである。さらに本書では，この新しい「圧縮」型発展パターンに加えて，いくつかの章ではそのさらに先にある「飛び越え」型の発展パターンに相当する現象にも触れた。これは，アジアの中所得国・途上国が先進国をキャッチアップ（追いつき）するだけでなく，分野によってはすでに追い越しが生じているような状況を指す。第7章のアジア発のイノベーションのポテンシャルの高さにも示されたように，アジアの経済秩序形成は，もはや国家間の発展段階の序列を必ずしもベースとせず，非常に多極化してきている。つまり，アジア経済を牽引しているのはもはや，先進国企業だけでなく，中所得国・途上国の企業であり，これらの国の投資家が新しい商品やサービスを日々生み出している。経済のデジタル化とサービス化によって，競争力の源泉がモノの開発だけでなく，サービスのアイディアとその応用に移行すれば，こうした傾向はさらに強まるであろう。

また，社会面に目を向ければ，発展段階は追いついていないのに，社会的変容だけが，ほぼ発展段階を飛び越えて表出するようになっている。換言すれば，20世紀の産業構造や社会的変容は，所得水準に応じた垂直的な「序列構造」にあったが，21世紀には，それを所得水準に関係なく水平的な「並列構造」に転換するようになったのである。本書の「第Ⅲ部　躍動するアジア」と「第Ⅳ部　岐路に立つアジア」では，こうした21世紀型の「圧縮」された経済発展の結果，国を超えてアジアで横断的に見られるようになったさまざまな新展開や課題，さらにはリスクを詳細に見てきた。

　たとえば，第8章で扱ったように，アジアのメガ都市の急成長は，各国の発展段階を超えて見られる共通の現象であり，その中心部はすでに先進国化している。タイの大都市バンコクで暮らす人々の暮らしと生活環境は，第2都市とされるチェンマイやコラート，さらにはタイでも最も貧しいとされる東北タイ（イサーン）の農村の人々のそれよりも，むしろシンガポールやソウル，あるいは東京といったアジアの先進国の大都市で生活する人々のものに近い。このようなアジアの都市が「集積の経済性」（第7章）や「規模の経済性」（第8章）の作用により自己拘束的に拡大しはじめると，それがイノベーションの源泉となる。その一方で，同時に進行している経済のインフォーマル化や不平等化，さらには環境問題といった，共通の課題やリスクも抱え込むようになってくる。

　つまり，これまでのように先進国で生じた社会的課題が，のちに中所得国・途上国でも観察されるという，段階的な序列はここにきて崩れはじめている。たとえばアジアのなかで先進国としてのポジションを長らく保ってきた日本では，20世紀の終わり頃から少子高齢化が大きな社会的課題として浮上してきたが，こうした人口構造の急激な変化から派生する問題は，第10章でも見てきたように，今やアジア各国が直面する課題であり，韓国や中国の高齢化は日本よりも厳しいものとなる。日本でかつて高齢化が顕著になった時期に比べて，はるかに低い所得水準で，かつ社会保障制度が未整備な段階で高齢化が始まっているからである。同様の複合的な現象は，上述のような格差問題や環境問題でも見られる。ただし，アジアの中所得国・途上国では財政制約が強いがゆえに，これらの問題への対抗策も手段が限られている。

3 アジア経済の将来展望——競争と共生

　今後のアジア経済の持続的な発展には，競争と共生のバランスが要となる。自らの特徴を強みにまで高め，先鋭化させる過程は，フラグメントされた特定の生産工程や品目，あるいは機能の高度化の道筋を模索するという，グローバル化時代に特有の生き残りをかけた過酷な競争プロセスそのものである。一方で，コネクティビティの深化とともに，国をまたいだ経済・社会での相互依存はますます強まる。この傾向は，企業や都市といった結節点が競争力を強化していくことでさらに顕著になるだろう。つまり，この相互依存を深化させながら進む競争の過程は，同時に，共生への道筋を作り，地域としての持続的な発展の基盤ともなりえる。同様のアナロジーは，開発協力を扱った第 13 章において，国家の自立と発展が実は他国との相互依存をもたらし，さらにこの相互依存が開発協力プロセスそれ自体のあり方としても深まっているダイナミズムのなかでも指摘された。

　では，これまでの明確な秩序が大きく変容しはじめた 21 世紀のアジア経済のなかで，持続可能な発展を実現するためには，何が必要となるだろうか。本書の締め括りに，答えのまだないこの問いについて，国家の視点に引きつけて，少し考えてみよう。

　本書で扱ったアジアの国々の多くは，第二次世界大戦後に植民地体制からの独立を勝ち取った国々である。そうした国々の独立後の課題はいかに国家建設を着実に進めるかという点にあり，貧困からの脱却と経済発展はこの目的達成のための最重要事項の 1 つであった。その際には，輸入代替や輸出振興などさまざまな政策的後押しによって自国の産業競争力を強化させることが常套手段となった。どの産業を優先的に振興するのか（いわゆる "picking the winners"）が最初のステップであり，その過程において国家のリーダーシップが重要な役割を果たしてきた。

　日本は，労働集約的な産業から資本集約的産業，さらには技術集約度の高いものへという産業構造の高度化を通じて高度経済成長を実現したが，これには

国家主導の産業政策が有効に働いた。しかし，1カ国において生産工程や機能のほとんどが完結するフルセット型工業化はすでに過去のものとなり，グローバル化時代においては，国や地域の比較優位は産業がベースではなく，フラグメントされた特定の工程や機能がベースとなった。そして，これらの工程や機能が持つ固有の生産要素集約度に照らしあわせながら，連携すべき国や企業を取捨選択してバリューチェーンを組織する主体は，国家ではなくそれを統括する主導企業である。さらにそうした主導企業の多くは，その本社を国外に置く外資企業なのである。

　本書では，このようなアジア経済秩序の形成要因が，多国籍企業によるデファクトな統合過程にあると強調してきたが，こうした過程において国家の役割を否定するものではない。むしろ，アジアで多国籍企業が主体となってデファクトな経済統合を主導することが可能になったのは，比較的自由で安全な国際経済環境を各国政府が保障したからであり，また国を超えたコネクティビティを高めるために必要な社会的基盤，たとえば港湾や道路，電力網といった物理的インフラの整備，法的基盤といった制度面でのインフラの整備，教育などの人的資本の開発に注力したからにほかならない。また，ベトナム戦争を最後に，長らく地域内での大規模な軍事的衝突が起きなかったことが地域の繁栄を支えたことは忘れてはならない。こうした「公共財」の提供と維持を担ったのは，ほかならぬ国家であった。

　しかし，21世紀のアジアで持続可能な発展を実現するために必要となる「公共財」の中身と国家の役割も時間とともに変化しはじめていることは間違いない。経済発展についていえば，自国の特定産業への優遇措置や研究開発（R&D）への投資の促進という，実体経済に直接影響を及ぼすような役割だけでなく，国を超えて「他者」と，よりスムーズに深くつながれるコネクティビティを高めていくという政策が重要になる。つまり，より広い社会的能力を高めるような役割が求められる。

　ここで留意すべき点は，コネクティビティの高まりは，正の影響だけでなく，負の影響も招き込む点である。ある国で勃発した金融危機や自然災害は瞬時に他国に影響を与える。ヒトの移動に伴って，感染症やテロ，犯罪のリスクも国境を越えて広がる。そのようなコネクティビティの深化がもたらす新しいリス

クをいかに管理し，対応できるかも，国家の重要な能力の１つになる。

　加えて，重要な点は，グローバル化やコネクティビティの高まりがもたらす果実を国内に広める努力である。コネクティビティ形成のおもな担い手は企業や都市であると述べた。つまり，多国籍企業との競争にさらされる地場企業やメガリージョンの繁栄から取り残された地方部，不平等化する社会のなかで不満を持つ低所得層などを見ればわかるように，その恩恵は国全体には広まっていない。この状況を放置すれば，社会の不安定化を増幅することも危惧される。都市の経済発展の恩恵は時間とともに自然に国全体に浸透するわけではない。グローバル化時代とはいえ，いずれの国においても多数の労働者・生活者の生活基盤は，特定の地域に根ざしている。これらの人々の生活はインターネットを通じてグローバル社会につながっているものの，一方で，コネクティビティがもたらす競争の激化にむしろ，翻弄されるリスクもあるだろう。また，マクロ経済のパフォーマンスのみに注目していると忘れがちであるが，個々人や企業が何らかの危機から受ける負の影響は長期にわたって持続する。たとえば，韓国政府は 2013 年に，アジア金融危機の際に抱えた借金の返済に苦しんでいる個人（倒産した中小企業の連帯保証人。債権者本人は含まない）の債務（計約１兆2200 億円）を対象に債務減免支援策を実施すると発表した（『日本経済新聞』2013年５月22日）。1997 年から約 15 年を経てもまだ，これらの人にとって危機は過去のものとなっていない。この例を見ても，リスクの管理とレジリエンス（復元力）への対応は，国家の役割として重視されるべき点であることがわかるだろう。持続可能で豊かなアジアの実現のためには，これらの地域・人たちをいかに経済発展のプロセスに包摂し，共生の道筋を提示できるか，という国家の手腕に任されている。第８章で示したとおり，各国家は政策のジレンマを抱えているが，各アクターとの調整・協調を図りながら，これらのジレンマを乗り越える方法を見いだしていくことで，国家は新たな役割を得るはずである。

おわりに――21 世紀のアジア経済のなかの日本

　21 世紀のアジア経済における日本の位置づけは，このようなダイナミズムのなかで揺らぎ，大きな転換点に差しかかっている。第二次世界大戦後のアジアの発展は，ある意味で日本がリードしてきた。『東アジアの奇跡』（1993 年。

日本語版は 94 年）が世界銀行から出版される以前は，日本の「奇跡」的な成長が世界の注目を集め，影響力のある書籍も世に出た。たとえば，当時ハーバード大学の社会学者であったエズラ・ボーゲルは，その経済発展の要因や日本的経営手法から学ぼうとする『ジャパン・アズ・ナンバーワン』（*Japan as Number One: Lessons for America*）という本を 1979 年に出版し，これが欧米を中心に世界的にヒットした（Vogel［1979］）。戦後の 50 年代後半から 80 年代後半までは，まさに「日本の時代」だったのである。

しかし 21 世紀の幕が開けると，これまで世界における日本の「経済力」の象徴であった多くの産業部門で，異変が見られるようになった。たとえば1990 年代終盤に日産自動車が倒産寸前という経営危機を迎え，その危機は同社がフランスのルノー社の傘下に入ることで回避された。より直近のケースとしては，2016 年の台湾の鴻海精密工業によるシャープの買収や，中国の美的集団による東芝の白物家電部門（東芝ライフスタイル社）の買収といった案件が記憶に新しいかもしれない。

外資企業による自国企業の買収は，直接投資（FDI）の 1 つの形態である。これまで日本は外に出ていくアウトバウンドの直接投資では存在感があったが，海外から国内に向けたインバウンドの直接投資については，他国と比較すると極端に少なかった。ところが，たまにこうした外資企業による大手日系企業の買収案件が浮上すると，それ（とくにアジア企業によるもの）はしばしば日本のマスコミからはネガティブに受け止められ，報道された。しかし，21 世紀のアジア経済の特徴が「コネクティビティ」と「圧縮」（そして「飛び越え」）にあるとすれば，こうした動きはむしろ 21 世紀のアジア経済においては当然のこととととらえるべきである。日本の名だたる大企業からアジアの新興企業に転職する日本人も多い。こうした現象をネガティブに受け止めるのではなく，むしろアジア経済のダイナミズムとのコネクティビティが高まった結果ととらえ，積極的に地域の繁栄に活用するという戦略的視点が重要となる。

このような観点から日本の現状を見ると，日本はこれまでのアジアの国々との一方向の関係から，双方向の関係をより高められるような社会的キャパシティを培う必要がある。日本経済の閉鎖性についてはこれまでも多くの指摘があり，こうした閉鎖性の具体的な形としては系列取引や相対的な取引慣行など

さまざまなものが挙げられている。こうした日本独自の方法は，これまで日本が域内で仮想リーダーとして産業構造の連鎖的転換を引き起こし，他国を巻き込む形でグローバル・バリューチェーンを作って統括してきた時代には機能したかもしれない。しかしアジアがつながりはじめ，従来の序列型構造が多極化構造に向けて大きく動き出した現在，こうした日本独自の体制や方式が，かえって日本の経済発展を阻害する要因となりはしないだろうか。日本もアジアの一員であり，アジア経済のダイナミズムのなかにあることを，私たちはこれまで以上に認識しなければならない。

　このような認識に立てば，今後の個人，企業や国家に必要とされる社会的能力とは，コネクティビティを高め，ネットワークを活用する，もしくは主体的に取捨選択しながらも，そのリスクや弊害にはうまく対応し，正の影響を最大化することができる能力であるといえる。

　国家も，この視点に立てば，単なる道路網の構築や工業団地の建設といった，さらなる物理的インフラの拡充だけではなく，むしろ実際に「他者」とつながる決め手となる社会的能力を持つ「人的資本」の開発が鍵になる。ここでいう人的資本とは，生産性の向上のための教育やスキル，経験という狭義の意味を超えた，自らと異なる「他者」を受け入れる寛容な態度や洞察力，適応力といったような，より深く広い「人間力」を含んでいる。このような能力は，負の側面に対処する際にも必要となる。アジアが直面する新しい諸課題に対する解は，先進国にあるとは限らない。また，越境する環境問題や労働条件の切り下げ競争といった，そもそも一個人や一国では対応できない問題も増大している。日本がポスト「課題先進国」となった現代において，私たちは「学びあうアジア」の一員としてアジアの未来にどのようにコミットしていくのか，できるのかが問われているのである。

　21世紀のアジア経済において，競争は，共生のためのプロセスであり，共生こそが日本を含むアジアの未来を切り開くのである。そして，こうした21世紀の新しい問いへの答えを探すのは，これからのアジアを背負い，そのなかで生きていく，本書の読者であるあなたのような若者たちの役割である。ここから先に地図はない。地図はないが，誰かが新しいコミットメントのあり方を提案しなければならない。越境し，躍動し，岐路に立つアジア，ひいては世界

を自ら体験し，そのなかから自分なりの多様な答えを導き出してみてほしい。

（後藤健太・遠藤環・大泉啓一郎・伊藤亜聖）

引用・参考文献

〈日本語文献〉 *50音順

青木昌彦・金瀅基・奥野（藤原）正寛編（白鳥正喜監訳）［1997］『東アジアの経済発展と政府の役割
　　──比較制度分析アプローチ』日本経済新聞社

麻田玲［2017］「成功事例は開発援助に有効か──負の遺産に未来あり」『東洋文化』第97号，31～
　　46頁

アッシャー，W.（佐藤仁訳）［2006］『発展途上国の資源政治学──政府はなぜ資源を無駄にするの
　　か』東京大学出版会

伊藤亜聖［2015］『現代中国の産業集積──「世界の工場」とボトムアップ型経済発展』名古屋大学
　　出版会

今泉慎也［2014］「東アジアにおける外国人雇用法制の考察」山田美和編『東アジアにおける移民労
　　働者の法制度──送出国と受入国の共通基盤の構築に向けて』研究双書611，日本貿易振興機
　　構・アジア経済研究所

岩崎育夫［2009］『アジア政治とは何か──開発・民主化・民主主義再考』中央公論新社

埋橋孝文・于洋・徐榮編［2012］『中国の弱者層と社会保障──「改革開放」の光と影』明石書店

生方史数［2007］「プランテーションと農家林業の狭間で──タイにおけるパルプ産業のジレンマ」
　　『アジア研究』第53巻第2号，60～75頁

生方史数［2017］「『緑』と『茶色』のエコロジー的近代化論──資源産業における争点と変革プロセ
　　ス」井上真編『東南アジア地域研究入門　1　環境』慶應義塾大学出版会

浦田秀次郎・三浦秀之［2012］「アジア域内の貿易と投資」浦田秀次郎・栗田匡相編『アジア地域経
　　済統合』勁草書房

絵所秀紀［1997］『開発の政治経済学』日本評論社

遠藤環［2011］『都市を生きる人々──バンコク・都市下層民のリスク対応』京都大学学術出版会

遠藤環［2016］「『アジア化するアジア』と地域経済の再編──タイにおけるメガリージョンの形成と
　　都市機能の変化」『地域経済学研究』第31号，2～18頁

大泉啓一郎［2002］「通貨危機と会社法制度改革──公開株式会社法改正の意義と限界」末廣昭編
　　『タイの制度改革と企業再編──危機から再建へ』研究双書524，日本貿易振興会・アジア経済
　　研究所

大泉啓一郎［2007］『老いてゆくアジア──繁栄の構図が変わるとき』中央公論新社（中公新書）

大泉啓一郎［2011］『消費するアジア──新興国市場の可能性と不安』中央公論新社（中公新書）

大来佐武郎［1966］『アジアの中の日本経済』ダイヤモンド社

大竹文雄［2005］『日本の不平等──格差社会の幻想と未来』日本経済新聞社

大野健一［2013］『産業政策のつくり方──アジアのベストプラクティスに学ぶ』有斐閣

大野健一・桜井宏二郎［1997］『東アジアの開発経済学』有斐閣

大橋英夫［2016］「中国企業の対米投資──摩擦・軋轢の争点は何か」加藤弘之・梶谷懐編『二重の
　　罠を超えて進む中国型資本主義──「曖昧な制度」の実証分析』ミネルヴァ書房

小川さやか［2016］『『その日暮らし』の人類学──もう一つの資本主義経済』光文社（光文社新書）

小塩隆士・浦川邦夫［2008］「2000年代前半の貧困化傾向と再分配政策」『季刊社会保障研究』第44
　　巻第3号（No.182），278～290頁

尾高煌之助・斎藤修・深尾京司・南亮進・牧野文夫監修［2014］『アジア長期経済統計3　中国』東
　　洋経済新報社

郭洋春［2004］「IMF 体制と韓国の社会政策」『海外社会保障研究』第 146 号，33～42 頁

加藤久和［2007］『人口経済学』日本経済新聞出版社（日経文庫）

加藤弘之［1997］『中国の経済発展と市場化――改革・開放時代の検証』名古屋大学出版会

加藤弘之・渡邉真理子・大橋英夫［2013］『21 世紀の中国 経済篇――国家資本主義の光と影』朝日新聞出版

上林千恵子［2015］『外国人労働者受け入れと日本社会――技能実習制度の展開とジレンマ』東京大学出版会

ガルブレイス, J. K.（塚原康博・鈴木賢志・馬場正弘・鑓田亨訳）［2014］『格差と不安定のグローバル経済学――ガルブレイスの現代資本主義論』明石書店

川上桃子［2011］「東アジアの生産分業と企業間リンケージ」和田春樹ほか編『和解と協力の未来へ――1990 年以降』岩波講座東アジア近現代通史，第 10 巻，岩波書店

川上桃子［2012］『圧縮された産業発展――台湾ノートパソコン企業の成長メカニズム』名古屋大学出版会

木村福成［2003a］「工業化戦略としての直接投資誘致」大野健一・川端望編『ベトナムの工業化戦略――グローバル化時代の途上国産業支援』日本評論社

木村福成［2003b］「国際貿易理論の新たな潮流と東アジア」『開発金融研究所報』第 14 号，106～116 頁

木村福成・丸屋豊二郎・石川幸一編［2002］『東アジア国際分業と中国』ジェトロ

木村福成・大久保敏弘・安藤光代・松浦寿幸・早川和伸［2016］『東アジア生産ネットワークと経済統合』慶應義塾大学出版会

金成垣［2008］『後発福祉国家論――比較のなかの韓国と東アジア』東京大学出版会

金成垣・大泉啓一郎・松江暁子編［2017］『アジアにおける高齢者の生活保障――持続可能な福祉社会を求めて』明石書店

金炫成［2017］「韓国――人口の高齢化と高まる長寿リスク」末廣昭・大泉啓一郎編『東アジアの社会大変動――人口センサスが語る世界』名古屋大学出版会

日下渉［2013］『反市民の政治学――フィリピンの民主主義と道徳』法政大学出版局

久保亨・加島潤・木越義則［2016］『統計でみる中国近現代経済史』東京大学出版会

クルーグマン, P.［1995］「まぼろしのアジア経済」『中央公論』1 月号，371～386 頁

黒田篤郎［2001］『メイド・イン・チャイナ』東洋経済新報社

呉敬璉（青木昌彦監訳・日野正子訳）［2007］『現代中国の経済改革』NTT 出版

河野稠果［2007］『人口学への招待――少子・高齢化はどこまで解明されたか』中央公論新社（中公新書）

国連貿易開発会議事務局編（外務省訳）［1964］『新しい貿易政策をもとめて――プレビッシュ報告』国際日本協会

小島清［2003］『雁行型経済発展論 第 1 巻 日本経済・アジア経済・世界経済』文眞堂

後藤健太［2005］「ホーチミン市の内需向けアパレル産業の生産と流通構造――地縁・血縁ネットワークの企業間関係と下請生産」『アジア経済』第 46 巻第 10 号，2～25 頁

後藤健太［2009］「グローバル経済化とベトナム縫製企業の発展戦略――生産・流通ネットワークと企業パフォーマンスの多様化」坂田正三編『変容するベトナムの経済主体』研究双書579，日本貿易振興機構・アジア経済研究所

後藤健太［2014］「戦後アジアの国際生産・流通ネットワークの形成と展開」北岡伸一監修・宮城大蔵編『戦後アジアの形成と日本』歴史のなかの日本政治 5，中央公論新社

小林誉明［2017］「ODA は難民を救えるか――グローバルな人口移動時代における国際貢献の構図」

『東洋文化』第 97 号，99～116 頁

小峰隆夫・日本経済研究センター編［2007］『超長期予測老いるアジア──変貌する世界人口・経済地図』日本経済新聞出版社

小宮隆太郎［1989］『現代中国経済──日中の比較考察』東京大学出版会

小宮山宏［2007］『「課題先進国」日本──キャッチアップからフロントランナーへ』中央公論新社

古森義久［2002］『「ODA」再考』PHP 研究所（PHP 新書）

近藤久洋［2017］「人道主義は普遍的か──新興国と国際人道レジームの未来」『東洋文化』第 97 号，47～74 頁

サクセニアン，A.（星野岳穂・本山康之監訳・酒井泰介訳）［2008］『最新・経済地理学──グローバル経済と地域の優位性』日経 BP 社

サッセン，S.（伊豫谷登士翁監訳・大井由紀・高橋華生子訳）［2008］『グローバル・シティ──ニューヨーク・ロンドン・東京から世界を読む』筑摩書房

佐藤仁［2005］「スマトラ沖地震による津波災害の教訓と生活復興への方策──タイの事例」『地域安全学会論文集』第 7 巻，433～442 頁

佐藤仁［2007］「タイ，シンガポール，マレーシアの 援助政策──東南アジアの新興ドナー」『開発金融研究所報』第 35 号，40～71 頁

佐藤仁［2016a］「緊急物資はなぜ届かないのか」『野蛮から生存の開発論──越境する援助のデザイン』ミネルヴァ書房

佐藤仁［2016b］「日本に援助庁がないのはなぜか」『野蛮から生存の開発論──越境する援助のデザイン』ミネルヴァ書房

佐藤仁志［2013a］「国際的な労働移動と貿易」RIETI Policy Discussion Paper Series 13-P-011

佐藤仁志［2013b］「労働の国際化と日本の外国人労働政策」『アジ研ワールド・トレンド』2013 年 12 月 /2014 年 1 月合併号（第 219 号），43～46 頁

佐藤仁志・町北朋洋［2014］「労働移動」黒岩郁雄編『東アジア統合の経済学』日本評論社

佐藤幸人［2007］『台湾ハイテク産業の生成と発展』岩波書店

佐藤百合［2011］「アジアの出来事──インドネシアは世界第 3 の CO2 排出国か」日本貿易振興機構・アジア経済研究所ウェブサイト〈http://www.ide.go.jp/Japanese/Research/Region/Asia/Radar/20111202_satoyuri.html〉2017 年 6 月 25 日閲覧

下村恭民・大橋英夫・日本国際問題研究所編［2013］『中国の対外援助』日本経済評論社

下村恭民・辻一人・稲田十一・深川由起子［2016］『国際協力──その新しい潮流（第 3 版）』有斐閣

徐涛［2014］『中国の資本主義をどうみるのか──国有・私有・外資企業の実証分析』日本経済評論社

ジョンソン，S.・J. クワック（村井章子訳）［2011］『国家対巨大銀行──金融の肥大化による新たな危機』ダイヤモンド社

末廣昭［2000］『キャッチアップ型工業化論──アジア経済の軌跡と展望』名古屋大学出版会

末廣昭［2014］『新興アジア経済論──キャッチアップを超えて』シリーズ現代経済の展望，岩波書店

末廣昭・大泉啓一郎編［2017］『東アジアの社会大変動──人口センサスが語る世界』名古屋大学出版会

杉原薫［1996］『アジア間貿易の形成と構造』ミネルヴァ書房

杉原薫［2003］『アジア太平洋経済圏の興隆』大阪大学出版会

杉原薫ほか編［2010］『地球圏・生命圏・人間圏──持続的な生存基盤を求めて』京都大学学術出版会

世界銀行（柳原透監訳）［2000］『東アジア　再生への途』東洋経済新報社

世界銀行編（白鳥正喜監訳・海外経済協力基金開発問題研究会訳）［1994］『東アジアの奇跡——経済
　　成長と政府の役割』東洋経済新報社（World Bank［1993］*The East Asian Miracle: Economic
　　Growth and Public Policy*, Oxford University Press）

園部哲史・大塚啓二郎［2004］『産業発展のルーツと戦略——日中台の経験に学ぶ』知泉書館

高安健一［2005］『アジア金融再生——危機克服の戦略と政策』勁草書房

高安雄一［2017］「韓国における外国人労働者受け入れ政策に関する考察——雇用許可制を中心に」
　　大東文化大学『経済論集』第108号，143〜163頁

田坂敏雄編［1998］『アジアの大都市1　バンコク』日本評論社

橘木俊詔［1998］『日本の経済格差——所得と資産から考える』岩波書店（岩波新書）

橘木俊詔・浦川邦夫［2006］『日本の貧困研究』東京大学出版会

田辺和俊・鈴木孝弘［2013］「多種類の所得調査を用いた我が国の所得格差の動向の検証」『経済研
　　究』第64巻第2号，119〜131頁

知足章宏［2015］『中国環境汚染の政治経済学』昭和堂

寺尾忠能［2015］「経済開発過程における資源・環境政策の形成——2つの『後発性』がもたらすも
　　の」寺尾忠能編『「後発性」のポリティクス——資源・環境政策の形成過程』研究双書614，日
　　本貿易振興機構・アジア経済研究所

戸堂康之［2015］『開発経済学入門』新世社

中兼和津次［2012］『開発経済学と現代中国』名古屋大学出版会

永田信・井上真・岡裕泰［1994］『森林資源の利用と再生——経済の論理と自然の論理』農山漁村文
　　化協会

中西徹［1991］『スラムの経済学——フィリピンにおける都市インフォーマル部門』東京大学出版会

中村二朗・内藤久裕・神林龍・川口大司・町北朋洋［2009］『日本の外国人労働力——経済学からの
　　検証』日本経済新聞出版社

ナショナル・ジオグラフィック［2013］「中国で寿命格差，原因は石炭暖房」7月9日〈http://natge
　　o.nikkeibp.co.jp/nng/article/news/14/8148/〉2017年6月25日閲覧

日本貿易振興機構・アジア経済研究所［2015］『アジ研ワールド・トレンド——特集：人口センサス
　　からみる東アジアの社会大変動』2015年8月号（第238号），日本貿易振興機構・アジア経済研
　　究所

日本貿易振興機構・北京事務所［2013］「中国高齢者産業調査報告書」日本貿易振興機構・北京事務所

萩原里紗・中島隆信［2014］「人口減少下における望ましい移民政策——外国人受け入れの経済分析
　　をふまえての考察」RIETI Discussion Paper Series, 14-J-018

橋本由紀［2010］「外国人研修生・技能実習生を活用する企業の生産性に関する検証」RIETI Discus-
　　sion Paper Series, 10-J-018

橋本由紀［2011］「外国人研修生受入れ特区の政策評価」RIETI Discussion Paper Series, 11-J-048

橋本健二［2009］『格差の戦後史——階級社会 日本の履歴書』河出書房新社

パスク，P.，糸賀滋編［1993］『タイの経済発展とインフォーマル・セクター』日本貿易振興機構・
　　アジア経済研究所

林毅夫・蔡昉・李周（渡辺利夫監訳，杜進訳）［1997］『中国の経済発展』日本評論社

早瀬保子［2004］『アジアの人口——グローバル化の波の中で』日本貿易振興機構・アジア経済研究所

速水佑次郎［1995］『開発経済学——諸国民の貧困と富』創文社

原覚天［1967］『現代アジア経済論』勁草書房

原洋之介［1985］『クリフォード・ギアツの経済学——アジア研究と経済理論の間で』リブロポート

平川均［2016］「アジア経済の変貌と新たな課題——アジア・コンセンサスを求めて」平川均・石川幸一・山本博史・矢野修一・小原篤次・小林尚朗編『新・アジア経済論——中国とアジア・コンセンサスの模索』文眞堂

福島香織［2013］『中国複合汚染の正体——現場を歩いて見えてきたこと』扶桑社

福永佳史・磯野生茂［2015］「AEC 創設とは何か」『アジ研ワールド・トレンド』12 月号（第 242 号），4〜7 頁

藤倉哲郎［2014］「【シンガポール】スマトラ島からの煙害に関与する行為に罰金」『外国の立法』第 261 巻第 2 号〈http://dl.ndl.go.jp/view/download/digidepo_8802182_po_02610211.pdf?contentNo=1〉2017 年 6 月 25 日閲覧

藤本隆宏［2013］「複雑化分析のフレームワーク」藤本隆宏編『「人工物」複雑化の時代——設計立国日本の産業競争力』有斐閣

フロリダ，R.（井口典夫訳）［2009］『クリエイティブ都市論——創造性は居心地のよい場所を求める』ダイヤモンド社（Florida, R. [2008] *Who's Your City?: How the Creative Economy is Making Where to Live the Most Important Decision of Your Life*, Basic Books）

ヘライナー，G.（関下稔・中村雅秀訳）［1982］『多国籍企業と企業内貿易』ミネルヴァ書房

ポーター，M.E.（土岐坤・中辻萬治・小野寺武夫・戸成富美子訳）［1992］『国の競争優位（上・下）』ダイヤモンド社

ポメランツ，K.（川北稔監訳）［2015］『大分岐——中国，ヨーロッパ，そして近代世界経済の形成』名古屋大学出版会

町北朋洋［2010］「国際労働移動——土地を離れる者と残される者」高橋和志・山形辰史編『国際協力ってなんだろう——現場に生きる開発経済学』岩波書店

町北朋洋［2015］「日本の外国人労働力の実態把握——労働供給・需要面からの整理」『日本労働研究雑誌』9 月号（No. 662），5〜26 頁

マディソン，A.（金森久雄監訳）［2004］『経済統計で見る 世界経済 2000 年史』柏書房（原著 2001 年）

丸川知雄［2013a］『現代中国経済』有斐閣

丸川知雄［2013b］『チャイニーズ・ドリーム——大衆資本主義が世界を変える』筑摩書房（ちくま新書）

三重野文晴［2015］『金融システム改革と東南アジア——長期趨勢と企業金融の実証分析』開発経済学の挑戦VI，頸草書房

南亮進・牧野文夫・郝仁平編［2013］『中国経済の転換点』東洋経済新報社

宮城大蔵編［2014］『戦後アジアの形成と日本』歴史のなかの日本政治 5，中央公論新社

村井吉敬編［1992］『検証 ニッポンの ODA』学陽書房

村井吉敬・ODA 調査研究会編［1989］『無責任援助 ODA 大国ニッポン——フィリピン，タイ，インドネシア現地緊急リポート』JICC 出版局

山下道子［2004］「経済成長と所得格差」『開発金融研究所報』第 21 号，78〜91 頁

山田美和編［2014］『東アジアにおける移民労働者の法制度——送出国と受入国の共通基盤の構築に向けて』研究双書 611，日本貿易振興機構・アジア経済研究所

山田美和［2015］「ASEAN における労働者の移動——2015 年に受入国と送出国は合意できるのか」『アジ研ワールド・トレンド』12 月号（第 242 号），24〜27 頁

ユスフ，S.（関本勘次・近藤正規・国際協力研究グループ訳）［2005］『東アジアのイノベーション——成長への課題』シュプリンガーフェアラーク東京（S. Yusuf et al. [2003] *Innovative East Asia: The Future of Growth*, The World Bank and Oxford University Press）

吉川洋［2012］『高度成長——日本を変えた6000日』中央公論新社（中公文庫）

吉冨勝［2003］『アジア経済の真実——奇蹟，危機，制度の進化』東洋経済新報社

労働政策研究・研修機構［2017］『データブック国際労働比較2017』

ロストウ，W. W.（国際親善日本委員会編，金山宣夫訳注）［1965］『アジア開発の一構想——ロストウ博士講演集』原書房

鷲見一夫［1989］『ODA援助の現実』岩波書店（岩波新書）

渡辺紫乃［2017］「中国の対外援助の拡大と国際開発援助の限界」『東洋文化』第97号，11〜30頁

渡辺利夫［1979］『アジア中進国の挑戦——「追い上げ」の実態と日本の課題』日本経済新聞社（日経新書）

渡辺利夫［1986］『開発経済学——経済学と現代アジア』日本評論社

渡辺利夫［1999］「アジア化するアジア——危機の向こうに見えるもの」『中央公論』6月号（第114巻第6号），80〜91頁。

渡辺幸男［2016］『現代中国産業発展の研究——製造業実態調査から得た発展論理』慶應義塾大学出版会

〈外国語文献〉 ＊アルファベット順

Abdullah, A. J., H. Doucouliagos and E. Manning［2015］"Is There a Kuzunets' Process in Southeast Asia?" *The Singapore Economic Review*, Vol. 60, No. 2, pp.1-22.

Asian Development Bank（ADB）［2008］*City Cluster Development: Toward an Urban-led Development Strategy for Asia*, Asian Development Bank.

Asian Development Bank（ADB）［2012］*Asian Development Outlook 2012: Confronting Rising Inequality in Asia*, Asian Development Bank, pp.37-95.

Asia Foundation［2014］*The Changing Aid Landscape in East Asia: The Rise of Non-DAC Providers*, The Asia Foundation.

Balassa, B.［1961］*The Theory of Economic Integration*, R.D. Irwin（中島正信訳［1963］『経済統合の理論』ダイヤモンド社）

Barr, C.［2001］Banking on Sustainability: Structural Adjustment and Forestry Reform in Post-Suharto Indonesia, WWF Macroeconomics Program Office and CIFOR.〈http://www. cifor. org/publications/pdf_files/books/cbarr/banking.pdf〉2016年6月13日閲覧

Barro, R. J.［1999］"Inequality, Growth and Investment," NBER Working Paper, 7038, pp.1-52.

Barro, R. J.［2008］"Inequality and Growth Revisited," Working Paper Series on Regional Economic Integration No. 11, Asian Development Bank.

Barro, R. J. and X. Sala-i-Martin［1995］*Economic Growth*, McGraw-Hill.

Berg, J. ed.［2015］*Labour Markets, Institutions and Inequality: Building Just Societies in the 21st Century*, ILO.

Bloom, D. E. and J. G. Williamson［1997］"Demographic Transitions and Economic Miracles in Emerging Asia," NBER Working Paper No. 6268.

Chang, S. L.［1992］"Causes of brain drain and solutions: The Taiwan Experience," *Studies in Comparative International Development*, Vol. 27, No. 1, pp.27-43.

Cornell University, INSEAD and WIPO［2017］*The Global Innovation Index 2017: Innovation Feeding the World*, Ithaca, Fontainebleau and Geneva.〈http://www.wipo.int/edocs/pubdocs/en/ wipo_pub_gii_2017.pdf〉

Dutta, S., B. Lanvin and S. Wunsch-Vincent eds.［2017］*Global Innovation Index 2017: Innovation*

Feeding the World, 10th ed.,Cornell University, INSEAD and the World Intellectual Property Organization. ⟨http://www.wipo.int/edocs/pubdocs/en/wipo_pub_gii_2017.pdf⟩ 2017 年 11 月 28 日閲覧

David, P. A., B. H. Hall and A. A. Toole [2000] "Is Public R&D a Complement or Substitute for Private R&D? A Review of the Econometric Evidence," *Research Policy,* Vol. 29, No. 4-5, pp.497-529.

Davis, K. and H. Golden [1954] "Urbanization and the Development of Pre-Industrial Areas," *Economic Development and Cultural Change,* Vol. 3, No. 1, pp.6-26.

De Soto, H. [1989] *The Other Path: The Invisible Revolution In The Third World,* Harper & Row.

Dedrick, J., K. L. Kraemer and G. Linden [2009] "Who Profits from Innovation in Global Value Chains?: A Study of the iPod and Notebook PCs," *Industrial and Corporate Change,* Vol. 19, No. 1, pp.81-116.

Ding, K. [2012] *Market Platforms, Industrial Clusters and Small Business Dynamics: Specialized Markets in China,* Edward Elgar.

Docquier, F. and H. Rapoport [2012] "Globalization, Brain Drain, and Development," *Journal of Economic Literature,* Vol. 50, No. 3, pp.681-730.

Douglass, M. [1995] "Global Interdependence and Urbanization: Planning for the Bangkok Mega-Urban Region," T. G. McGee and Ira M. Robinson eds., *The Mega-Urban Regions of Southeast Asia,* UBC Press.

Förster, M. F. and M. M. D'Ercole [2005] "Income Distribution and Poverty in OECD Countries over the Second Half of the 1990s, "*OECD Social, Employment and Migration Working Papers,* No. 22, OECD, pp.1-79.

Gawer, A. and M. A. Cusumano [2002] *Platform Leadership: How Intel, Microsoft, and Cisco Drive Industry Innovation,* Harvard Business School Press.

Gereffi, G. [1994] "The Organization of Buyer- Driven Global Commodity Chains: How U.S. Retailers Shape Overseas Production Networks," in Gary Gereffi and Miguel Korzeniewicz eds., *Commodity Chains and Global Capitalism,* Praeger.

Gereffi, G., J. Humphrey and T. Sturgeon [2005] "The Governance of Global Value Chains," *Review of International Political Economy,* Vol. 12, No. 1, pp.78-104.

Gereffi, G., J. Humphrey, R. Kaplinsky and T. J. Sturgeon [2001] "Globalisation, Value Chains and Development," *IDS bulletin,* Vol.32, No.3, Institute of Development Studies.

Gill, I. and H. Kharas [2007] *An East Asian Renaissance: Ideas for Economic Growth,* The World Bank.

Gosovic, B. [2016] "The Resurgence of South-South Cooperation," *Third World Quarterly,* Vol. 37, No. 4, pp.733-743.

Goto, K. and Y. Arai [2017] *More and Better Jobs through Socially Responsible Labour and Business Practices in the Electronics Sector of Viet Nam,* ILO.

Goto, K. and T. Endo [2014] "Upgrading, Relocating, Informalising? Local Strategies in the Era of Globalisation: The Thai Garment Industry," *Journal of Contemporary Asia,* Vol. 44, No. 1, pp.1-18.

Harris, J. R. and Michael P. Todaro [1970] "Migration, Unemployment & Development: A Two-Sector Analysis," *The American Economic Review,* Vol. 60, No. 1, pp.126-142.

Hart, K. [1973] "Informal Income Opportunities and Urban Employment in Ghana," *The Journal of Modern African Studies,* Vol. 11, No. 1, pp.61-89.

Higo, M., T. R. Klassen, N. S. Dhirathiti and T. Devasahayam eds. [2018] *Ageing in the Asia-Pacific:*

Interdisciplinary and Comparative Perspectives, Routledge.

Holzmann, R. and R. Hinz [2005] *Old Age Income Support in the 21st Century: An International Perspective on Pension Systems and Reform*, The World Bank.

Horn, Z. E. [2009] "No Cushion to Fall Back On: The Global Economic Crisis and Informal Workers," Synthesis Report, WIEGO and Inclusive Cities.

Humphrey, J. and H. Schmitz [2004a] "Chain Governance and Upgrading: Taking Stock," in H. Schmitz ed., *Local Enterprises in the Global Economy: Issues of Governance and Upgrading*, Edward Elgar.

Humphrey, J. and H. Schmitz [2004b] "Governance in Global Value Chains," in H. Schmitz ed., *Local Enterprises in the Global Economy: Issues of Governance and Upgrading*, Edward Elgar.

Hynes, W. and S. Scott [2013] "The Evolution of Official Development Assistance: Achievements, Criticisms and a Way Forward," *OECD Development Co-operation Working Paper*, No. 12, OECD.

ILO [1972] *Employment Incomes and Equality: A Strategy for Increasing Productive Employment in Kenya*, ILO.

ILO [1991] *The Dilemma of the Informal Sector: Report of the Director-General* (Part 1), International Labour Conference 78th Session, ILO.

ILO [2002] "Decent Work and the Informal Economy: Sixth Item on the Agenda," from International Labour Conference 90th Session 2002, ILO. (ILO 東京支局訳 [2003] 『ディーセント・ワークとインフォーマル経済』第 90 回国際労働機関総会第 6 議題報告書, ILO)

ILO [2004] *Thailand Social Security Priority and Needs Survey*, ILO.

ILO [2013] *Women and Men in the Informal Economy: A Statistical Picture*, 2nd ed., International Labour Office.

Jütting, J. P. and J. R. de Laiglesia [2009] *Is Informal Normal?: Towards More and Better Jobs in Developing Countries* (An OECD Development Centre Perspective), OECD.

Kanbur, R., C. Rhee and J. Zhuang eds. [2014] *Inequality in Asia and the Pacific: Trends, Drivers, and Policy Implications*, Asian Development Bank and Routledge.

Kerr, S. P., W. Kerr, Ç. Özden and C. Parsons [2016] "Global Talent Flows," *Journal of Economic Perspectives*, Vol. 30, No. 4, pp.83-106.

Khanthavit, A., P. Polsiri and Y. Wiwattanakantang [2003] "Did Families Lose or Gain Control after the East Asian Financial Crisis?" *CEI Working Paper Series*, No. 2003-1, Hitotsubashi University.

Kharas, H. and A. Rogerson [2012] *Horizon 2025: Creative Destruction in the Aid Industry*, Overseas Development Institute.

Kitano, N. [2017] *A Note on Estimating China's Foreign Aid Using New Data: 2015 Preliminary Figures*, JICA Research Institute.

Kohli, H., A. Sharma and A. Sood eds. [2011] *Asia 2050: Realizing the Asian Century*, Sage.

Kuznets, S. [1955] "Economic Growth and Income Inequality," *American Economic Review*, Vol. 45, No. 1, pp.1-28.

Lancaster, C. [2006] *Foreign Aid: Diplomacy, Development, Domestic Politics,* The University of Chicago Press.

Lewis, W. A. [1954] "Economic Development with Unlimited Supplies of Labour," *The Manchester School,* Vol. 22, No. 2, pp.139-191.

Li, S. and T. Sicular [2014] "The Distribution of Household Income in China: Inequality, Poverty and Policies," *The China Quarterly*, Vol. 217, pp.1-41.

Loayza, N. V. [2016] "Informality in the Process of Development and Growth," *The World Economy,* Vol. 39, No. 12, pp.1856-1916.

Maloney, W. F. [2004] "Informality Revisited," *World Development,* Vol. 32, No. 7, pp.1159-1178.

Mason, A. [1997] "Population and the Asian Economic Miracle," *Asia Pacific Population & Policy,* No. 43.

Mathews, G., G. L. Ribeiro and C. A. Vega eds. [2012] *Globalization from Below: The World's Other Economy,* Routledge.

Mukhopadhaya, P. [2013] "Trends in Income Inequality in China: The Effects of Various Sources of Income," *Journal of the Asia Pacific Economy,* Vol. 18, No. 2, pp.304-317.

Mulakala, A. ed. [2017] *Contemporary Asian Perspectives on South-South Cooperation,* The Asia Foundation.

Myrdal, G. [1957] *Economic Theory and Under-Developed Regions,* Gerald Duckworth.（小原敬士訳 [1959]『経済理論と低開発地域』東洋経済新報社）

Myrdal, G. [1968] *Asian Drama: An Inquiry into the Poverty of Nations,* Pantheon.（板垣与一監訳, 小浪充・木村修三訳 [1974]『アジアのドラマ──諸国民の貧困の一研究』上・下, 東洋経済新報社）

NESDB [2015] "Rai-ngan kan Wikhro Sathanakan kwaam Yaak jon lae kwaam Leuam lam nai Prathet Thai 2013," NESDB.（『タイにおける貧困と不平等の現状に関する報告書 2013 年』タイ語）

Nolan, P. [2012] *Is China Buying the World?,* Polity.

OECD [1979] *The Impact of the Newly Industrialising Countries on Production and Trade in Manufactures,* OECD Secretariat.（大和田悳朗訳 [1980]『新興工業国の挑戦──OECD レポート』東洋経済新報社）

OECD [2015] *In It Together: Why Less Inequality Benefits All,* OECD.

Ostry, J.D., A. Berg and C.G. Tsangarides [2014] "Redistribution, Inequality, and Growth," IMF Staff Discussion Note.

OXFAM [2017] *Toward a More Equal Indonesia: How the Government Can Take Action to Close the Gap between the Richest and the Rest,* OXFAM.

Palma, J. G. [2011] "Homogeneous Middles vs. Heterogeneous Tails, and the End of the 'Inverted-U': The Share of the Rich is What It's All About," *Cambridge Working Papers in Economics* (CWPE) No. 1111.

Park, A., Y. Wu and Y. Du [2012] "Informal Employment in Urban China: Measurement and Implications," Working Paper No. 77737, The World Bank.

Park, D. Sang-Hyop Lee and A. Mason eds. [2012] *Aging, Economic Growth, and Old-Age Security in Asia,* Edward Elgar.

Pasuk, P. and C. Baker eds. [2016] *Unequal Thailand: Aspects of Income, Wealth and Power,* NUS Press.

Prizzon, A., R. Greenhill and S. Mustapha [2016] "An age of Choice for Development Finance: Evidence from Country Case Studies," Synthesis Report, Overseas Development Institute (ODI).

Portes, A., M. Castells and L. A. Benton eds. [1989] *The Informal Economy: Studies in Advanced and Less Developed Countries,* Johns Hopkins University Press.

Rivera, T. [2003] "The Politics of Japanese ODA to the Philippines, 1971-1999," in S. Ikehata and L.

Yu-Jose eds., *Philippines-Japan Relations.*, Ateneo De Manila University Press.

Sassen, S. [1999] *Globalization and Its Discontents,* The New Press.

Sato, J. [2017] "Legacies of 'Failed' Projects," Presentation at the Annual Conference of the Association for Asian Studies, Toronto, Canada.

Sato, J. and Y. Shimomura eds. [2013] *The Rise of Asian Donors: Japan's Impact on the Evolution of Emerging Donors,* Routledge.

Sato, J., H. Shiga, T. Kobayashi and H. Kondoh [2011] "Emerging Donors from a Recipient Perspective: Institutional Analysis of Foreign Aid in Cambodia," *World Development,* Vol. 39, No. 12, pp.2091-2104.

Saxenian, A. [2006] *The New Argonauts: Regional Advantage in a Global Economy,* Harvard University Press. (酒井泰介訳, 星野岳穂・本山康之監訳 [2008] 『最新・経済地理学』日経 BP 社)

Sonnenfeld, D. A. [2002] "Social Movements and Ecological Modernization: The Transformation of Pulp and Paper Manufacturing," *Development and Change,* Vol. 33, No. 1, pp.1-27.

South Commission [1990] *The Challenge to the South: The Report of the South Commission,* Oxford Universiry Press. (室靖訳 [1992] 『「南」への挑戦――「南」委員会報告書』国際開発ジャーナ ル社)

Standing, G. [1999] *Global Labour Flexibility: Seeking Distributive Justice*, Macmillan Press.

Suehiro, A. [1989] *Capital Accumulation in Thailand 1855-1985,* The Centre for East Asian Cultural Studies (UNESCO).

Todaro, M. P. [1969] "A Model of Labor Migration and Urban Unemployment in Less Developed Countries," *The American Economic Review*, Vol. 59, No. 1, pp.138-148.

UN Habitat [2010] *The State of Asian Cities 2010/2011,* UN Habitat.

UN Habitat [2016] *World Cities Report 2016: Urbanization and Development: Emerging Futures,* UN Habitat.

UNDP [2013] *Humanity Divided: Confronting Inequality in Developing Countries,* UNDP.

UNESCO [2016] *World Social Science Report 2016 Challenging Inequalities: Pathways to a Just World,* ISSC, IDS and UNESCO.

Uni, H. [2008] "Increasing Wage Inequality in Japan Since the End of the 1990s: An Institutional Explanation," *The Kyoto Economic Review*, Vol. 77, No. 2, pp.79-105.

United Nations [2013] *Trends in International Migrant Stock: Migrants by Destination and Origin,* United Nations.

United Nations [2014] *World Urbanization Prospects: The 2014 Revision,* United Nations.

UNOSSC [2017] *South-South in Action: Sustainability in Thailand,* United Nations Office for South-South Cooperation.

Vanek, J., M. A. Chen, F. Carré, J. Heintz and R. Hussmanns [2014] "Statistics on the Informal Economy: Definitions, Regional Estimates & Challenges," WIEGO Working Paper (statistics) No. 2, WIEGO.

Vogel, E. F. [1979] *Japan as Number One: Lessons for America*, Harvard University Press. (広中和歌 子・木本彰子訳 [1979] 『ジャパンアズナンバーワン――アメリカへの教訓』TBS ブリタニカ)

Wadhwa, V., A. Saxenian, B. Rissing and G. Gereffi [2007] "America's New Immigrant Entrepreneurs," Master of Engineering Management Program, School of Engineering, Duke University.

World Bank [1994] *Averting the Old Age Crisis: Policies to Protect the Old and Promote Growth,* The

World Bank.

World Bank [2001] *Finance for Growth: Policy Choices in a Volatile World*, The World Bank and Oxford University Press.

World Bank [2009] *World Development Report 2009: Reshaping Economic Geography*, The World Bank.

World Bank [2015] *East Asia's Changing Urban Landscape: Measuring a Decade of Spatial Growth*, The World Bank.

World Bank [2016a] *Living Long and Prosper: Aging in East Asia and Pacific*, The World Bank.

World Bank [2016b] *Taking on Inequality: Poverty and Shared Prosperity 2016*, The World Bank.

World Bank [2016c] *World Development Report 2016: Digital Dividends*, The World Bank.

World Bank and Development Research Center of the State Council, the People's Republic of China [2013] *China 2030: Building a Modern, Harmonious, and Creative Society*, The World Bank.

World Bank Group and Ecofys [2017] "Carbon Pricing Watch 2017," The World Bank. 〈https://openknowledge.worldbank.org/bitstream/handle/10986/26565/9781464811296.pdf?sequence=4〉2017 年 6 月 27 日閲覧

Xing, Y. and N. C. Detert [2010] "How the iPhone Widens the United States Trade Deficit with the People's Republic of China," ADBI Working Paper No. 257, Asian Development Bank Institute.

Yu-rivera, H. [2009] *A Satire of Two Nations: Exploring images of the Japanese in Philippine Political Cartoons*, The University of the Philippines Press.

Yusuf, A. A., A. Sumner and I. A. Rum [2014] "Twenty Years of Expenditure Inequality in Indonesia, 1993-2013," *Bulletin of Indonesian Economic Studies*, Vol. 50, No. 2, pp.243-254.

Yusuf, S. et al. [2003] *Innovative East Asia: The Future of Growth*, The World Bank and Oxford University Press. (関本勘次・近藤正規・国際協力研究グループ訳 [2005]『東アジアのイノベーション──成長への課題』シュプリンガーフェアラーク東京)

Zhang, J. and J. Xiang [2014] "How Aging and Intergeneration Disparity Influence Consumption Inequality in China," *China & World Economy*, Vol. 22, Issue 3, pp.79-100.

〈統計書・白書・ウェブサイトなど〉

経済産業省『通商白書』各年度版

資訊工業策進会資訊市場情報中心／産業情報研究所（MIC）『資訊工業年鑑』各年版

BMA, *Statical Profile of BMA*, 各年度版

NSO [1993] *The 1990 Population and Housing Census/Bangkok*, NSO.

NSO [1994] *The 1990 Population and Housing Census/Whole Kingdom*, NSO.

NSO [2001] *The 2000 Population and Housing Census/Bangkok*, NSO.

NSO [2002] *The 2000 Population and Housing Census/Whole Kingdom*, NSO.

NSO [2012] *The 2010 Population and Housing Census/Whole Kingdom*, NSO.

NSO [2014] The 2014 Survey of the Older Persons in Thailand, NSO, Ministry of Information and Communication Technology.

世界銀行 PovcalNet
http://iresearch.worldbank.org/PovcalNet/povOnDemand.aspx

世界銀行 Poverty and Inequality Data
http://econ.worldbank.org/external/default/main?theSitePK=477894&contentMDK=20292208&menuPK=545573&pagePK=64168182&piPK=64168060

さらに学びたい人のために

　理論や各国の事例についてさらに学びたい人は，各章に出てきた参考文献に加えて，下記の文献などをぜひ読み進んでいってほしい。冒頭に挙げたのは，アジア経済全般や概要の把握に役立つ文献である。続く各章の文献リストは，執筆者が読者にぜひ手にとってほしいと考える数冊である。なお，最新の動向については，学術書が見つからなくても学術論文がすでに刊行されている場合がある。キーワードを使って論文検索で探してみよう。

■ アジア経済全般／概要

　1990年代までのアジアの経済発展，理論的変遷や各国の実態に関心のある人はまず，下記の3冊を手にとったらよいだろう。
- 世界銀行編（白鳥正喜監訳・海外経済協力基金開発問題研究会訳）[1994]『東アジアの奇跡——経済成長と政府の役割』東洋経済新報社
- 末廣昭 [2000]『キャッチアップ型工業化論——アジア経済の軌跡と展望』名古屋大学出版会
- 絵所秀紀 [1997]『開発の政治経済学』日本評論社

　あわせて，当該時期の各国事例に関心のある人には，東京大学社会科学研究所編 [1998]『20世紀システム4　開発主義』東京大学出版会，も参考になる。読み物としては，開発主義の時代を率いた各国の政治家を取り上げた「現代アジアの肖像」シリーズ（岩波書店）全15巻から時代を感じてみるのもよいだろう（例：白石隆 [1997]『スカルノとスハルト——偉大なるインドネシアをめざして（現代アジアの肖像11）』岩波書店。その他，中国，韓国，タイ，ベトナム，フィリピン，ミャンマーなどの同時代の政治家を取り上げている）。

　より長期的，歴史的観点からアジア経済の変化を概観する場合は，マディソン，A.（金森久雄監訳）[2004]『経済統計で見る世界経済2000年史』柏書房，をまず勧めたい。また，現代のアジアが直面する課題や，各国の実態を知りたい人は，アジア開発銀行（ADB）の報告書や，各国に関する新書などを読んで概要を把握することから始めたらどうだろうか。たとえば，Kohli, H., A. Sharma and A. Sood eds. [2011] *Asia 2050: Realizing the Asian Century*, SAGE, は2050年までのシナリオを検討している。各国の現状を取り上げた新書では，たとえば下記がある。
- 井出穣治 [2017]『フィリピン——急成長する若き「大国」』中央公論新社（中公新書）

- 大西裕［2014］『先進国・韓国の憂鬱――少子高齢化，経済格差，グローバル化』中央公論新社（中公新書）
- 佐藤百合［2011］『経済大国インドネシア――21世紀の成長条件』中央公論新社（中公新書）
- 末廣昭［2009］『タイ 中進国の模索』岩波書店（岩波新書）
- 大泉啓一郎［2011］『消費するアジア――新興国市場の可能性と不安』中央公論新社（中公新書）

また，世界銀行『世界開発報告』や国連開発計画（UNDP）『人間開発報告書』，アジア開発銀行 *ADB Outlook*（各年版，英語）などでは，時事的トピック，もしくは最先端の動向を捉えた特集テーマが毎年組まれる。アジア各国の動向・概要を知りたい人は，アジア経済研究所『アジア動向年報』（各年版）を確認するのもよいだろう。アジア経済における日本について考えるには，経済産業省『通商白書』（各年版）のアジア経済に関する分析も参考になるだろう。

以上からアジアの概要を掴んだら，各章を理解するための理論や実例を読み進んでほしい。下記は，各章の執筆者による推薦文献である。

■ 第Ⅰ部 アジア経済の新局面

第1章 変貌するアジア
- 世界銀行編（白鳥正喜監訳・海外経済協力基金開発問題研究会訳）［1994］『東アジアの奇跡――経済成長と政府の役割』東洋経済新報社
- 絵所秀紀［1997］『開発の政治経済学』日本評論社
- 末廣昭［2000］『キャッチアップ型工業化論――アジア経済の軌跡と展望』名古屋大学出版会
- Kohli, H., A. Sharma and A. Sood eds.［2011］*Asia 2050: Realizing the Asian Century*, SAGE

第2章 アジア化するアジア
- 黒岩郁雄編［2014］『東アジア統合の経済学』日本評論社
- 清田耕造［2015］『拡大する直接投資と日本企業』NTT出版

第3章 中国が変えるアジア
- 久保亨・加島潤・木越義則［2016］『統計でみる中国近現代経済史』東京大学出版会
- 中兼和津次［2012］『開発経済学と現代中国』名古屋大学出版会

・丸川知雄［2013］『現代中国経済』有斐閣

■　第Ⅱ部　越境するアジア

第4章　生産するアジア

- 木村福成・大久保敏弘・安藤光代・松浦寿幸・早川和伸［2016］『東アジア生産ネットワークと経済統合』慶應義塾大学出版会
- 川上桃子［2012］『圧縮された産業発展——台湾ノートパソコン企業の成長メカニズム』名古屋大学出版会
- 後藤健太［2014］「戦後アジアの国際生産・流通ネットワークの形成と展開」宮城太蔵編『戦後アジアの形成と日本』中央公論新社
- 新宅純二郎・天野倫文［2009］『ものづくりの国際経営戦略——アジアの産業地理学』有斐閣

第5章　資本がめぐるアジア

- 三重野文晴［2015］『金融システム改革と東南アジア——長期趨勢と企業金融の実証分析』勁草書房
- 奥田英信・三重野文晴・生島靖久［2010］『新版 開発金融論』日本評論社
- 吉野直行・山上秀文［2017］『金融経済——実際と理論（第3版）』慶応義塾大学出版会

第6章　移動するアジア

- 黒岩郁雄編［2014］『東アジア統合の経済学』日本評論社
- ジェトロ・アジア経済研究所・黒岩郁雄・高橋和志・山形辰史編［2015］『テキストブック開発経済学（第3版）』有斐閣
- 大竹文雄［1998］『労働経済学入門』日本経済新聞社（日経文庫）
- 大森義明［2008］『労働経済学』日本評論社
- 川口大司［2017］『労働経済学——理論と実証をつなぐ』有斐閣

■　第Ⅲ部　躍動するアジア

第7章　革新するアジア

- 園部哲史・大塚啓二郎［2004］『産業発展のルーツと戦略——日中台の経験に学ぶ』知泉書館
- サクセニアン，A.（酒井泰介訳）［2008］『最新・経済地理学——グローバル経済と地域の優位性』日経BP社
- World Bank［2016］*World Development Report 2016: Digital Dividends*, The World

Bank.

第8章　都市化するアジア

- 大阪市立大学経済研究所監修『アジアの大都市』日本評論社（[1]バンコク，1998年；[2]ジャカルタ，1999年；[3]クアラルンプル / シンガポール，2000年；[4]マニラ，2001年；[5]北京・上海，2002年）
- スコット，J・アレン（坂本秀和訳）[2004]『グローバル・シティー・リージョンズ──グローバル都市地域への理論と政策』ダイヤモンド社
- 藤田昌久／ J. F. ティス [2017]『集積の経済学──都市，産業立地，グローバル化』東洋経済新報社
- 加藤弘之編 [2012]『中国長江デルタの都市化と産業集積』勁草書房

第9章　インフォーマル化するアジア

- 遠藤環 [2011]『都市を生きる人々──バンコク・都市下層民のリスク対応』京都大学学術出版会
- 青山和佳 [2006]『貧困の民族誌──フィリピン・ダバオ市のサマの生活』東京大学出版会
- 廉思編（関根謙訳）[2010]『蟻族──高学歴ワーキングプアたちの群れ』勉誠出版
- 禹哲熏・朴権一（金友子・金聖一・朴昌明訳）[2009]『韓国ワーキングプア 88 万ウォン世代──絶望の時代に向けた希望の経済学』明石書店

■　第Ⅳ部　岐路に立つアジア

第10章　老いていくアジア

- 末廣昭・大泉啓一郎編 [2017]『東アジアの社会大変動──人口センサスが語る世界』名古屋大学出版会
- Park, D. Sang-Hyop Lee and A. Mason eds. [2012] *Aging, Economic Growth, and Old-Age Security in Asia*, Edward Elgar.
- 金成垣 [2008]『後発福祉国家論──比較のなかの韓国と東アジア』東京大学出版会

第11章　不平等化するアジア

- ミラノヴィッチ，B.（立木勝訳）[2017]『大不平等──エレファントカーブが予測する未来』みすず書房
- 小塩隆士 [2010]『再分配の厚生分析──公平と効率を問う』日本評論社
- Anand, S., P. Segal and J. E. Stiglitz eds. [2010] *Debates on the Measurement of Global Poverty*, Oxford University Press.

- 厳善平［2010］『中国農民工の調査研究——上海市・珠江デルタにおける農民工の就業・賃金・暮らし』晃洋書房
- 園田茂人［2008］『不平等国家 中国——自己否定した社会主義のゆくえ』中央公論新社（中公新書）

第 12 章　環境問題と向きあうアジア

- 植田和弘［1996］『環境経済学』岩波書店
- 井上真編［2017］『東南アジア地域研究入門　1 環境』慶應義塾大学出版会
- 寺尾忠能編［2015］『「後発性」のポリティクス——資源・環境政策の形成過程』アジア経済研究所
- 知足章宏［2015］『中国環境汚染の政治経済学』昭和堂
- 市川昌広・生方史数・内藤大輔編［2010］『熱帯アジアの人々と森林管理制度——現場からのガバナンス論』人文書院

第 13 章　分かちあうアジア

- 「南」委員会（室靖訳）［1992］『「南」への挑戦——「南」委員会報告書』国際開発ジャーナル社
- 佐藤仁［2016］『野蛮から生存の開発論——越境する援助のデザイン』ミネルヴァ書房
- 下村恭民・大橋英夫・日本国際問題研究所編［2013］『中国の対外援助』日本経済評論社
- セン, A.（加藤幹雄訳）［2017］『アマルティア・セン講義 グローバリゼーションと人間の安全保障』筑摩書房（ちくま学芸文庫）
- ヒューム, D.（佐藤寛監訳）［2017］『貧しい人を助ける理由——遠くのあの子とあなたのつながり』日本評論社

終章　競争するアジア，共生するアジア

- カンナ, P.（尼丁千津子・木村高子訳）［2017］『「接続性」の地政学——グローバリズムの先にある世界（上）（下）』原書房
- ISSC, the Institute of Development Studies（IDS）and UNESCO［2016］*World Social Science Report Challenging Inequalities: Pathways to a Just World*, UNESCO.

あとがき

　本書が刊行される 2018 年には，いよいよ 2000 年生まれの学生たちが大学に入学する。21 世紀生まれの彼ら・彼女らが持つ「アジア」のイメージとはどのようなものだろうか。生まれた頃には日本はすでに「失われた 10 年」のなかにあり，中国は経済大国の道を歩みはじめ，9.11 アメリカ同時多発テロ事件も YouTube やテレビで後に見たという世代である。たとえば，現役のゼミ生たちに「物心がついた頃の最初の記憶にある，最も大きな国際ニュースは何か」と聞くと次のような回答が返ってくる。9.11 事件（4 歳や 5 歳のとき，複数名），スマトラ島沖地震（10 歳時），オバマ米大統領当選（12 歳時），GM 破綻（13 歳時），リーマン・ショック（13 歳時）。ちなみに筆者は，中学生の頃のベルリンの壁の崩壊と冷戦の終焉が最も印象に残っている最初の国際ニュースである。

　21 世紀のアジア経済論の教科書の必要性を強く感じるようになったのは，これらの学生たちとの日々のやりとりのなかでである。1 つには，1990 年代までのアジア経済に関する教科書が量・質ともに充実しているのに対して，21 世紀以降のアジア経済を理論的・実証的に検討する類書が非常に少ないためである。2 つには，高校までにアジアの現代について学ぶ機会が限られているせいか，学生たちのアジアに関する知識は，日々メディアや商品を通じて知るコンテンツ産業や電気製品を除けば，わりと断片的であり，限られていると感じることが多かったことにある。アジアの将来を他人事ではなく，その一員として主体性を持って考えるためには，まずは 21 世紀のアジアで何が起こっているのか，そしてどこに向かおうとしているのか，理解しなければならないはずである。

　最初の編者会議は，いくつかの問題意識や思いを共有するメンバーが集まり，2015 年 10 月に有斐閣の会議室で開催された。アジアの少子高齢化などを，まだどこの国も関心を持とうとしない 2000 年代初頭からいち早く取り上げ，つねに時代の先端を見据えてきた大泉啓一郎氏（日本総合研究所），グローバル・

バリューチェーン研究の第一人者であり，タイで共同研究も一緒にしてきた後藤健太氏（関西大学），新進気鋭の中国経済研究者の伊藤亜聖氏（東京大学）の3人である。伊藤さんと仕事をご一緒するようになってはじめて，私は教科書プロジェクトの具体化がイメージできるようになった。中国を抜きに21世紀のアジア経済論は語れないからである。3人のおかげで私1人では編成できなかったであろう仮目次が固まり，執筆者への依頼が始まった。

　各章の執筆者には，若手・中堅でまさにそれぞれのテーマ・分野で最先端を走る方々が加わってくださった。その後，ときには執筆者を交えながら開催した編者・出版会議は公式なものだけでも15回になる。そこでの議論は知的な刺激に満ちていたが，同時にわれわれ研究者にとっての挑戦でもあり，教科書として取りまとめるうえではいくつかの悩みもあった。そこでの悩みは，単なる編集上の問題というよりも，アジアの変化の本質をどう理解するかという点に関わっていた。言い換えれば，教科書を準備する過程は，日本におけるアジア経済の研究動向とその課題が浮き彫りになる過程でもあったといえる。

　1つには，アジアが地域横断的な共通のダイナミクスを見せる一方で，地域としての多様性も併せ持っている点である。現在でもわれわれ研究者はどの分野であれ，特定の国を専門にしている者が多い。各国の固有性に関する深い理解を持ちながらも，アジア諸国全体を俯瞰して専門的に記述するという作業を行うのは容易ではない。1人ですべての国を専門的に掘り下げるのも，すべてのテーマに同じレベルで精通するのも簡単ではないからである。ただし，諸側面のダイナミクスは密接に結びつき，連動・相互作用をしている。アジアを貫く共通したダイナミズムと，それぞれの地域や国家の内部での相互作用をどのように理解するか。研究分野がますます縦割りとなり専門分化が進んでいる今日において，むしろ複雑なアジアの全体を見通す力が，個々の研究者にもますます求められるようになってきたのではないだろうか。2つには，アジアの現代を理解するためには不可欠で，社会的な要請も高いはずの分野・テーマでも，研究がまだまだ非常に少ない，ということである。格差や環境問題，財政からデジタル経済まで，アジア全体を見通して専門的に議論しようとする際に，そもそも各国の事例研究の蓄積も十分にない分野・テーマが多くある。教科書の編成過程は，日本における研究の「穴」のようなものを確認する作業でもあっ

たといえる。それゆえに，執筆者の方々には，それぞれの専門を超えるような，ときには無理なお願いもした。真摯に応えてくださったことに感謝したい。

　本書は，現在までのアジア経済を解説するものであるが，2020年代のアジア経済を見据えながら執筆することを心がけた。なかには，まだ議論の定まらない最新の動きを取り上げたり，ある部分では思い切った記述をしたりもしている。その評価は読者に委ねたい。研究と教育が2つの両輪だとすれば，編者・執筆者のわれわれ自身もまた，この教科書を準備する過程で得た多くの研究課題や未解決の問いについて今後，取り組んでいきたいと考える。本書が，新しいアジア経済論の議論を喚起し，アジア研究・教育の活発化の1つの材料になればと思う。また，タイのＣＰ社がベルギーで1日10万食の弁当を作る，ほぼ自動化した無人工場（生産ラインは7名の労働者のみを配置）を開設したニュース（2015年）や，最近の中国のアフリカにおける投資や援助プロジェクトの展開などを見れば，「アジア化するアジア」の時代を経て，すでに「アジアを超えるアジア」も出現しつつあるように思える。アジア経済の研究においても，アジアの枠にとどまるのではなく，他分野・他地域の研究者と議論していくことが必要となるだろう。

　最後にこの場を借りて，有斐閣の担当編集者，長谷川絵里さんにお礼を伝えたい。10年前に最初にお声をかけてくださったときから，2度ほどは丁重にお断りしたにもかかわらず，それでも諦めず，3度めの依頼をいただいたのが2015年であった。本書が世に出るのは一重に彼女の情熱と熱意のおかげである。当初は2，3回のみの予定だった編者・出版会議も回数を重ね，かなり無理も強いてしまったのではないだろうか。毎回，10時から18時まで濃密な議論を有斐閣の会議室で繰り広げ，日本のよき時代の「すり合わせ型のものづくり」で本づくりをするという贅沢な機会をいただいた。未熟な部分も残り，十分にそのご尽力に見合ったものになったか心配もあるものの，そのようなわがままを許容し，的確な指摘を挟みながらチームの行方を見守ってくれた彼女に感謝したい。

2018年2月

編者を代表して

遠　藤　　環

索引

事項索引

人名索引

■ 編者紹介

遠藤　環（えんどう　たまき）　早稲田大学大学院アジア太平洋研究科教授
伊藤　亜聖（いとう　あせい）　東京大学社会科学研究所准教授
大泉　啓一郎（おおいずみけいいちろう）　亜細亜大学アジア研究所教授
後藤　健太（ごとう　けんた）　関西大学経済学部教授

現代アジア経済論（げんだい　けいざいろん）
──「アジアの世紀」を学ぶ（せいき　まな）
Asian Economy in the 21st Century　　〈有斐閣ブックス〉

2018 年 3 月 30 日　初版第 1 刷発行
2024 年 11 月 20 日　初版第 6 刷発行

編　者	遠　藤　　　環
	伊　藤　亜　聖
	大　泉　啓　一　郎
	後　藤　健　太
発 行 者	江　草　貞　治
発 行 所	株式会社　有　斐　閣

郵便番号 101-0051
東京都千代田区神田神保町 2-17
https://www.yuhikaku.co.jp/

印　刷　精文堂印刷株式会社
製　本　大口製本印刷株式会社

©2018, T. Endo, A. Ito, K. Oizumi, K. Goto.
Printed in Japan
落丁・乱丁本はお取替えいたします。
★定価はカバーに表示してあります。
ISBN978-4-641-18442-8